자녀와 함께 짓는
돈나무 농사

시간의 농부 | 내 아이와 함께 키우는 경제적 자유

자녀와 함께 짓는

돈나무 농사

김준탁 지음

두드림미디어

돈나무 농사를 시작하기에 앞서

"따르릉~~!"

아침 7시 30분 핸드폰 알람이 울립니다. 저는 출근 준비를 하기 위해 욕실로, 집사람은 아침 준비를 위해서 주방으로 향합니다. 초등학교 6학년, 1학년인 두 아들은 조금 더 자겠다면서 얼굴을 찡그리며 침대에서 이리저리 뒹굴기 시작합니다. 제가 출근 준비를 다할 때쯤, 집사람은 아이들을 깨우려고 다독이기도 하고, 어떨 때는 엉덩이를 때리기도 합니다. 겨우 정신을 차린 아이들은 아침밥을 입에 넣은 후 서둘러 전날 챙긴 책가방을 메고 학교로 향합니다.

학교에 다녀와서 1시간 정도 집에서 휴식을 취한 후 곧장 학원으로 향합니다. 월요일부터 금요일까지 수학, 영어, 논술, 농구, 태권도 등을 번갈아 가며 다녀옵니다. 다행히 저는 직장이 멀지 않아 퇴근을 일찍 하는 편인데, 대부분 아이들보다 집에 먼저 도착합니다. 아이들은 학원에 다녀와서 씻고, 저녁을 먹고, 30분 정도 휴식을 취한 후 학원 또는 학교 숙제를 합니다. 물론 아들들이 숙제를 부지런히 하지 않아서가 대부분의 이유지만, 일과가 마무리되려면 오후 10시는 되어야 합니다.

어느 날 숙제를 하던 큰아들이 이런 생활이 지겨웠는지 엄마한테 이렇게 물어보더군요.

"엄마! 왜 공부를 해야 해?"

"응? 그야 공부를 열심히 해야 좋은 대학 가고, 그런 후에 좋은 직장에 취직하면 편하게 살 수 있으니까."

다른 방에서 그 대화를 듣던 저는 한참 동안 생각에 잠겼습니다. 저희 어머니도 제가 어렸을 때 똑같은 말씀을 하셨거든요. 저희 부모님은 평생 농부로 사셨습니다. 그래서인지 어머니는 아침에 말끔한 양복을 입고 출근하는 회사원의 아내분들이 그렇게 부러우셨다고 합니다. 저에게도 항상 공부 열심히 해서 좋은 대학에 들어가 대기업에 취직해 편하게 살라고 말씀하셨습니다.

나름대로 열심히 공부해서 SKY 대학은 아니지만, 서울 4년제 대학에 무난하게 들어갈 수 있는 성적을 받았습니다. 하지만 농민이셨던 아버지께 취업이 보장된다는 농협대학교라는 곳이 있다는 말을 듣고, 그 학교를 졸업한 후 현재는 서울에 소재한 농협에서 약 20여 년간 근무하고 있습니다. 제가 직접 경험해보니 저희 어머니와 집사람이 말한 "열심히 공부해서 좋은 대학에 들어가 좋은 직장에 취직하면 편하게 살 수 있다"라는 말은 조금 어폐가 있는 것 같습니다.

입사 초기에는 자동차를 구매하기 위해 한 달에 150만 원씩 적금에 넣을 것을 어머니께 권유받았습니다. 어머니가 말씀하시니 그것이 맞는 줄 알고 10개월간 적금을 들어 2005년도에 아반떼XD를 구매했습니다. 그 후 어머니께서 결혼을 해야 하니 3,000만 원은 모아야 한다고 하셔서 제 월급에서 100만 원씩 떼어 적금을 부었습니다. 감사하게도 부모님께서 예전부터 사놓으신 집이 있어 결혼 당시 주택을 사는 데는 큰 비용을 지급하지 않았지만, 결혼한 후 제 수중에 남은 돈은 없었습니다.

결혼하니 아이를 낳아야 한다고 하시더군요. 집사람도 마침 아이를 가지고 싶어 해서 계획하에 지금의 큰아들이 태어났습니다. 큰 축복이었죠. 하지만 아이가 태어나니 제 월급으로는 겨우 생활만 가능할 뿐 저축은 불가능했습니다. 부모님께 제 사정을 말하고 어떻게 하면 부모님처럼 재산을 차곡차곡 늘릴 수 있는지 여쭤봤지만, 그저 열심히 회사 생활해서 그 월급으로 집안을 잘 꾸리다 보면 기회가 올 것이라는 말씀만 하셨습니다. 부모님 말씀대로 살아보려 했지만 나아질 기미는 보이지 않았습니다. 당시 월급의 실수령 금액이 200만 원 후반 정도 됐는데, 아무리 아껴 써도 월급날이 되면 항상 통장에 마이너스 금액이 늘기 바빴습니다. 그 후 과장으로 승진한 다음 둘째가 태어났습니다. 이제 승진해서 월급도 늘었으니 차곡차곡 저축을 해보자고 생각했지만 역시 똑같았습니다. 식구가 1명 더 늘어 지출도 더 늘었기에 월급이 오른 것 또한 무용지물이었던 것입니다.

항상 돈이 모자라니 집사람과 작은 일로 말다툼을 하기 일쑤였습니다. 저희 집사람은 정말 알뜰한 사람입니다만, 당시에는 제가 왜 그랬는지 모를 정도로 집사람의 씀씀이를 간섭했던 것 같습니다. 집사람도 저에게 미안했는지 이제 갓 돌 지난 둘째가 있음에도 불구하고 일자리를 알아보겠다고 여기저기 돌아다니던 때가 생각납니다.

답답한 마음에 아파트 단지에서 담배를 피우며 하늘을 바라보면서 생각했습니다. 좋은 부모님을 만나서 운 좋게 얻게 된 아파트 한 채가 있지만, 스스로 일군 자산이 하나도 없고, 회사 생활 말고는 경제활동을 해본 적이 없으니 저희 부부와 두 아들의 미래에 대해 항상 불안했습니다. 강북이지만 서울에 아파트 한 채가 있고, 남들이 알아주는 직장에 다니는 저를 보면서 배가 불렀다고 생각하실 수도 있지만, 그 당시에는 정말 앞이 보이지 않았습니다.

하지만 우연한 기회를 통해 자산 증식을 하게 됩니다. 바로 저희 큰아들 덕분입니다. 어느 날 집에서 심하게 뛰는 아들을 붙잡고 층간 소음 때문에 뛰지 말라고 할 때였죠. 큰아들이 저를 물끄러미 바라보며 말하더군요.

"아빠! 여기 우리 집 맞아?"

"그럼! 갑자기 왜?"

"그런데 왜 뛰면 안 돼? 나는 우리 집이라서 뛰고 싶단 말이야!"

아들의 투정이었지만 저는 머리를 크게 맞은 것 같았습니다. 아이들도 마음대로 뛰어놀 수도 없는 집이 무슨 소용인가 했지요. 그때가 2016년이었습니다. 저는 당시에 농협에서 대출 업무를 담당했기 때문에 부동산에 대해서는 남들보다 많이 알고 있었지만 직접 투자를 해보지는 않은 상태였습니다. 그날 이후 아파트 평수를 넓히고, 아이들이 뛰어놀 수 있도록 1층으로 이사하기 위해 밤을 새워가며 부동산 투자 관련 공부를 했습니다. 결국에는 마음에 드는 아파트 단지를 찾아 평수도 10평 늘려서 이사하게 됐습니다. 2017년 1월에 지금의 아파트를 매수했고, 부동산 상승기에 편승해서 매수했던 가격보다 2배가 상승한 상태입니다. 제가 결혼할 때 저희 부모님이 주신 아파트 값의 5배가 됐으니 괜찮게 투자한 것 같습니다.

그 후 부동산 투자를 위해서 계속 공부하던 와중에 저희 형으로부터 한 통의 전화를 받게 됩니다.

"야! 내가 돈 벌 방법을 알려줄게. 지금 삼성전자 주식이 엄청나게 떨어지고 있는데 4만 원 되면 사자!"

그때가 2020년 3월 초였습니다. 금융권에 다니면서 주식에 '주' 자도 모르던 제가 막무가내로 주식투자를 시작했습니다. 마침 주워들은 것이 있어서 주식을 분할로 매수하게 됩니다. 지금 생각해보면 무슨 생각이었는지 가지고 있던 3,000만 원으로 현대차, 삼성전자 주식을 매수했습니다. 끝없이 모르고 내려가던 주가가 반등하더니 파란불이었던 계좌가 빨간불로 바뀌기 시작하더군요. 저는 현대차는 98,000원, 삼성전자는 61,000원에 매도했습니다. 하지만 다들 아시다시피 현대차는 289,000원, 삼성전자는 96,800원까지 고점을 찍게 됩니다. 막상 제가 매도한 주식이 연일 고점을 갈아치우기 시작하니 마음이 조급해졌습니다. 다시 해당 주식을 사려고 해도 비싸 보여 살 수 없고, 다른 종목에 투자하자니 어떤 것을 사야 할지 전혀 모르겠더군요. 겨우 모은 돈을 날릴 수는 없다는 생각에 밤을 새워가며 주식 서적을 탐독하기 시작했습니다. 새

벽 3~4시까지 책을 봐도 돈을 벌 수 있다는 기대감에 가슴이 두근거릴 뿐 피곤함은 전혀 없었습니다. 나름대로 농협을 다니면서 얻은 실무 지식과 주식투자를 접목하니 일정한 투자 기준이 생겼고, 그 덕분에 지속적인 수익이 발생해서 현재는 우리 집 경제에 큰 보탬이 되고 있으며, 제 은퇴 생활을 책임져줄 핵심 자산 중 하나가 되고 있습니다. 이런 결과를 얻고 나니 이런 생각이 불현듯 들었습니다.

'직장 다니면서 부동산에 대한 기초지식을 배웠고, 재테크를 위해서 금융투자를 배웠어. 이것을 나만 알고 있다면 우리 아이들이 내 나이가 됐을 때 처음부터 시작해야 하잖아?'

이 책을 보시는 부모님들께 감히 말씀드리겠습니다. 우리 자녀에게 공부 열심히 해서 좋은 대학에 가고, 좋은 직장에 취직해서 편하게 살라는 말씀도 틀리지 않습니다. 다만, 우리 아이들이 사회에 첫발을 디딘 후 일정 시간이 지났을 때 저 같이 미래 경제 상황에 대해서 불안감을 느끼지 않는다는 보장이 있을까요? 그런 상황이 된다면 어떤 해결책을 내주실 것인가요? 저는 아이들이 공부도 열심히 해야 하지만 금융에 대해서도 부모님과 동반 성장해야 한다고 생각합니다. 돈에 대해서 자녀에게 이야기하는 것을 금기시하지 않으셔야 합니다.

20년간 농협에 근무하고 있지만, 아이들과 함께 통장과 용돈을 가지고 저축하러 오시는 부모님들은 손에 꼽을 정도로 적었습니다. 대부분 부모님이 가족관계 서류를 지참해서 대신 거래를 해주실 뿐이었습니다. 성인이 되어 직장에 다니는 자녀들의 예금 거래도 대신 해주실 정도인데, 그 자녀들이 경제적 자립을 어떻게 이룰 수 있겠습니까? 한 신문기사를 읽어보면 한국은행과 금융감독원이 실시한 〈2022년 전 국민 금융이해력 조사〉 결과에서, 전국의 만 18~79세 성인 2,400명을 대상으로 벌인 금융이해력 평균 점수는 66.5점이라고 합니다. 또한 국제신용평가회사 스탠더드앤드푸어스(Standard & Poor's, S&P)가 2018년 발표한 〈세계 금융이해력 조사〉에서 한국은 33점으로 아프리카 가봉(35점), 우간다(34점)보다 낮은 점수를 받기도 했습니다. 입시 위주로 교과목을 선택하니 경제과목이 학생들 관심 밖으로 밀려났고, 학교에서 경제나 금융을 전문적으로 가르칠 교사도 거의 없는 실정이라고 하니 어찌 보면 당연한 결과인 듯합니다.

최근 청년들의 금융부채가 사회적 문제로 떠오르자 우리나라도 부랴부랴 금융교육 확대를 위한 법 제정을 추진 중입니다. 이제야 법을 제정하니 귀한 우리 아이에게 공교육에서 금융교육을 실시하기까지는 시간이 많이 걸릴 것 같습니다. 자녀가 태어나면 어린이집, 유치원, 초등학교에 갑니다. 그때마다 부모가 아이의 가정교사 역할을 도맡아서 합니다. 교육기관에서도 학부모 상담을 수시로 실시해서 가정에서도 지도편달을 잘해줄 것을 요청하기도 합니다. 그런데 금융에 대해서는 왜 가정교사 역할을 하려고 하지 않으시나요? 아이가 돈에 대해서 일찍 아는 것이 부담스러워서? 공부만 집중할 수 있게 하기 위해서? 부모 본인의 경제력이 좋지 않아서? 제가 이 책을 집필한 이유는 간단합니다. 공교육에서 금쪽같은 우리 아이의 금융교육을 해줄 수 없다면 부모가 직접 경험하고 배워서 가정교사 역할을 할 수 있게 만들기 위해서입니다.

이 책은 총 3개의 Chapter로 구성되어 있습니다. Chapter 01은 부모가 자녀의 금융 가정교사가 되기 위한 마인드 셋을 피력했고, Chapter 02는 금융교육을 위해서 기초적으로 알아야 할 금융 지식, 부동산 지식에 대해서 기술했습니다. Chapter 03은 어렵게만 생각하는 주식과 ETF를 통해 자녀를 위한 금융 자산을 어떻게 만들어가는지에 대한 구체적인 방법을 기술했습니다.

금융에 대해서 부모들이 착각하는 부분은 크게 2가지입니다. 첫 번째, 금융은 어렵다고 여기는 것입니다. 두 번째, 금융교육을 하기 위해서는 전문가만큼 공부해야 한다고 생각하는 것입니다. 평소 회사에 출근해서 월급을 받고, 카드로 생활비를 사용하며, 미래를 위해 적금에 가입하고, MTS나 HTS를 통해 주식을 사는 모든 것이 금융과 관련된 행동입니다. 자녀들은 이런 경험을 해본 적이 없기에 부모가 일상생활에서 경험한 사소한 것들을 아이들에게 천천히 알려주기만 해도 부모님들은 아이들에게 훌륭한 금융 가정교사가 될 수 있습니다.

자녀에게는 우리가 이미 소비해버린 20~40년의 세월이 앞으로 남아 있습니다. 그 시간을 지금이라도 허비하지 않고 활용한다면, 금융 문맹 탈출을 뛰어넘어 경제적 자유 또한 조기에 달성할 수 있을 것입니다.

김준태

Chapter 02 **돈나무를 키우려면 기초부터**

Chapter 03 시작! 돈나무 농사

엄마들이여
생각을 바꿔라!

엄마, 공부 열심히 해서
좋은 직장 취직하라며?

우리는 어렸을 때부터 부모님께서 공부를 열심히 해서 좋은 직장에 취직하는 것이 가장 좋다고 가르쳐주셨습니다. 그래서 학교에서 성적을 잘 받으려 노력하고, 대학에 입학하고, 졸업하고, 취업하려고 노력했습니다. 이런 과정을 통해 안정적이고 성공한 인생을 얻을 것이라고 믿었습니다. 저도 부모가 되어 얼마 전까지만 해도 아들들에게 똑같은 말을 하고 있었으니까요.

하지만 현실은 기대와 다르게 흘러갔습니다. 우리가 사는 세상은 급변하는 시대입니다. 기술의 발전과 경제의 변화로 인해 우리가 알던 직장의 개념이 사라지고 있습니다. 우리가 꿈꾸던 평생직장은 이제 과거의 유물이 됐습니다. 정년퇴직을 할 수 있는 나이도 줄어들었으며, 퇴직 후에도 경제적으로 어려움을 겪고 있습니다.

2021년 취업플랫폼 잡코리아가 알바몬과 함께 직장인 534명에게 시행한 〈직장인 체감 정년퇴직 시기〉 설문 결과에 따르면, 평균 51.7세를 퇴직 나이로 생각하는 것으로 나타났습니다. 법정 정년인 60세보다 8년 이상 이른 시기입니다. 예전에는 회사에 취업해서 정년까지 다닌 후 은퇴한 인생을 사는 것이 당연했는데 이제는 사치인 듯합니다. 또한 통계청 자료에 따르면 2021년 전체 퇴직자 중 47.8%가 직장 휴·폐업, 명예퇴직, 사업 부진에 따른 일자리 감소로 어쩔 수 없는 비자발적 퇴직자인 것으로 나타났습니다. 아무리 열심히 공부하고 좋은 회사에 취직하더라도 내 의지와 상관없이 정년을 채우지 못하고 퇴직해야 하는 시대가 된 것입니다. 우리 자녀들이 제 나이가 되면 이 상황이 더 악화될 뿐 좋아질 것 같지는 않습니다.

전체 퇴직자 중 비자발적 퇴직자 비중

(단위 : %)

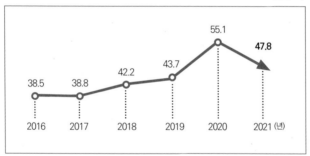

출처 : 통계청 경제활동인구조사 마이크로데이터

직장인 체감 정년퇴직 연령 '만 51.7세'

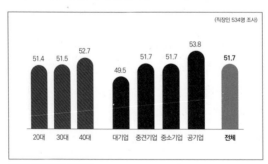

출처 : 잡코리아, 알바몬

자녀와 함께 짓는 돈나무 농사

이런 상황에서 우리는 어떻게 해야 할까요? 제 부모님 세대가 말씀하셨던 좋은 직장에 취직하는 것만으로는 충분하지 않다는 것을 깨달아야 합니다. 우리는 자녀들에게 경제활동을 하면서 지속해서 자신의 자본을 늘려 퇴직 후의 삶에 대비해야 한다고 말해줘야 합니다. 자본이란 단순히 돈만을 의미하는 것이 아닙니다. 자본은 자녀들이 성장하면서 가지게 될 지식과 능력, 경험과 관계, 재산과 투자 등 다양한 자원을 뜻합니다. 이러한 자본을 효율적으로 관리하고, 활용하면 자녀들은 더 나은 삶을 살 수 있습니다.

그렇다면 우리는 어떻게 자녀들의 자본을 늘릴 수 있을까요? 이 책에서는 자녀들에게 부모가 경험한 금융지식을 교육해줌으로써 자신들의 금융 자본을 늘려가는 방법에 대해 알아볼 것입니다.

금융교육은 왜 필요할까요? 금융교육은 자녀들이 성장하면서 겪게 되는 다양한 금융문제에 대비할 수 있게 해줍니다. 예를 들어, 자녀들은 대학을 졸업하고 취업을 하면 월급을 받게 됩니다. 월급을 받으면 어떻게 사용할지 결정해야 합니다. 월급을 모두 쓰거나, 저축하거나, 투자하거나, 빚을 갚을 수 있습니다. 이때 자녀들이 어떤 선택을 하느냐에 따라 미래의 재정 상태가 달라질 것입니다.

금융교육은 어려운 것이 아닙니다. 자녀들이 은행과 친해지도록 유도하면 됩니다. 하지만 부모님들은 자녀를 은행에 데리고 오는 것에 매우 인색한 것 같습니다. 초등학생 아이들이 농협에 오면 막대 사탕을 두 개씩 주기 위해 큰 사탕 통을 구매했는데, 1년째 반도 사용하지 못했습니다. 그나마 직원들이 마감 시간에 하나둘 먹다 보니 그 정도 줄어든 것 같습니다. 약 20년간 근무하면서 자녀와 함께 농협에 방문해 통장에 용돈을 입금하게끔 지도해주신 부모님을 숫자로 센다면 손에 꼽을 정도입니다. 성인이 되어 사회에 진출한 자녀들의 월급 관리도 대신해줄 정도니 말할 것도 없지요. 다른 예로는 고등학생 자녀가 용돈 관리를 직접 해보고 싶다고 해서 입출식 통장 개설을 위해 부모님과 같이 농협에 방문했는데, 바쁜데 쓸데없는 것을 해달라고 한다며 자녀를 타박하신 분도 계셨습니다. 자녀들이 은행에 오는 것 자체만으로도 얼마나 귀중한 교육 기회인지 모르기 때문입니다.

금융교육을 받은 자녀들은 월급을 받으면 자신의 목표와 상황에 맞게 예산을 세우고, 저축과 투자를 통해 자신의 자본을 늘려갈 것입니다. 그러면 자녀들은 장기적으로 안정적이고 풍요로운 삶을 살 수 있습니다. 반면에 금융교육을 받지 못한 자녀들은 월급을 받으면 소비에만 치중하거나, 무분별한 빚을 내거나, 잘못된 투자를 하게 됩니다. 그러면 장기적으로 불안하고 가난한 삶을 살게 될 확률이 높습니다.

이렇게 보면 금융교육은 우리의 삶에 매우 중요한 영향을 미칩니다. 금융교육은 자녀가 돈과 친해지고, 돈을 잘 다루고, 돈을 통해 꿈을 이루는 데 도움이 됩니다. 금융교육은 자녀들이 평생직장이 없는 시대에서도 자신의 자본을 늘려가며 성공하는 방법을 알려줄 것입니다.

시중에 나와 있는 어린 자녀들의 돈 공부 관련 책을 읽어보면, 용돈 기입장을 쓰라는 내용이 주를 이룹니다. 어린 자녀가 스스로 용돈 기입장을 작성해서 본인의 수입과 지출을 관리할 수 있다면 더할 나위 없이 좋은 일입니다. 하지만 본인들 숙제도 하기 싫어하는데 용돈 기입장을 스스로 쓰는 자녀는 얼마나 될까요? 또한 용돈 기입장을 쓰더라도 부모님께 검사를 받는 과정에서 불필요한 지출을 한 자녀는 분명 혼이 날 텐데 본인의 지출 내용을 솔직하게 쓸까요? 자녀에게 금융교육을 시키겠다고 섣불리 용돈 기입장 같은 불필요한 숙제를 내주신다면, 자녀들은 금융과 점점 멀어질 수 있다는 점을 꼭 깨달으셔야 합니다. 자녀들의 금융교육의 출발은 은행과 친해지기입니다. 집 근처에 있는 은행에서 통장을 만들어 아이들이 스스로 입금과 출금을 할 수 있도록 유도해주십시오. 통장 자체가 용돈 기입장이 되어 자녀들이 스스로 관리하게 해주셔야 합니다. 자신의 자녀들이 용돈을 받으면 모두 써버리고 용돈 기입장을 쓰지 않는다고 불평하시는 부모님들께 여쭤보겠습니다.

"올해 가계부를 몇 장이나 작성하셨습니까?"

돈 공부!
뒤로 미루지 마라

아이들에게 돈의 가치와 소비 습관을 가르치는 것은 매우 중요한 일입니다. 하지만 많은 부모님이 아이들이 어릴 때는 돈에 대해 배울 필요가 없다고 생각하고, 돈 공부를 뒤로 미루는 경우가 많습니다. 이는 아이들이 성인이 됐을 때 재정적으로 어려움을 겪을 수 있으며, 돈에 대한 건강한 태도와 습관을 갖지 못할 수도 있다는 위험을 초래합니다.

우리나라의 금융이해력은 매우 낮은 수준입니다. 지난 2023년 5월, 청소년 금융교육협의회의 〈청소년 금융이해력 조사 결과〉에 따르면, 학생들의 금융이해력 평균 점수는 46.8점으로 미국의 금융기관 'JUMP$TART'가 설정한 낙제 점수 60점에도 크게 못 미치는 점수입니다. 심지어 10년 전인 2013년에 시행한 조사 점수보다 1.7점 하락한 수치를 기록했다고 합니다. 또한 2021년 대학수학능력시험을 기준으로 사회탐구과목 중 경제를 선택하는 인원은 1.2%에 불과했습니다. 이는 경제과목을 선택하는 인원이 현저히 적다는 것을 보여줌과 동시에 우리나라 금융교육이 미흡하다는 것을 의미합니다. 이러한 금융교육의 공백은 더 나아가 사회 초년생들의 금융사기 피해가 앞으로 더 늘어날 수 있다는 우려를 낳을 수 있습니다.

"문맹은 생활을 불편하게 하지만, 금융 문맹은 생존을 불가능하게 만들기 때문에 문맹보다 더 무섭다."

1987년 이래 네 번에 걸쳐 미국 연방준비제도 이사회 의장을 역임했던 앨런 그린스펀(Alan Greenspan)이 금융교육의 중요성을 피력하기 위해 한 말입니다.

우리나라 부모님들이 돈 공부를 뒤로 미루는 이유는 다음과 같습니다. 첫째, 돈에 대해 배우는 것은 어른들의 영역이라고 생각한다는 것입니다. 많은 부모님은 돈에 대해 배우는 것은 어른의 영역이라고 생각하고, 아이들은 순수하고 행복하게 살아가는 것이 중요하다고 생각합니다. 그러나 이런 생각은 돈에 대한 무관심과 무지를 낳을 수 있습니다. 아이들은 어른이 되기 전에도 돈과 관련된 다양한 상황과 문제에 직면하게 됩니다. 예를 들어, 용돈을 얼마나 받고, 어떻게 쓰고, 얼마나 저축해야 하는지 등의 문제입니다. 이런 문제들을 해결하기 위해서는 돈에 대한 기본적인 지식과 가치관이 필요합니다. 부모가 아이들에게 돈에 대해 배우는 것을 금지하거나 무시하면, 아이들은 돈에 대해 잘못된 정보와 편견을 가질 수 있습니다.

둘째, 돈 공부는 학교 같은 전문교육기관에서 가르쳐 준다고 생각하는 것입니다. 돈 공부는 학교에서 배우면 된다고 생각하고 가정에서는 별다른 지도를 하지 않고 있습니다. 그러나 학교에서는 돈에 관련된 교육이 충분하지 않습니다. 우리나라 교육과정에서는 금융교육이 별도의 과목으로 지정되지 않으며, 다른 과목에서도 부분적으로 다루어집니다. 예를 들어, 사회과목에서 경제와 관련된 내용을 배우기도 하지만, 실생활에서 필요한 금융상식과 소비자 권리 등은 배우기 어렵습니다. 또한 수학과목에서는 이자와 할인 등의 개념을 배우기도 하지만, 실제로 통장과 카드를 다루거나 투자하는 방법은 배우기 어렵습니다. 따라서 학교에서 배운 내용만으로는 아이들이 금융적으로 자립할 수 있는 능력을 갖추기 어렵습니다. 최근 전세사기, 전화 금융사기에 대한 사회 초년생들의 피해가 커지자 이제야 금융당국에서 청소년기 금융교육을 법제화하도록 입법화하기 시작했으니까요.

셋째, 자녀에게 돈 공부를 가르치는 방법을 모른다는 것입니다. 많은 부모님들이 아이들에게 돈 공부를 가르치고 싶어도 어떻게 가르쳐야 할지 몰라서 포기하는 경우가 많습니다. 부모 자신도 금융적으로 잘 알지 못하거나, 자신의 경험과 지식이 아이들에게 적합하지 않다고 생각하기 때문입니다. 그러나 돈 공부를 가르치는 방법은 다양하고 쉽습니다. 예를 들어, 다음과 같은 방법들이 있습니다.

1. 게임을 통해 돈의 가치를 느끼게 하기

부루마불 같은 보드게임은 아이들에게 도시의 위치와 건물의 종류에 따라 돈의 가치가 달라진다는 것을 자연스럽게 알려줍니다. 아이들은 돈을 더 벌거나 덜 잃기 위해 전략을 세우고, 도시의 가치를 비교하게 됩니다. 게임을 하면서 자연스럽게 직접 돈을 세어보고, 계산해보고, 지급해볼 수 있습니다. 또한 욕심을 부렸다가는

자녀와 함께 짓는 돈나무 농사

자신의 금융재산을 모두 날릴 수 있다는 것도 자연스럽게 배울 수 있습니다. 저희 아이들과도 가끔 하는 게임이지만, 아이들에게 어떻게 해야 게임에서 이길 수 있는지 알려주지 않습니다. 직접 씨앗은행 화폐를 세어보는 것으로 충분한 돈 공부가 되기 때문입니다.

2. 용돈을 주고 관리하는 법 배우기

아이가 초등학교에 가면 용돈을 주고, 그 용돈을 어떻게 쓰는지, 올바른 소비를 했는지 검토하도록 합니다. 용돈의 액수는 아이의 나이와 생활비에 따라 달라집니다. 저는 초등학생 6학년인 큰아들에게만 하나은행의 '아이 부자' 앱을 통해 매주 1만 원씩 용돈을 주고 있습니다. 아이 부자 카드를 신청해서 용돈을 사용하게 했습니다. 청소년 유해 업종에서는 결제가 제한되고, 지출 내용을 앱에서 확인할 수 있어 자녀 용돈 관리하기에 유용합니다. 하지만 저는 아이가 용돈을 어디에 썼는지 확인하지는 않습니다. 아이가 스스로 용돈을 써보고 자신이 부족하면 절약해야 한다는 생각을 스스로 갖게 하기 위해서입니다.

3. 투자에 대한 이해

부모님이 아이 앞으로 저축하거나 펀드나 ETF에 투자한다면, 그 과정과 원리를 아이에게 설명해줍니다. 이는 아이에게 미래 자금 계획, 주식 선정 기준, 매수와 매도 시기, 금융시장 움직임 등을 보여줄 수 있습니다. 저도 아이들 이름으로 나스닥 지수를 추종하는

ETF에 투자 중이며, 경과 과정을 아이들에게 공유해주고 있습니다. 자녀들에게 계좌가 수익인지 손실인지는 중요하지 않다고 말해줘야 합니다. 우리가 살아가는 자본주의에서는 항상 가치가 성장하는 자산에 투자해야 한다고만 주지시켜주면 됩니다.

4. 돈을 다루는 규칙 정하기

아이들에게 정기적이고 합리적인 용돈을 주고, 용돈이 떨어지면 추가로 주지 않습니다. 아이가 용돈을 잘 쓰면 더 많은 것을 맡겨주고, 사고 싶은 물건이 있으면 저축하도록 합니다. 아이와 함께 희망 사항을 만들고, 필요한 돈과 시간을 계획합니다.

아이들에게 돈 공부를 가르치는 것은 단순한 지식 전달이 아니라 삶의 가치와 태도를 함께 가르치는 것입니다. 부모님들은 아이들에게 돈을 올바르게 사용하고, 저축하고, 투자하고, 기부하는 법을 가르쳐야 합니다. 이렇게 하면 아이들은 돈에 대해 건강하고 책임감 있는 태도를 보이게 되고, 재정적으로 안정적이고 행복한 삶을 살 수 있을 것입니다.

아이들과 함께하는 돈 공부는 부모와 자녀 간의 소통과 신뢰를 강화하는 데도 도움이 됩니다. 아이들은 부모의 돈 관리 방식을 보고 배우기 때문에 부모가 아이들과 돈에 대해 솔직하고 열린 태도로 이야기하면, 아이들도 부모에게 자신의 돈 문제를 공유하고 조언을 구할 수 있습니다. 또한 아이들은 부모가 자신의 용돈을 존중하고, 자신의 의사를 존중하면, 부모에게 더 신뢰감을 느끼게 됩니다. 반대로, 부모가 아이들의 용돈을 간섭하거나, 자신의 의사를 무시하면, 아이들은 부모에게 거리감을 느끼고, 돈에 대해 거짓말을 하거나 숨길 수 있습니다.

아이들에게 돈 공부를 가르치는 것은 쉽지 않은 일입니다. 부모는 자신의 재정 상황이나 투자 결과를 아이들에게 공개하는 것이 부끄럽거나 불편할 수 있습니다. 또한 부모는 자신의 돈 관리 방식이나 가치관이 아이들에게 영향을 줄 수 있다는 책임감을 느낄 수 있습니다. 그러나 부모가 아이들에게 돈 공부를 가르치는 것은 아이들의 재정적인 성공과 행복을 위한 투자라고 생각해야 합니다. 부모가 아이들에게 돈에 대해 배우고, 경험하고, 실천하도록 돕는다면, 아이들은 돈에 대해 건강하고 책임감 있는 태도를 보이게 되고, 재정적으로 안정적이고 행복한 삶을 살 수 있을 것입니다.

부모님들께서는 아이들의 금융교육을 뒤로 미루지 마시고, 오늘부터라도 시작해보세요. 오늘 집에 가서 아이들과 부루마불 한 게임 어떠신가요?

자녀를 금융 문맹으로
만드는 습관들

　우리는 곧 자녀들의 거울입니다. 무심코 행한 우리의 잘못된 행동이 자녀들의 금융생활에 막대한 영향을 미칠 수 있다는 것을 알아야 합니다. 가난은 단순히 돈이 부족한 것이 아니라, 생각과 행동, 그리고 생활습관에서 나타난다고 합니다. 대신증권에서는 부모의 가난을 자녀에게 대물림하는 잘못된 습관 3가지를 소개했습니다. 첫 번째는 습관적인 TV 시청과 스마트폰 게임, 두 번째는 경제관념 없는 소비 형태, 세 번째는 "돈이 없어서 안 돼! 분수에 맞게 살아" 같은 돈에 대한 패배의식입니다. 이 중에서 부모들의 경제관념 없는 소비 형태에 대해 잠시 언급해보겠습니다.

　윗물이 맑아야 아랫물이 맑듯이 부모들이 무분별한 소비를 하면서 자녀들에게 저축을 강요해봤자 소용없는 짓입니다. 하루는 화장품을 사러 올리브영에 방문한 적이 있는데, 물건을 고르고 있는 딸 옆에서 그만 사라고 타박하는 어머니가 계셨습니다. 고등학생 정도 되어 보이는 딸이 한마디 하더군요. "엄마는 필요한 것 막 사잖아! 왜 나한테만 그래!"라고 말이죠. 2007년 6월 아이폰 첫 출시 이후 급속도로 보급된 스마트폰 덕분에 간편하고 신속하게 주문할 수 있다 보니 자연스럽게 집에 쌓이는 택배 상자도 늘었고, 그 와중에 불필요한 물건도 많은데 딸이 그것을 본 모양입니다. 또한 인플레이션, 여성의 사회 진출 증가, 자아실현 목적으로 맞벌이 부부가 많이 늘었습니다. 맞벌이 부부는 항상 아이에게 미안함을 느끼고 있습니다. 어린 시절 아이와 시간을 보내주지 못하는 미안함에 부모님들은 물질적으로 보상을 해주려고 합니다. 비싼 장난감, 유명 상표의 옷, 잦은 외식, 과한 용돈 등으로 그 미안함을 보상하죠. 이런 유년 시절을 거친 자녀들은 그 정도 금액을 지출하는 것이 당연한 것으로 알고 성장할 것입니다. 그런 경제관념을 가진 상태로 성장한다면 어른이 되어서 경제적 고통을 겪게 될 수밖에 없습니다.

이제 부모가 자녀의 금융교육을 위해서 평소에 하지 말아야 할 3가지 습관을 언급하겠습니다. 첫 번째, 돈에 대해서 부정적으로 이야기하는 것입니다. 부모가 스스로 돈이 없다고 불평하거나, 돈 때문에 못 하는 것이 많다고 말하면, 자녀는 곧 돈이 문제라고 인식하게 됩니다. "엄마, 아빠는 돈이 부족해서 해줄 수 없어!", "우리 집은 가난해서 안 돼! 분수에 맞게 살아!"라는 말을 듣게 되면, 자녀는 돈에 대한 부정적인 인식을 하는 동시에 자존감도 떨어집니다. 비슷한 예로, 학벌이 달리거나 좋은 직장에 다니지 않는다는 자신의 열등감을 자녀에게 표출시키는 부모들도 있습니다. 이러한 패배의식은 자녀에게 자신의 꿈을 강요하는 형태로 나타납니다. "아빠처럼 살지 않으려면 공부해", "엄마가 살아보니까 직장인이 되어야 안정적으로 살 수 있어" 등 아이의 가능성을 키워주기보다는 부모가 살아온 세상이 전부라고 생각하고, 자신이 못 이룬 꿈을 아이가 대신 이루어주기를 압박합니다.

부모가 돈에 대해서 부정적으로 이야기하는 것은 자녀의 금융교육에 악영향을 미칩니다. 왜냐하면, 자녀는 돈을 벌고, 관리하고, 투자하는 방법을 배우기보다는 돈을 피하거나, 무시하거나, 혐오하는 방법을 배우기 때문입니다. 그렇게 되면 자녀는 성인이 되어서도 돈과 거리를 두려고 하거나, 돈을 낭비하거나, 돈 때문에 갈등을 겪게 됩니다. 따라서 부모는 돈에 대해서 부정적으로 이야기하지 말고, 긍정적으로 이야기해야 합니다. 예를 들어, "우리 집은 잠시 힘든 것뿐이고, 곧 넉넉해질 거야. 그때까지 절약하면서 같이 참아보자!", "필요한 것을 사기 위해서는 목표 금액을 정해놓고 저축을 해보자" 등의 말을 해주면 좋습니다. 이렇게 하면, 자녀는 돈이 곧 기회라고 인식하고, 돈을 벌고, 관리하고, 투자하는 방법을 배우게 됩니다.

두 번째, 금융지식을 멀리하는 것입니다. 부모가 금융에 대한 지식이 없으면, 자녀도 금융에 대한 지식을 배우지 못합니다. 부모가 돈을 어떻게 벌고, 어떻게 쓰고, 어떻게 저축하고, 어떻게 투자하는지를 보고 배우는 것이 자녀 금융교육의 첫걸음입니다. 하지만 부모가 금융에 관해 공부하지 않고, 과소비만 하며, 매달 카드 값을 갚느라 정신이 없다면, 자녀는 돈을 관리하는 방법을 배울 수 없습니다. 또한 부모가 금융상품이나 투자방법에 대해 잘 모르고, 보험설계사나 지인의 말만 믿고 결정한다면, 자녀는 돈을 통제하는 방법을 배울 수 없습니다. 부모가 부동산이나 금융투자상품에 대해 잘 모르고, 성급하게 투자해서 돈을 날린다면, 자녀는 돈을 투자하는 방법을 배울 수 없습니다.

인류 역사상 최고의 천재 과학자 아이작 뉴턴(Isaac Newton)은 아주 활발한 주식투자자였다고 합니다. 그는 1720년 주식시장 역사상 첫 번째 버블로 불리는 영국 South Sea 주식에 투자해 전 재산의 90%(현재 가치로 환산 시 45~55억 원)를 날린 것으로 잘 알려

South Sea Stock(December 1718~December 1721)

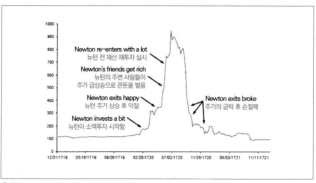

출처 : Marc Faber, Editor and Publisher of "The Gloom, Boom & Doom Report"

져 있습니다.

부모 중에는 본인들이 고학력자이기 때문에 별다른 금융지식을 쌓지 않아도 자신들이 재산을 잘 지키고 불려 나갈 수 있으며, 자녀들에게 알려줄 수 있다고 믿는 분들이 많습니다. 만유인력의 법칙을 깨달았으며, 3가지 운동 법칙을 정립하고, 미적분을 창시했으며, 영국의 조폐국장도 역임했던 뉴턴도 금융지식을 체계적으로 학습하지 않아 자신만의 기준 없이 금융투자를 하다가 패가망신할 뻔했는데 무슨 자신감인지요?

이러한 부모의 금융지식 멀리하기는 자녀의 금융교육에 악영향을 미칩니다. 왜냐하면, 자녀는 돈을 관리하고, 통제하고, 증식시키는 방법을 배우지 못하고, 돈에 대한 두려움이나 무관심, 탐욕만 생기기 때문입니다. 따라서 부모는 금융에 대한 지식을 지속해서 습득하고, 자녀에게도 금융에 대해 가르쳐야 합니다. 부모가 금융에 대한 지식을 습득하는 것은 어렵지 않습니다. 저는 항상 자녀가 있는 부모에게 은행이나 지자체에서 운영하는 도서관을 방문할 것을 권유합니다. 은행에 방문해서 간단한 거래를 하고 객장에 꽂혀 있는 안내장을 하나 집으신 후 천천히 읽어나가세요. 그리고 이해가 안 되면 은행 직원에게 물어보고, 괜찮은 상품이면 직접 가입도 해 보면 됩니다. 은행 직원이 설명해도 알아듣지 못하겠다면, 집에 와 서 관련 내용을 인터넷으로 찾아 내 것으로 만드시면 됩니다. 도서 관에서는 매주 책을 한 권씩 읽는다는 마음으로 금융서적에서부터 경제서적까지 가볍게 읽어보세요. 실생활과 관계된 서적부터 읽어 보는 것이 지속적인 독서를 유지할 수 있기에 추천합니다. 이렇게 부모가 금융상품이나 투자방법을 주제로 공부하고, 자신의 목표와 위험 성향에 맞는 선택을 하며, 자녀에게 그 이유를 설명해준다면 자녀는 자연스럽게 돈을 관리하고, 통제하고, 증식시키는 방법을 배우게 될 것입니다.

세 번째, 소비 중심의 생활 방식입니다. 부모가 소비 중심의 생 활 방식을 갖고 있다면, 자녀도 소비 중심의 생활 방식을 갖게 됩 니다. 부모가 쇼핑이나, 외식이나, 여행 등으로 스트레스를 해소하 거나, 사회적 지위를 표현하려고 하면, 자녀도 같은 방식으로 행동 하게 됩니다. 부모가 필요하지 않은 물건에 돈을 쓰거나, 할인이나 포인트 등으로 유혹되어 더 많은 돈을 쓰거나, 카드로 갚기 쉽다고 생각하며 무분별하게 돈을 쓰면, 자녀도 그렇게 되기 쉽습니다. 부 모가 소비만 하고 저축이나 투자를 하지 않거나, 소비를 위해 저축 이나 투자를 줄이거나, 소비를 위해 대출이나 할부를 이용하면, 자 녀도 그렇게 되기 쉽습니다.

부모들이 본인들의 소비 중심의 생활 방식을 측정하기 위해서 는 '과소비 지수'를 계산해보면 됩니다. '과소비 지수'란 금융감독 원 금융교육센터에서 개인의 소비 습관 점검을 위해 고안한 계산 법으로, 월평균 수입에서 월평균 저축액을 제외한 금액을 다시 한 번 월평균 수입으로 나눈 값을 말합니다.

과소비 지수 계산법

출처 : IBK기업은행 블로그

과소비 지수는 일차적으로 0.5 이하면 알뜰한 소비, 0.6이면 적정 소비, 0.7부터 0.9 사이면 과소비로 분류됩니다. 실제로는 연령대별로 돈의 쓰임새, 수입 등이 달라지기 때문에 이 점을 반영해서 20대는 0.5 이하, 30대는 0.7 이하, 40대는 0.8 이하, 50대 이상은 0.9 이하의 값이 나오면 적절하고 이상적인 소비 습관을 지니고 있다고 할 수 있습니다. 해당 지수가 개인 상황, 환경, 변수에 따라 절대적으로 과소비를 따질 수는 없겠지만, 과소비 지수가 자신의 나이대 값보다 높게 산출된다면 자산의 소비 생활을 되돌아볼 필요가 있습니다.*

모든 부모가 수입과 지출 관리를 철저히 하고, 부동산과 주식 등 자산투자방법에 통달해 있으며, 아이들에게 금융지식을 전달하기 위해 매일 공부할 수는 없을 것입니다. 하지만 부모가 하지 않으면 자녀들도 하지 않습니다. 안철수 국회의원의 부친 고(故) 안영모 원장은 2012년 〈한국경제〉와 한 인터뷰 기사에서 "부모는 아이가 책을 읽는 환경을 만들어주는 것이 중요하다. 아이에게 책을 읽으라고 이야기하지 말고, 부모가 직접 책을 읽는 모습을 보여줘라"라고

* IBK기업은행 블로그 글 일부 인용(https://blog.ibk.co.kr/2591)

언급하셨습니다. 그만큼 부모의 행동과 습관이 자녀의 교육에 지대한 영향을 미친다는 것은 더는 설명할 필요가 없는 사실입니다.

안 하던 것을 새로 시작하기는 참 어렵습니다. 어려워도 시작하셔야 합니다. 시작이 반이라고 했습니다. 지금이라도 점심 식사를 마치시고, 집 근처 또는 회사 근처에 있는 은행부터 방문해보시는 것은 어떨까요?

엄마는
원래 바쁩니다

가정에서 엄마의 영향력은 절대적입니다. 엄마들은 눈코 뜰 새 없이 항상 바쁘죠. 아침에 일어나서 아이들을 학교에 보내고, 집안일을 하고, 회사에 출근하고, 일하고, 퇴근하고, 저녁을 만들고, 아이들과 공부를 하고, 잠을 자기 전에 다시 집안일을 하고, 엄마의 하루는 끝이 없습니다.

저희 집사람의 일과를 표로 나타내볼까요?

시간	일과
05:30~06:00	기상 및 구립 체육센터 이동
06:00~07:30	아침 수영 후 집으로 복귀
07:30~09:00	아침 식사 준비, 자녀 등교
10:00~12:00	집안일(청소, 설거지, 빨래 등), 강연 참석
12:00~13:00	점심 식사
13:00~18:00	자녀 간식 준비 및 학원 등·하원, 장보기, 도서관 방문
18:30~19:30	저녁 식사
19:30~20:30	구립 체육센터 이동 및 운동
21:00~22:00	자녀 숙제 봐주기
22:00~	개인 시간 후 취침

집사람은 전업주부입니다. 자녀들을 위해서 본인의 시간을 철저하게 희생해 사용하고 있습니다. 본인의 체력을 위해 운동하는 시간을 빼고는 일정이 꽉 차 있습니다. 직장을 다니는 분들이 보기에는 편해 보일 수 있겠지만, 제가 직접 집사람 일정을 소화해보니 회사에 열심히 다니는 것이 더 편하다고 생각됐습니다. 다만, 제가 집사람에게 부탁한 점은 항상 시간을 쪼개서 공부할 시간을 만들라는 것입니다. 제 뜻을 알아줬는지 시간 날 때마다 강연 참석과 도서관을 방문하고 있습니다.

자녀를 키우신다면 정말 하루가 눈코 뜰 새 없이 지나갈 것입니다. 하지만 시간이 없다고 해서 금융·경제 공부를 게을리해서는 안 되며, 아이들에게 금융교육을 소홀히 하면 안 됩니다. 아이들은 돈과 경제, 금융에 대한 개념과 지식을 어릴 때부터 배워야 하기 때문입니다. 그렇지 않으면 어른이 되어서도 돈을 관리하거나 투자하는 능력이 부족할 수 있습니다.

미국의 발명가 토머스 에디슨(Thomas Edison)은 "변명 중에서도 가장 어리석고 못난 변명이 '시간이 없어서'라는 변명이다"라고 말했습니다. 또, 미국 건국의 아버지라고 불리는 벤저민 프랭클린(Benjamin Franklin)은 "당신은 지체할 수 있지만, 시간은 그러지 않을 것이다"라고 말했죠. 위인들은 항상 시간 관리의 중요성에 대해 피력합니다. 우리 아이들을 위해서라도 자투리 시간을 잘 확보해서 금융·경제에 관해 공부하셔야 합니다. 그러면 자투리 시간을 어떻게 확보할 수 있을지 잠시 고민을 해보겠습니다.

직장을 다니시는 분이라면 출퇴근 시간을 이용하는 것이 가장 효율적일 것입니다. 다만, 대중교통을 이용하는지, 자가용을 이용하는지로 구분해야 할 것입니다. 대중교통을 이용하는 분들은 출퇴근 시간을 통상 2시간으로 잡는다고 하면, 이 중 온전히 1시간 정도는 가만히 앉아 있거나 서 있는 시간일 것입니다. 이 시간을 활용하시면 됩니다. 오늘 출퇴근길 주변을 살펴보시겠습니까? 다른 사람들은 무엇을 하는지 보십시오. 모두 핸드폰을 들고 유튜브를 시청하거나 게임, 인터넷 기사 읽기, SNS 사진 보기에 대부분의 시간을 할애하고 있을 것입니다. 온종일 일하거나 일할 예정인 나에게 휴식을 주기 위해서 가끔은 그럴 수 있겠지만, 이 금 같은 시간을 스마트폰으로 허비하지 않으셨으면 합니다. 주 5일 근무로 예를 들면, 1년간 출퇴근 시간만 260시간(52주×5일)을 확보할 수 있습니다.

자가용을 이용하시는 분들은 더 간단합니다. 운전할 때 강의를 듣는 것으로 그 시간을 활용할 수 있습니다. 차량에 탑승하는 순간부터 나만의 시간을 갖는 것이기 때문에 패스트캠퍼스, 클래스 101과 같은 유료 온라인 강의 플랫폼을 이용하거나, 유튜브 채널 중 책 읽는 것을 콘텐츠로 하는 채널을 구독해서 활용할 수 있습니다.

전업주부의 경우는 직장인 대비 시간 활용이 상대적으로 자유롭습니다. 본인의 의지만 있다면 얼마든지 자투리 시간을 활용할 수 있습니다. 낮 시간을 적극적으로 활용할 수 있으므로 지자체에서 실시하는 유명 강사 강연 참석이나 도서관에서 독서를 통해 본인의 자투리 시간을 활용할 수 있습니다.

불경의 하나인 《부모은중경(父母恩重經)》에 있는 '어머님의 10가지 은혜' 중 '자식을 위해 나쁜 일을 하시는 은혜'가 있습니다. 이는 자식의 어려움을 대신 받고자 하며, 자식을 위해서라면 생명도 바치고, 어떤 일이라도 하려는 어머님의 마음에 대한 존경을 표한 것입니다.

우리 자녀들을 위해서 못할 것이 없는 것이 부모입니다. 다른 사람을 해하는 것도 아니고, 내 몸을 상하게 하는 것도 아닙니다. 그저 의미 없이 흘리는 부모의 자투리 시간을 챙겨서 아이들의 미래를 위해 활용하자는 것입니다. 시작이 어려울 뿐입니다. 당장 수첩과 볼펜을 준비해서 내일부터 내가 확보할 수 있는 자투리 시간부터 체크해보십시오. 이것이 어렵다는 분들께 저는 묻고 싶습니다.

"여러분은 침대에 누워 유튜브를 보며 웃으면서, 자녀들에게만 공부하라고 강요하는 부모는 아닙니까?"

자녀와 함께 짓는 돈나무 농사

배워서 남 주니?
배워서 아이들과 꿈을 꿔!

학무지경(學無止境), 학불가이(學不可已) 두 사자성어의 공통점은 무엇일까요? 바로 '배움에 끝이 없다'입니다. 학무지경은 배움에는 끝이 없으므로 평생을 배워야 한다, 학불가이는 학문은 그만둘 수 없다는 말로, 배움은 끝없는 정진을 해야 한다는 뜻을 가진 사자성어입니다.

금융을 이용해서 경제적 자립을 이루기 위해서는 금융상품의 정확한 용도와 목적에 대한 정확한 학습이 필요합니다. 물론, 내가 아는 지식을 남에게 전달하기 위해서는 몇 배의 노력이 필요합니다. 더욱이 금쪽같은 내 아이에게 금융지식을 전달해야 하는데 대충 해서 되겠습니까? 잠을 줄이면서 공부하라는 말씀까지는 드리지 않겠습니다. 앞에서 언급한 것처럼 의미 없이 흘러가는 시간만 활용해도 충분한 것이 금융·경제 공부입니다. 우리의 실생활과 밀접하게 관련되어 있으므로 경험의 내용을 글자로 확인하기만 해도 가능합니다.

지점에서 근무하며 많은 젊은 엄마 고객님들께 말씀드립니다.

은행에 오셔서 저희에게 물어봐도 되기는 하지만, 별도의 금융·경제 공부를 하셔야 한다고 말이죠. 은행에 올 때는 될 수 있으면 자녀를 데리고 와서 은행 업무를 옆에서 지켜보게 하라고 말입니다. 제가 이렇게 말씀드리면 금융의 범위가 너무 넓어서 어디서부터 시작해야 할지 모르겠다고 합니다.

제가 금융교육을 위해서 부모가 공부해야 한다고 계속 피력하고 있지만, 그 공부 내용 자체가 금융전문가 수준까지 광범위할 필요는 없습니다. 금융거래할 때 목적에 맞는 금융상품을 주체적으로 결정하고, 상품을 잘 몰라 타인에게 설명을 들었지만 이해가 가지 않을 때 어떤 부분을 찾아야 쉽게 이해할 수 있는지 아는 정도로만 해도 충분할 것입니다.

쉽게 예를 들어보겠습니다. 직장인인 김적금 씨는 초등학생인 김예금의 학자금을 미리 마련하기 위해서 은행에 방문해서 적금에 가입하려 합니다. 은행원은 상담 결과 김적금 씨가 자녀의 학자금 마련을 위해서 적금에 가입하려 한다는 사실을 알게 됐고, 은행 적금 이율보다 수익률이 높다며 ELS(주가연계증권)를 추천했습니다. 김적금 씨는 자녀의 학자금을 마련하기 위한 목적이므로, 목표 금액을 정해놓고 급여에서 일정 부분 월 납입액을 결정한 상태였습니다. 은행 직원이 추천한 ELS가 수익률은 높아 보였지만, 상담 결과 원금 손실이 발생하는 상품임을 알게 되어, 정중히 거절 후 정기 적금에 가입했습니다. 해당 예시에서 봤듯이 금융상품을 운용하는 데 목적과 목표 금액을 정확하게 설정하고, 용도에 맞는 금융상품을 선택한 김적금 씨는 더할 나위 없이 훌륭한 금융상품을 선택한 것입니다. 만약 금융지식이 없는 상태라면 수익률이라는 유혹을 떨치지 못하고 원금 손실 가능성이 있는 ELS에 덜컥 가입했을 것입니다.

제 취미는 야구입니다. 사회인 야구를 8년째 하고 있습니다. 또, 취미활동을 발판 삼아 사회인 야구에서 심판 활동도 했습니다. 야구는 여타 스포츠처럼 규칙이 있습니다. 야구를 잘하기 위해서 야구 규칙을 모두 알아야 할까요? 류현진, 김광현 같은 유명 야구 선수들이 야구 규칙을 모두 알까요? 물론 야구 규칙을 많이 안다면 그 안에서 빈틈을 찾아서 창의적인 플레이가 가능하겠지만, 이 선수들은 자신에게 해당하거나 자주 발생하는 경우 위주로 야구 규칙을 숙지하고, 그 외 규칙에 대해서는 심판의 판정에 맡깁니다. 그들은 야구 선수이기 때문에 굳이 모든 야구 규칙을 알 필요도 없으며, 야구 규칙을 모두 외울 시간에 야구공 던지는 훈련을 하는 것이 훨씬 효율적이고 이득이기 때문입니다. 저 또한 야구만 할 때는 야구 규칙보다는 투수의 공을 어떻게 잘 칠 수 있을지 수없이 연습했지만, 심판이 되면서 비로소 야구 규칙을 모두 학습하게 됐으니까요.

금융도 똑같습니다. 목적을 이루기 위해 적합한 상품이 어떤 것이 있으며, 그 상품에 가입하기 위한 요건이 무엇인지 공부하기만 하면 됩니다. 그런 기본 골자가 되어 있는 상태에서 경제적 자유를 이루기 위한 다른 금융상품이 없는지 점차 확대해 나가면 금상첨화입니다. 또 다른 예를 들어보겠습니다. 자영업자인 김사업 씨와 직장인인 김직장 씨가 적금에 가입한다면, 두 사람에게 적합한 적금 상품은 무엇일까요? 개인 사업을 하는 김사업 씨의 경우 매월 수입금액이 일정하지 않을 것입니다. 한 달에 한 번씩 일정한 금액을 입금해야 하는 정기 적금보다 다소 이율은 낮지만, 수시로 입금이 가능한 자유 적립 적금이 나을 것입니다. 반대로, 김직장 씨는 회사에 무슨 일이 있지 않은 이상 급여일에 일정한 급여가 입금되기 때문에 자유 적립 적금보다는 금리가 상대적으로 높은 정기 적금에 가입하는 것이 이득일 것입니다. 이렇듯 자신의 상황에 맞는 금융상품을 주체적으로 결정할 수 있을 때까지 끊임없이 학습하셔야 합니다.

한국은행과 금융감독원이 2023년 5월에 발표한 〈2022년 전 국민 금융이해력 조사〉 결과를 보면, 전국 만 18~79세 성인 2,400명을 대상으로 벌인 금융이해력 평균 점수는 66.5점입니다. 그나마 2년 전인 65.1점보다 소폭 상승한 상태입니다. 다만, 눈에 띄는 부분은 이번에 처음 실행한 〈디지털 금융이해력 조사〉입니다. IT 강국이라고 하는 우리나라가 평균 점수 66.5점에 한참 모자라는 42.9점에 그쳤습니다.

연령층별로 살펴보면 젊은 층은 비교적 높게 나왔지만 70대(36.0점), 저소득층(39.4점), 고졸 미만(35.9점) 등은 낮았습니다. 기술 발전에 따라 금융거래 방법도 빠른 속도로 바뀌는데, 이는 기존 거래 방식을 고수하고 시대 흐름을 따라가지 못한 고연령 계층, 현재 생계에 치중하느라 별도로 금융학습에 시간을 할애할 수 없었던 저소득·저학력 계층이 금융교육에 있어서 취약하다는 방증입니다. 금융을 공부한다는 것은 흐르는 강물 위에서 배를 타고 있는 것과 같습니다. 지금의 나에게만 만족한다면 내가 원하지 않는 방향으로 강물에 휩쓸릴 수 있습니다. 항상 내가 원하는 방향으로 가기 위해서는 부지런히 노를 저어야 합니다.

예전부터 우리나라는 돈에 관해서 이야기하는 것을

2022년 전 국민 금융이해력 조사

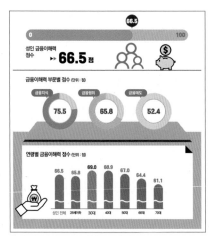

출처 : 청년일보, 한국은행, 금융감독원

2022년 전 국민 금융이해력 조사

금융이해력

	연령별						소득계층[1]			학력		
20대[2]	30대	40대	50대	60대	70대	저소득	중소득	고소득	고졸미만	고졸	대졸[3]이상
65.8	69.0	68.9	67.0	64.4	61.1	63.2	68.0	68.7	59.3	65.4	68.7

주 : 1) 연소득 7,000만 원 이상 고소득층, 3,000~7,000만 원 중소득층, 3,000만 원 미만 저소득층으로 구분
2) 만 18~29세 3) 전문대학 포함

디지털금융이해력 현황

디지털금융이해력	디지털금융지식[1]	디지털금융행위[2]	디지털금융태도[3]
42.9	52.2	41.3	35.8

주 : 1) 디지털금융계약, 온라인 공유 개인정보의 활용 가능성, 암호화폐 등에 대한 이해
2) 비밀번호 및 재무정보 관리, 온라인금융상품 구매 시 규제 여부 점검 등
3) 온라인거래 시 공용 wifi 이용, 웹사이트 보안 및 이용약관 등의 중요성에 대한 인식

응답자 특성별 디지털금융이해력 현황

	연령별						소득계층[1]			학력		
20대[2]	30대	40대	50대	60대	70대	저소득	중소득	고소득	고졸미만	고졸	대졸[3]이상
44.7	45.0	44.2	43.1	41.1	36.0	39.4	44.0	48.8	35.9	41.2	45.5

주 : 1) 연소득 7,000만 원 이상 고소득층, 3,000~7,000만 원 중소득층, 3,000만 원 미만 저소득층으로 구분
2) 만 18~29세 3) 전문대학 포함

출처 : 한국은행, 금융감독원

저속한 행동이라고 바라봤습니다. 하지만 최근에는 서점에만 가 봐도 자녀들을 대상으로 돈, 금융, 경제를 가르치라는 서적이 즐비 합니다. 그것은 아무래도 부모들이 자녀에게 금융을 가르치고 싶 어 하는 심리를 꿰뚫은 시장 원리인 것 같습니다. 우리도 부모님께 들었던 "너는 공부나 열심히 해. 돈 걱정하지 말고!"라는 말은 이 제 구시대적인 말입니다. 금융을 공부하는 데는 많은 시간과 양이 필요하지 않습니다. 목돈을 모으기 위해서 적금에 가입할 때 내가 매달 내야 할 금액과 만기 이자만 계산할 줄 안다면, 그 후 적금을 넣으면서 만기 때까지 기다리기만 하면 되는 것입니다.

금융공부에 대해 너무 어렵게 생각하지 마시길 바랍니다. 금융 은 우리의 실생활과 밀접하게 연관되어 있습니다. 금융을 공부하 는 시간보다 금융을 직접 실천하는 시간이 10배 이상 깁니다. 자녀 와 금융공부를 하면서 함께 꿈을 키워 보시길 바랍니다.

부는 인내심을 가진
부모에게 향합니다

　돈은 우리 삶의 많은 부분에 영향을 미칩니다. 돈을 잘 관리하고 투자하면 미래에 더 풍요롭고 안정적인 삶을 살 수 있습니다. 반대로 돈을 낭비하거나 잘못된 결정을 하면 빚이 쌓이고 스트레스가 증가할 수 있습니다. 그러므로 우리는 자녀들에게 금융교육을 통해서 돈의 가치와 재무관리의 중요성을 가르쳐야 합니다. 하지만 그것만으로는 부족합니다. 자녀들에게는 돈을 관리하는 기술뿐만 아니라, 돈을 위해 희생하고 기다리는 인내심도 필요합니다.

　인내심이란 무엇일까요? 인내심은 당장의 유혹이나 감정에 휘둘리지 않고, 장기적인 목표를 위해 노력하고 기다릴 수 있는 능력입니다. 또한 인내심은 성공적인 금융관리의 핵심 요소입니다. 왜냐하면, 우리는 돈을 벌거나 저축하거나 투자할 때, 즉각적인 보상을 받지 못하고, 때로는 손실이나 위험에 직면하기도 하기 때문입니다.

　주식투자의 전설 워런 버핏(Warren Buffett)은 자산이 300억 달러(약 40조 5,000억 원)였던 1999년 주주총회 때 "어떻게 하면 당신처럼 300억 달러를 벌 수 있느냐?"라는 질문을 받았습니다(지금은 버핏의 자산이 1,200억 달러(약 158조 원)가 넘습니다).

워런 버핏은 "일찍 시작하라! 나는 매우 긴 언덕 위에서 작은 눈덩이를 만들어 굴리기 시작했다. 길고 긴 언덕을 갖는 비결은 아주 어릴 때 투자를 시작하거나 아주 오래 사는 것이다"라고 설명했습니다. 한 방의 투자로 짧은 기간에 수익을 올리는 것으로는 큰 부자가 될 수 없다는 뜻입니다. 이유는 복리의 마법 때문인데, 이자에 이자가 붙는 복리는 시간이 길어질수록 기하급수적으로 늘어납니다. 따라서 투자에 성공하기 위해 가장 필요한 성품은 복리의 마법을 경험할 수 있을 만큼 오래 기다릴 수 있는 인내심입니다.

금융투자의 성공 여부를 떠나서라도 금융을 경험할 자녀들에게 인내심을 가르치는 것은 그들의 재무적 성공과 행복에 큰 도움이 됩니다. 자녀들에게 가장 쉽게 접근할 수 있는 금융상품인 적금에 가입하게 해보십시오. 처음에는 적금 만기 기간을 짧게 해놓고 스스로 목돈을 모았다는 성취감과 인내심을 기를 수 있게 해주셔야 합니다. 처음에는 3개월, 두 번째는 6개월, 세 번째는 9개월…. 점차 만기일을 늘려서 자녀 스스로 인내심을 기를 수 있게 도와주세요. 제가 근무하는 지역농협에는 수시로 입금만 가능한 자유 적립 적금이 있는데, 매회 입금액이 1,000원 이상만 되면 입금 횟수, 가입 한도에 제한을 두지 않습니다. 만기 기간은 3~60개월 이내에서 월 단위로 정할 수 있습니다. 대부분의 금융회사에서도 유사한 상품을 운용하고 있으니, 아이들이 스스로 걸어갈 수 있는 위치의 금융회사에서 자유 적립 적금에 가입해 활용해보시는 것을 추천합니다.

번거롭게 3개월마다 은행을 어떻게 가느냐고 반문하실 수 있지만, 앞에서도 언급했다시피 은행에 직접 방문해서 아이에게 금융거래를 경험하게 해보는 것만으로도 엄청난 금융교육 효과가 생긴다는 것을 명심하셔야 합니다. 더군다나 금융자산이 복리효과를 최대한 누릴 수 있도록 인내심까지 배웠다면, 우리 아이들의 먼 미래는 경제적으로 풍족해질 것입니다.

자녀의 시간이
곧 돈이다

돈을 얼마나 많이 벌 수 있느냐는 중요한 질문입니다. 하지만 더 중요한 질문은 돈을 얼마나 오래 갖고 있느냐입니다. 투자의 성공은 단순히 수익률이나 수익금만으로 측정할 수 없고, 투자 기간과 자본의 재투자 여부도 고려해야 합니다. 왜냐하면, 시간은 투자의 최고의 친구이기 때문이죠.

시간은 투자에 있어서 2가지 큰 장점을 제공합니다. 첫째, 시장의 변동성을 극복할 기회를 줍니다. 시장은 단기적으로는 비효율적이고 불안정할 수 있지만, 장기적으로는 효율적이고 안정적이라는 사실을 잊지 말아야 합니다. 금융투자의 대표인 주식시장에서 일어나는 상승과 하락은 단지 잡음일 뿐, 우리가 관심을 가져야 하는 것은 우수한 기업의 실적과 가치입니다. 그리고 그 가치는 시간이 지날수록 더욱 드러나게 되죠.

워런 버핏은 "하루에 508포인트가 하락하든, 108포인트가 하락하든, 결국 우수한 기업은 성공하고, 열등한 기업은 실패할 것이다"라고 말했습니다. 즉, 우리는 시장의 단기적인 흐름보다 개별 기업의 경영력과 경쟁력에 초점을 맞춰야 합니다. 그리고 그 기업들이 지속적인 성장과 수익을 낼 수 있는지를 판단해야 합니다. 만약 그렇다면, 시장의 임시적인 충격에 흔들리지 말고, 인내심을 가지고 장기적으로 보유하는 것이 좋습니다.

워런 버핏의 오랜 동반자 찰스 멍거(Charles Munger)는 "투자란 몇 군데 훌륭한 회사를 찾아내어 그저 엉덩이를 붙이고 눌러앉아 있는 것이다"라고 말했습니다. 즉, 우리는 시장에서 적극적으로 움직일 필요가 없습니다. 오히려 너무 자주 거래하면 거래 비용과 세금 때문에 수익이 줄어들 수 있습니다. 또한 시장의 움직임에 따라 감정적으로 반응하면 실수할 가능성도 커집니다. 따라서 우리는 우리가 이해하고 신뢰할 수 있는 몇몇 우수한 기업을 찾아서 오랫동안 붙잡고 있어야 합니다.

둘째, 복리효과를 극대화할 힘을 줍니다. 복리효과란 투자한 자본이 낸 이자나 배당금을 다시 투자해서 원금과 이자가 함께 복리로 증가하는 현상입니다. 즉, 투자 기간이 길고 재투자 비율이 높을수록 투자 수익이 기하급수적으로 증가합니다. 20세기 최고 과학자인 알버트 아인슈타인(Albert Einstein)은 "인류 역사상 가장 강력한 힘은 복리다"라고 언급했습니다. 즉, 단기적인 이익을 위해 금융거래를 자주 하는 것보다는 장기적인 가치를 위해 꾸준히 저축하고 투자하는 것이 좋습니다. 그리고 가능한 한 많은 수익을 재투자해서 시간의 마법을 누려야 합니다.

시간은 투자의 최고의 친구라고 합니다. 우리 자녀들에게는 우리가 이미 사용해버린 20~40년의 시간이 있습니다. 그렇다면 우리 자녀들의 시간을 어떻게 활용해야 할까요?

자녀와 함께 짓는 돈나무 농사

투자시점에 따른 복리효과의 차이

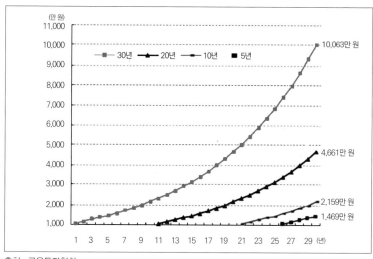

출처 : 금융투자협회

　첫째, 일찍 시작하는 것입니다. 금융에서 시간의 중요성을 이해한다면, 가능한 한 빨리 투자나 저축을 시작하는 것이 좋습니다. 왜냐하면, 투자 또는 저축 기간이 길수록 복리효과가 커지기 때문입니다. 예를 들어 8%의 연 복리 수익률로 1,000만 원을 투자할 때, 10년 동안 투자하면 원금의 2.1배를 얻을 수 있지만, 20년 동안 투자하면 원금의 4.6배, 30년 동안 투자하면 원금의 10배를 얻을 수 있습니다.

　즉, 부모님은 자녀가 어릴 때부터 저축하고 투자하는 습관을 들여야 합니다. 그리고 가능한 한 오랫동안 자본을 유지하고 증식시켜야 합니다. 그러면 시간은 자녀들의 편이 되어줄 것입니다.

　둘째, 꾸준하게 저축하고 투자하는 것입니다. 일찍 시작하는 것만으로는 충분하지 않습니다. 우리 자녀들은 일정한 금액을 꾸준히 저축하고 투자해야 합니다. 저축과 투자는 습관이기 때문이죠.

자녀가 매월 또는 매년 일정한 비율로 돈을 저축하고 투자한다면, 그것은 자연스럽게 자녀의 생활 방식이 되고, 자녀의 재무적 안정감을 높여줄 것입니다. 또한 꾸준히 저축하고 투자하면, 시간이 지날수록 저축과 투자의 규모가 커지고, 복리효과도 커지게 됩니다. 즉, 우리는 시간을 낭비하지 말고, 시간을 돈으로 바꾸어야 합니다. 그리고 그 돈을 다시 시간에 투자해서 시간의 가치를 높여야 합니다. 그러기 위해서는 꾸준한 저축과 투자가 필수적입니다.

셋째, 장기적인 관점을 가지는 것입니다. 저축과 투자에서 시간의 중요성을 이해한다면, 단기적인 수익보다는 장기적인 가치에 집중해야 합니다. 왜냐하면, 장기적인 관점은 우리가 더 현명하고 안정적인 결정을 내리게 해주기 때문입니다. 단기적인 관점은 우리를 감정적으로 만들고, 시장의 변동에 과도하게 반응하게 하며, 비용과 위험을 증가시킵니다. 반면, 장기적인 관점은 우리를 냉정하고 합리적으로 만들고, 시장의 변동에 적절하게 대응하게 하며, 수익과 안전을 증가시킵니다.

우리 아이들이 시간이 얼마나 대단한지 확인해볼까요? 첫째 아들이 태어난 다음 해인 2012년 저의 아버지께서는 손주를 위해 월 10만 원씩 적금을 들어주고 싶어 하셨습니다. 제가 불입하는 것이 아니기에 아버지의 의견을 물어 원금이 보장되는 적금으로 운영했습니다. 하지만 이 금액을 미국 시장 대표지수 S&P 500을 추종하는 ETF 상품에 투자했다면 어떻게 됐을까요?

포트폴리오 비주얼 라이저(www.portfoliovisualizer.com)를 통해서 매월 10만 원씩 VOO라는 S&P 500 지수 추종 ETF를 매수했을 경우의 백 테스트 결과입니다($를 ₩으로 인식해주시기 바랍니다). 10년 후 총투자금은 29,081,835원으로 불어났고, 연평균 수익률은 62.06%를 보여줍니다.

S&P 500 지수 ETF 투자 결과(매월 10만 원씩)

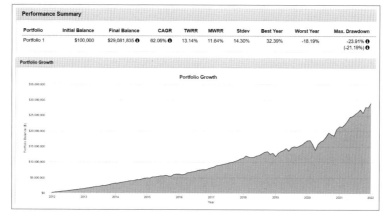

출처 : 포트폴리오 비주얼라이저

출처 : 금융소비자 포털 '파인(https://fine.fss.or.kr/)'

반면, 월 10만 원씩 2012~2021년 은행 저축성 평균금리 2.2%로 10년 만기 정기 적금에 가입할 경우에는 세전 원리금 13,331,000원을 얻게 됩니다(정기 적금은 5년이 최대이나 예를 위해서 10년으로 가입한 것으로 계산했습니다). 우리 자녀들의 시간을 활용해서 금융상품만 바꿨을 뿐인데 15,750,835원(29,081,835원-13,331,000원, 단순 비교를 위해서 세금 계산은 하지 않았습니다)의 추가 이익을 얻을 수 있습니다.

시간은 금융에 있어서 최고의 친구입니다. 부모는 자녀의 시간을 낭비하지 말고, 시간에 투자해서 돈으로 바꿔야 합니다. 우리 아이가 성인이 됐기 때문에 늦었다고 생각하지 마십시오. 우리 아이들은 부모보다 20~40년의 시간이 있으니까요. 자녀의 시간을 활용해서 장기 투자하는 방법은 Chapter 03에서 설명하니, 나에게 맞는 방법을 선택해서 적절히 활용하셨으면 합니다.

가족과 함께하는
머니 토크

금융은 우리의 삶과 밀접하게 관련되어 있으며, 조기에 시작할수록 좋은 결과를 가져올 수 있습니다. 그러나 많은 부모님이 자녀와 돈 이야기를 하는 것을 꺼리거나 어려워하고 있습니다. 자녀의 금융교육 필요성에 관해 주장하고 있는 저 또한 얼마 전까지 그래왔으니까요. 미국에서도 가족 내에서 돈 이야기는 '방 안의 코끼리(Elephant in the room, 모두 알고 있지만 언급하기를 꺼리는 주제)' 같은 존재로, 성(性), 종교, 정치보다 더 부담스럽고 금기시되는 대화로 취급된다고 합니다. 부모들은 자신의 어려운 경제 상황을 자녀에게 말하는 것이 학업이나 장래희망에 영향을 줄 수 있고, 반대로 풍족한 수입이나 재산 등을 미리 밝히면 자녀에게 지나친 의존감이나 기대를 심어줄 수 있다는 우려 때문에 돈 이야기를 꺼내지 않습니다.

얼마 전 큰아들이 저녁을 먹는 도중 저희 부부에게 물어보더군요.

"아빠! 아빠는 월급이 얼마야? 우리 집은 얼마야?"

"그런 것을 네가 왜 궁금해 해? 먹던 밥이나 마저 먹어!"

집사람이 저 대신 대답을 하기에 별다른 말을 하지 않았습니다. 제가 거기서 제 급여와 재산 현황을 아들에게 모두 말해준다면 집사람의 체면이 말이 아니니까요. 그날도 저녁을 먹은 후 아이들과 집 근처 구립도서관을 방문해서 저는 책을 읽고, 아이들은 숙제를 했습니다. 도서관에 가는 길에 큰아들에게 다시 물어봤습니다.

"아들, 아빠 월급이랑 집값이 왜 궁금해?"

"그냥 궁금해서! 친구들이 물어보기도 하고!"

일단 저는 제 아들에게 제 급여 수준과 아파트 가격을 알려주었습니다. 하지만 2가지 전제 조건이 있었습니다. 첫 번째, 이 내용은 우리 가족들만의 비밀이니, 누구에게도 말하지 말 것을 당부했습니다. 자신의 소득에 대해서 말하는 것을 불편해하는 부모도 있을 것이며, 아이들끼리 부모들의 재산 내용으로 서로 자랑하거나 놀릴 수도 있으니까요. 두 번째, 아빠의 월급 수준으로 너희들의 대학 졸업까지는 시킬 수 있으나, 25세가 되면 경제적 자립을 해야 한다고 했습니다. 아빠가 자의든 타의든 중간에 회사를 그만두게 되면 우리 집 경제가 어려워질 수 있으니, 항상 그때를 대비해서 평소에 저축을 꾸준히 해야 한다고 말이죠.

초등학생 아이들에게 굳이 그런 말을 해야 하냐고 반문하실 수 있겠지만, 미국 투자 회사인 메릴린치(Merrill Lynch)가 2013년에 내놓은 연구보고서에 따르면, 가족 간의 돈 문제를 이야기하게 되는 가장 큰 계기(43%)는 '가족 구성원이 죽거나 병에 걸렸을 때'라고 합니다. 갑자기 집에 우환이 생긴 경우 가족 간에 갈등이 생기는 경우를 많이 보셨을 것입니다. 이 경우 경제적·심리적으로 충분히 준비할 시간이 없었기 때문에 자녀가 일탈을 범할 수도 있습니다. 실질적으로 자녀들 처지에서도 집안의 경제 사정을 충분히 알게 되면, 본인들도 향후 미래 계획을 다잡는 중요한 계기가 될 것입니다.

그렇다면 가정에서 돈에 관한 이야기는 어떻게 하는 것이 좋을까요?

첫 번째, 적절한 시기와 장소를 선택하세요. 부모가 자녀에게 우리 집 경제 상황을 말할 때, 갑작스럽게 말하는 것은 좋지 않습니다. 부모는 자녀가 편안하고 집중할 수 있는 시간과 공간을 고르고, 급하거나 갑작스럽게 말하지 않고, 예고하거나 약속하고, 충분한 시간을 확보해서 말해야 합니다. 자녀와 미리 약속하고 저녁을 먹을 때, 또는 카드놀이를 하면서 우리 집 경제 상황이 어떤지 편하게 말씀하시면 됩니다.

두 번째, 솔직하고 직관적으로 말하세요. 예를 들어, 부모는 자녀에게 가정의 수입과 지출, 재산과 부채, 저축과 투자, 예산과 목표 등에 대해 구체적이고 명확하게 설명해야 합니다. 또한 자녀에게 가정의 금융 상황 현주소와 미래의 모습이 어떻게 될 것이고, 어떻게 하려고 하는지 등에 대해 정직하게 표현해야 합니다. 이때, 너무 복잡하거나 어려운 용어나 개념을 사용하지 않고, 쉽고 이해하기 쉬운 용어나 개념을 사용해야 합니다.

세 번째, 긍정적으로 말하세요. 부모는 우리 집 경제 상황이 좋든, 나쁘든 비관하지 말고 앞으로 밝아질 것이라는 자세로 긍정적으로 설명해줘야 합니다. 자녀가 가정의 금융 상황이 좋지 않다고 해서 비관하거나 절망하지 않고, 오히려 앞으로 호전될 상황을 기회나 도전으로 보고, 해결할 수 있다는 자신감과 희망을 품도록 도와줘야 합니다. 또한 부모는 자녀가 가정의 금융 상황에 관해 관심을 가지고, 이해하고, 참여하고, 협력하려는 노력을 보일 때마다 칭찬하거나 격려해줘야 합니다.

마지막으로, 기회가 되면 자주 말하세요. 자녀에게 처음으로 경제 상황을 말할 때 거부반응을 보일 수 있습니다. 충분히 생각할 겨를도 없이 부모가 금융 상황을 쏟아낼 테니까요. 가랑비에 옷이 젖듯, 많은 내용이 아니더라도 자녀가 허용하는 시간에 자주, 구체적으로 말해주면 됩니다. 우리 집 경제 상황은 언제든지 바뀔 수 있으므로 처음에는 현재 상황과 원인에 대해서 간단하게 말해주세요.

자녀들과 돈에 대해 나누는 대화가 반드시 진지하고 심각할 필요는 없습니다. 가족과 함께 보내는 휴가 때도 언제든지 가벼운 대화를 나눌 수 있습니다. 자녀가 경제적으로 항상 근심·걱정 없도록 해주고 싶은 것이 부모 마음입니다. 하지만 어차피 우리 자녀들이 성장한 후 돈 문제에 부딪히게 되어 있습니다. 어릴 적 부모와 편하게 나누었던 우리 집 경제 이야기가 부모가 없는 세상에서도 당당하게 살아갈 수 있는 밑거름이 될 것입니다.

자녀 성장을 위한
용돈 주는 방법

　자녀가 성장함에 따라 용돈이 필요합니다. 초등학교 고학년만 되어도 주말이면 친구들과 놀러 가겠다며 용돈을 달라고 하죠. 용돈은 자녀들에게 좋은 의미로 주는 돈인데, 이것이 항상 부모와 자녀의 갈등 요인입니다. "용돈을 얼마나 줘야 하나요?"라는 질문은 30~40대 대상 재테크 카페에서 항상 올라오는 질문이며 풀리지 않는 숙제입니다. 우리 아이가 친구들과 어울리는 데 돈이 부족해서 기죽을까 봐 많이 주면 과소비를 하는 아이로 자라지 않을까 하는 걱정, 적게 주면 자존감이 줄어 소심한 아이로 자랄까 하는 걱정은 자녀를 둔 부모라면 누구든지 해봤을 것입니다.

　미국의 경제학자 밀턴 프리드먼(Milton Friedman)은 "세상에 공짜 점심은 없다"라는 말을 했습니다. 주식투자를 하는 분이라면 많이 들어보셨을 격언인데요. 아이들이 용돈을 통해서 이 말의 진리를 깨우쳐야 합니다. 즉, 용돈을 얻고 사용해봄으로써 돈의 중요성을 아이들 스스로 인지해야 합니다. 자녀가 용돈을 다 써서 막상 내가 필요한 것을 살 수 없을 때 그 절박함과 답답함을 느껴보지 않는 이상 절약을 할 수가 없습니다. 자녀가 용돈을 받아서 하루 만에 다 쓸 수도 있고, 한 푼도 쓰지 않고 저축만 할 수도 있습니다. 하지만 우리 부모들은 두 경우 모두 올바르게 용돈을 사용하도록 지도해줘야 합니다. 용돈을 한 번에 다 써버리는 자녀는 계획을 세우고 아껴 쓰는 습관을 익힐 수 있도록 조언해줘야 합니다. 분명 처음부터 잘될 수는 없습니다. 하지만 이런 경우에는 자녀가 가지고 싶은 물건을 용돈에서 조금씩 나눠 저축해서 구매하는 것으로 유도함으로써 욕구를 조절하는 요령을 기를 수 있게 도와줘야 합니다. 이런 자녀들이 용돈을 추가로 달라고 하면 단호히 거절해야 합니다. 간혹 엄마 몰래 아빠가 용돈을 주는 경우도 있습니다. 될 수 있으면 용돈은 한 채널을 통해서 지급되는 것이 좋습니다. 엄마가 준 용돈을 다 쓴 후 아빠에게 용돈을 달라고 할 때 아무런 제재 없이 추가로 준다면, 자녀는 '어? 엄마는 안 된다고 하는데 아빠는 그냥 주네? 다음에도 얼른 쓰고 아빠한테 또 달라고 해야지'라는 생각을 하게 됩니다. 이런 경우 아이들은 원칙인 엄마를 무시하고, 아빠라는 요행을 배우게 될 것이고, 사회에 진출해서도 요행만 바라는 성인으로 성장할 가능성이 큽니다.

또, 용돈을 사용하지 않고 저축만 하는 자녀에게는 돈을 사용하는 것이 얼마나 기쁜 행위인지를 알려줘야 합니다. 미래를 위해서 열심히 저축하는 것도 필요하지만, 내가 필요한 물건이나 서비스를 얻기 위해서 적당한 금액을 지불할 줄 알아야 하기 때문입니다.

저는 부모가 용돈을 통해 '소비'와 '저축'을 자녀에게 알려주기도 하지만 '돈 벌기'도 알려주었으면 합니다. 금융교육이라고 하면 절약, 저축, 투자에 대해서 강조하지만 모두 수입이 있어야 가능한 행위들입니다. 이처럼 돈을 버는 행위 자체가 얼마나 의미 있고 뿌듯한 것인지를 알려줘야 합니다. 다만, 우리 세대도 그랬듯이 집안일을 하면 용돈을 벌 수 있다고 교육하는 것은 구시대적인 발상이라고 생각됩니다. 1,000만 원을 2년 동안 예금했을 때 이자 구하기, 지폐 20장을 은행원처럼 세어보기, 삼성전자에 대한 기업 보고서 써보기, 돈의 역사에 대해서 작성하기 등 금융과 관련된 미션을 아이와 협의해서 제시하고, 성공하면 용돈을 주는 프로그램을 만들어보세요. 금융교육도 하고 아이가 용돈을 얻는 성취감도 얻어 일석이조의 교육 효과가 나타날 것입니다.

검색창에 '용돈 주는 법'이라고 검색해보면 수없이 많은 방법이 나옵니다. 정답은 없습니다. 부모와 자녀가 만족하는 용돈은 없습니다. 한쪽은 주는 처지고 한쪽은 받는 처지니까요. 항상 자녀들과 충분한 대화를 해가면서 용돈 규모, 사용 방법, 저축하는 방법, 용돈을 버는 방법에 대해서 알려주시길 바랍니다.

1. 금융감독원 e─금융 교육센터(www.fss.or.kr/edu)

금융감독원에서 금융소비자의 금융 역량을 강화하기 위해 2002년부터 전 국민을 대상으로 맞춤형 금융교육을 받을 수 있도록 무료로 운영하는 사이트입니다. 별도의 회원가입 없이 금융교육에 관련된 교재, 동영상, 웹툰, 게임 등을 다운받아 자녀의 금융교육에 활용할 수 있습니다.

2. 서민금융진흥원 금융교육포털(https://edu.kinfa.or.kr)

2016년 '서민의 금융 생활 지원에 관한 법률'에 의해 설립된 서민금융진흥원에서 금융, 창업, 청년·대학생, 시니어, 법률 복지를 위해 동영상과 교재를 제공하고 있습니다. 주기적으로 공개 교육도 하고 있어 자녀와 오프라인 교육을 무료로 받을 수 있습니다.

3. 생명보험교육문화센터(www.lifeinsedu.or.kr)

생명보험회사의 공동 사회공헌 활동으로 설립된 '생명보험사회공헌위원회'는 사회적으로 중요성이 두드러지고 있는 금융교육 강화를 위해 체계적인 체험 학습 시설인 생명보험교육문화센터를 운영하고 있습니다. 금융보험교육을 위해서 월~금 일 3회로 체험학습을 진행하고 있으며, 여름에는 여름방학 캠프도 운영하고 있으므로 자녀의 체험 교육을 위해 활용하시기 바랍니다.

4. 손해보험학습센터 '윙크(WINK)'(http://edu.knia.or.kr)

생명보험과 별도로 손해보험협회에서 금융교육과 소비자 권익 보호를 위해서 다양한 연령층의 눈높이에 맞춰 손해보험의 학습 자료를 제공하고 있습니다. 생명보험교육문화센터와는 별도의 내용이라서 제공된 자료를 통해 손해보험과 관련해서 자녀와 학습할 때 활용하기 좋은 사이트입니다.

5. 전국투자자교육협의회(www.kcie.or.kr)

전국투자자교육협의회는 합리적인 투자 문화 조성과 투자자 보호를 위해서 금융위원회와 금융감독원을 비롯한 7개 기관이 공동으로 설립한 투자교육기관입니다. 금융투자를 위해 이 사이트에 업로드된 동영상, 교재 등을 꼭 봐주시길 바랍니다. 주식, 펀드, 연금, 채권투자와 관련된 내용뿐 아니라 세금과 절세에 관련된 내용도 학습할 수 있습니다. 전 연령별로 활용할 수 있도록 교육내용을 구분하고 있습니다.

돈나무를 키우려면
기초부터

Chapter 01에서는 자녀의 금융교육이 왜 필요한지와 부모가 자녀의 금융 가정교사가 되기 위해 금융공부를 해야 한다는 내용을 기술했습니다. 물론 이미 다양한 금융상품에 투자하고, 금융지식을 쌓고 계신 부모님들도 많을 것입니다. 하지만 어떤 것부터 시작해야 하는지 고민이신 부모님들이 상당수이기에 이번 Chapter 02에서는 예금, 보험, 대출, 신용 관리, 부동산, 금융투자에 대해서 가볍게 알아보려고 합니다. 아는 내용도 있을 것이고, 처음 접하는 내용도 있을 것입니다. 또 어떤 내용은 어렵게 다가올 수 있을 것입니다. 하지만 중요한 것은 대한민국 성인이라면 한 번쯤은 들어보셨고, 경험해보셨을 내용이라는 것입니다. 그것을 글로 표현한 것뿐이니 어렵다고 미리 걱정하실 필요는 없습니다.

저희 부모님은 처음에는 서울 중랑구 신내동, 나중에는 남양주 진건읍에서 배 과수원을 운영하셨습니다. 1~2월에는 배나무 가지를 잘라주는 전지·전정 작업을 하고, 3월에는 병충해 방지를 위해 농약을 뿌리며, 4월에는 수정을 위해 꽃가루를 배꽃에 일일이 묻혀주십니다. 5월이면 배를 크게 키우기 위해 일부 열매를 잘라주는 열매 솎아내기 작업을 하시고, 6월이면 병충해 방지와 노란 착색을 위해 배에 봉지를 씌우십니다. 그리고 9~10월이면 추석을 맞이해서 본격적인 수확을 하시죠. 이 작업이 매해 반복적으로 일어납니다. 물론 이 과정 중에 날씨나 병충해로 인해 예기치 못한 상황이 발생하기도 합니다. 이를 얼마나 현명하게 대처하느냐에 따라 그해 수확량이 결정됩니다.

부모님 과수원에 방문했을 때의 일화입니다. 나뭇잎이 노랗게 변하는 현상이 유독 심한 한 나무가 있었는데, 아버님이 농약이나 비료를 아무리 열심히 주어도 그 현상이 개선되지 않았다고 합니다. 그 현상은 철분이 부족했을 때 나타나는 현상이어서 철분 공급을 위해 나무에 녹슨 못을 3~4개 정도 박아두니 한 달 뒤 그 현상이 말끔히 없어졌다고 합니다. 한 농부의 무모한 행동이라고 생각할 수도 있겠지만, 중요한 것은 나뭇잎이 노랗게 변하는 병이 철분 부족으로 발생한 현상이라는 것을 알고 있었다는 것입니다. 철분 부족이라는 내용을 알고 있으니 정석대로가 아닌 유연한 대처가 가능하셨던 것입니다.

금융도 농사와 똑같다고 생각합니다. 이 책에서 자녀의 금융교육을 돈나무 농사에 비유한 이유이기도 하지요. 제가 뒤에서 기술할 예금, 보험, 대출, 신용 관리, 부동산, 금융투자 또한 매월, 매해 반복적인 투자 활동으로 결과물을 얻을 수 있습니다. 중간중간 금융위기, 전쟁 등 외부 이슈와 건강, 사고 등 내부 이슈가 발생했을 때 얼마나 현명하게 대처하느냐에 따라 금융자산의 규모가 차이나지요. 금융의 기초적인 내용이라도 이를 충실하게 숙지하고 있어야 앞으로 다가올 변수에 유연하게 대처할 수 있을 것입니다. 금융에 있어 정답은 없습니다. 하지만 모범 답안은 있습니다. 앞으로의 내용을 잘 숙지하셔서 자녀의 금융 가정교사 임무를 수행하실 때 적정하게 사용하시길 바랍니다.

자녀와 함께 짓는 돈나무 농사

돈나무 농사의 씨앗,
저축부터 시작이다

돈나무 농사의 씨앗, 저축에 대해 알아봅시다

돈을 모으는 가장 기본적인 방법은 은행에 방문해서 저축하는 것입니다. 저축은 자신의 소득을 일부 남겨둬 미래에 사용할 수 있도록 하는 것입니다. 저축하면 돈이 쌓이고, 쌓인 돈으로 이자를 받을 수 있습니다. 이자는 은행이 저축한 돈을 빌려주고, 그 대가로 지급하는 돈입니다. 이자를 받으면 저축한 돈이 더 늘어나고, 늘어난 돈으로 더 많은 이자를 받을 수 있습니다. 이렇게 저축한 돈이 복리로 인해 점점 커지는 것을 '복리효과'라고 합니다.

복리효과를 이용하려면 어떻게 해야 할까요? 가장 중요한 것은 일찍 저축하기와 꾸준히 저축하기입니다. 일찍 저축하면 복리효과가 오래 작용하고, 꾸준히 저축하면 금액이 많아져 복리효과가 더 커집니다. 예를 들어, 20세에 월 10만 원씩 10년 동안 저축하고, 그 후에는 저축하지 않는 사람과 30세에 월 10만 원씩 30년 동안 저축하는 사람이 있다고 가정해봅시다. 이자율이 연 5%라고 하면, 60

세가 됐을 때, 전자는 약 2억 3,000만 원, 후자는 약 1억 8,000만 원의 저축금을 가지게 됩니다. 전자는 후자보다 적게 저축했지만, 일찍 시작했기 때문에 더 많은 돈을 모을 수 있었습니다.

저축하는 이유는 사람마다 다르지만 일반적으로 다음과 같습니다. 첫째, 미래에 필요한 돈을 마련하기 위해서입니다. 예를 들어, 은퇴, 교육, 주택, 여행 등의 목적으로 저축할 수 있습니다. 둘째, 비상시에 사용할 돈을 준비하기 위해서입니다. 예를 들어, 질병, 실업, 재난 등의 위기상황에 대비하기 위해 저축할 수 있습니다. 셋째, 투자할 돈을 모으기 위해서입니다. 예를 들어 주식, 채권, 펀드 등의 투자상품에 투자하기 위해 저축할 수 있습니다. 넷째, 소비 욕구를 조절하기 위해서입니다. 예를 들어 불필요한 지출을 줄이고, 절약하고, 예산을 관리하기 위해 저축할 수 있습니다.

원리만 알면 이자를 남들보다 많이 받을 수 있다

저축하기 위해서는 은행에 방문해서 본인의 자금 사정에 맞춰 적절한 예금 상품에 가입해야 합니다. 모아놓은 목돈은 정기 예금에 넣을 수 있는데, 이러한 목돈을 모으기 위해서는 은행에서 적금에 가입하면 됩니다. 제가 근무하는 농협에서는 1년 정기 적금 5.0%와 1년 정기 예금 4.3%를 판매하고 있었는데, 1억 원을 들고 방문하신 고객님께서 이율이 높으니 정기 적금에 가입하겠다고 고집을 피우신 일도 있습니다. 이런 일이 과연 얼마나 있겠냐고 반문하시겠지만, 사무실에 근무하면서 같은 행동을 하시는 상당수의 고객님을 만났습니다. 이 현상은 자신의 자산 규모와 목적에 맞춰서 적절한 금융상품을 알지 못하고 단순히 이율만 쫓다 보니 발생한 경우입니다.

　은행에 방문하면 가입할 수 있는 예금은 용도에 따라서 크게 3가지로 분류됩니다(제가 근무하는 지역농협 금융상품을 예시로 듭니다. 다른 은행에도 유사한 상품들이 존재하니 참작하시면 됩니다).

　은행에서는 **입출식 예금, 적립식 예금, 거치식 예금** 3종류의 예금 상품이 있습니다. 각 예금에 따라서 용도와 이율이 달라 본인에게 맞는 예금 상품에 가입해야 합니다.

　입출식 예금은 언제든지 은행에 돈을 맡기거나 찾을 수 있는 예금입니다. **언제든지 돈을 맡기고 찾을 수 있다는 장점** 때문에 생활비 통장 또는 급여 통장, 모임 통장으로 사용됩니다. 주로 현금카드와 체크카드, 인터넷뱅킹, 스마트뱅킹을 연결해서 사용하는 통장이며 이자가 거의 없다는 단점이 있습니다. 최근 은행에서 젊은 고객을 유치하기 위해 일정 금액 이하는 높은 금리(통장 잔액 100만 원까지 3% 등)를 제공하는 파킹통장이 출시됐습니다.

　적립식 예금은 일정한 기간을 정해두고 매월 같은 금액을 입금하는 **정기 적금**과 수시로 입금이 가능한 **자유적립 적금**이 있습니다. 꾸준히 저축할 수 있으므로, 장기적인 목표를 가지고 목돈을 마련하기에 적합합니다. 통상적으로 이율은 입출식 예금보다 높고, 거치식 예금보다는 낮습니다. 최근 은행에서 적금 특판 상품을 자주 출시하는데, 이에 금융 소비자들이 너무 민감하게 반응하는 경향이 있습니다. **적금은 장기간 목돈을 만들기 위한 예금상품**입니다. 본연의 목적에 충실해야 하니 가장 튼튼하다고 생각하는 은행에 적금 통장을 만들면 됩니다. 적립식 예금은 은행별로 차이는 있겠으나, 통상 만기를 6개월 이상~5년 이하로 월 단위 설정이 가능합니다.

거치식 예금은 일정 금액을 한 번에 저축하고, 정해진 기간 동안은 건드리지 않는 예금입니다. 아마 **정기 예금**이라는 용어가 더 친숙하실 것입니다. 내가 보유한 목돈의 이자를 받기 위해서 가입하는 예금 상품입니다. 대다수의 금융 소비자들은 투자를 위해 예금의 이율에 따라 민감하게 은행을 이동합니다. 그에 따라 은행에서는 큰 금액을 단번에 유치하기 위해 치열하게 이율 경쟁을 벌이고 있습니다. 거치식 예금은 통상 만기를 1개월 이상~5년 이하로 설정하며 일 단위, 월 단위로 설정할 수 있습니다.

Tip

정기 예금은 만기를 일 단위로 설정할 수 있습니다. 예를 들어, 내가 이사를 해야 하는 날짜에 맞춰 만기일을 설정할 수 있고, 임차인의 전세금을 빼주는 날에 맞춰 만기일을 설정할 수 있습니다. 내가 필요한 날 정기 예금 만기를 설정해줄 것을 은행 직원에게 말하기만 하면 됩니다. 다만, 정기 예금을 은행에 맡기는 일수가 1개월은 초과해야 합니다.

예금 상품을 알아봤으니 이자를 어떻게 받는 것이 효율적인지 알아보도록 하겠습니다. 은행에서 이자를 계산하는 방식은 크게 단리와 복리로 나뉩니다. 단리란, 원금에 일정한 이율을 곱해서 매년 또는 매월 이자를 계산하는 방식입니다. 예를 들어, 100만 원을 연 10%의 이율로 3년간 정기 예금에 가입한다고 하면, 매년 10만 원씩 이자가 발생하므로, 3년 후에는 원금과 이자를 합쳐서 130만 원을 받게 됩니다. 그에 반해 복리란, 원금과 이자를 합쳐서 다시 이율을 적용하는 방식입니다. 즉, 이자에 이자를 더하는 것이죠. 예를 들어, 100만 원을 연 10%의 이율로 3년간 정기 예금에 가입한다면, 첫해에는 10만 원의 이자가 발생하지만 두 번째 해에는 원금과 이자를 합친 110만 원에 10%를 적용해서 11만 원의 이자가 발생합니다. 세 번째 해에는 121만 원에 10%를 적용해서 12.1만 원의 이자가 발생하므로, 3년 후에는 원금과 이자를 합쳐서 133.1만 원을 받게 됩니다. 복리는 이자가 누적되므로 단리보다 상대적으로 수익률이 높은 편입니다.

단리와 복리 수익 비교 그래프

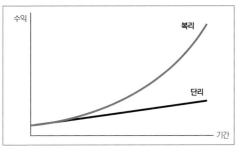

출처 : 저자 제공

위의 그래프는 단리와 복리의 차이를 나타낸 것입니다. 그래프를 보면 복리의 경우 시간이 지날수록 수익이 기하급수적으로 증가하는 것을 알 수 있습니다. 반면에 단리의 경우에는 수익이 선형적으로 증가하는 것을 알 수 있습니다. 따라서 장기적으로 저축한다면 복리효과를 이용하는 것이 좋습니다.

안타깝게도 은행에서 정기 예금이나 정기 적금, 자유적립 적금의 경우 이자 계산 방식은 단리입니다. 은행의 예금 상품으로 복리효과를 누리기 위해서는 만기를 1년으로 설정한 뒤 만기에 받는 원금과 이자를 합쳐 다시 1년 동안 예금 상품에 새로 가입하는 방법이 복리효과를 높이는 방법입니다. 이 사실을 모른 채 복리효과를 높이겠다고 기간만 긴 예금 상품에 가입하는 것은 비효율적인 방식입니다.

앞에서 기술한 내용을 바탕으로 남들보다 이자를 더 받기 위해서는 복리효과를 극대화해야 한다는 사실을 알 수 있습니다. 그럼 복리효과를 극대화하기 위해서는 어떻게 해야 할까요? 간단합니다. 앞의 그래프에서 유추할 수 있듯이 이자를 더 주는 은행을 찾아보거나, 지금이라도 당장 저축을 해서 저축 기간을 늘려야 합니다. 하지만 은행의 이자율은 당시 시장 금리에 영향을 받다 보니 항상 높을 수가 없습니다. 은행끼리 비교했을 때 상대적으로 이자율이 더 높을 뿐이죠. 우리의 의지대로 결정할 수가 없습니다. 하지만 저축 기간은 우리의 의지대로 결정할 수 있습니다. 소액이라도 상관없습니다. 자녀들의 세뱃돈, 할아버지 할머니에게 받은 용돈 등을 모아서 어서 빨리 저축을 시작해야 남들보다 이자를 한 푼이라도 더 챙길 수 있습니다.

이렇게 한번 해보시죠. 자유적립 적금을 자녀 명의로 1년 만기로 가입합니다. 자녀와 함께 은행을 방문해서 돈을 직접 통장에 넣도록 지도해줍니다. 적금이 만기되면 원금과 이자는 1년 정기 예금에 가입하고, 다시 1년 만기 자유적립 적금에 가입해서 두 개의 만기 기간을 맞춥니다. 이런 식으로 반복적으로 하다 보면 자녀에게는 적금을 끝까지 유지하는 인내심을 길러줄 수 있고, 복리효과를 최대한 누릴 수 있게 됩니다. 누구나 다 아는 사실을 군이 여기서 언급하냐고 하실 수 있습니다. 하지만 누구나 아는 사실을 실천하는 사람은 극히 드뭅니다. 남들보다 복리효과를 더 누릴 수 있는 원리를 우리는 이미 알고 있지만, 머릿속으로만 생각하고 실천하지 않을 뿐입니다.

돈을 2배로 늘리는 데 걸리는 시간

72 법칙

투자금이 2배가 되는 기간과 수익률을 계산하는 공식

$$72 \div 수익률 = 2배가 되는 데 걸리는 시간$$

72 법칙은 자신이 가지고 있는 돈을 **2배로 늘리는 데** 걸리는 **시간**을 **계산하는 방법으로 72를 연간 이자율로 나눠 계산**합니다. 이 법칙은 수익률이나 투자 기간을 따져볼 때 쉽게 계산할 수 있고 다양하게 활용할 수 있습니다.

72 법칙이란 복리의 원리를 이용해서 원금이 2배가 되는 데 걸리는 시간을 쉽게 계산하는 방법입니다. 예를 들어, 연 8%의 복리 수익률을 얻는 투자 상품에 100만 원을 넣었다면, 72를 8로 나눈 값인 9년 후에는 200만 원이 됩니다. 이 방법은 정확한 값이 아니라 근사치를 구하는 것이므로, 실제로는 약간의 오차가 발생하기는 합니다.

> 금리가 4%일 때, 내 돈을 2배로 늘리는 데 걸리는 시간은 72÷4=18

> 금리가 2%일 때, 내 돈을 2배로 늘리는 데 걸리는 시간은 72÷2=36

72 법칙에서 보듯이 수익률이 낮아질수록 내 돈이 2배가 되는 시간은 점점 늘어납니다. 항상 수익률을 높일 수 있도록 신경 써야 합니다.

이자에도 세금이 있다? 덜 내는 방법은 없나요?

　예금이나 적금이 만기되어 한 번이라도 이자를 받아보신 분들이라면 아실 것입니다. 은행에서는 이자를 온전히 고객에게 지급하지 않습니다. 이자소득세를 뗀 나머지를 고객에게 지급합니다. 우리나라 세법상 이자와 관련된 세금은 국세와 지방세를 합쳐 이자의 15.4%(이자소득세 14%+지방소득세 1.4%)를 세금으로 징수하게 되어 있습니다. 은행에서는 고객에게 지급할 이자에서 세금을 떼서 보관하고 있다가 다음 달 10일에 담당세무서에 대신 납부하게 됩니다. 이것을 어려운 용어로 '원천징수'라고 표현합니다.

　저축을 장려해야 하는 국가에서 세금을 떼어 가다니. 한 푼이라도 이자를 더 챙기고 싶은 고객으로서는 억울하기 짝이 없는 현실입니다. 하지만 은행에는 일정 금액 내에서는 세금을 덜 떼는 '세금 우대'라는 제도가 존재합니다. 이 세금 우대 제도는 1980년대부터 시행되기 시작했는데, 당시 금융 위기와 고유가 등으로 인해 국민의 저축을 장려하고, 은행의 자금난을 해소하기 위해 일정 기간 저축한 금액에 대해 세금을 면제하거나 감면했던 제도입니다. 이후에도 세금 우대 제도는 국민의 저축 장려와 은행의 자금조달을 목적으로 계속 유지되다가 폐지, 부활, 보완을 반복하며 지금의 세금 우대 제도를 유지하게 됐답니다.

　지금 현존하는 세금 우대 제도는 지역농협, 새마을금고, 신협, 지역수협 등 상호금융업권이라고 부르는 2금융권에서 1인당 원금 3,000만 원에 발생하는 이자에 대해 1.4%의 농어촌특별세만 떼는 '세금 우대 예탁금'과 만 65세 노인, 장애인, 국가유공자, 기초생활수급자 등 특정 자격을 가진 분들에게 전 금융기관 합산 원금 5,000만 원에 발생하는 이자에 대한 세금을 전액 비과세하는 '비과세종

　　　　　　　　　　　　자녀와 함께 짓는 돈나무 농사

합저축'이 있습니다.

안타깝게도 어린 자녀들을 위한 세금 우대 제도는 존재하지 않습니다. 다만, 만 19세 이상인 자녀는 '세금 우대 예탁금'이라는 세금 우대 제도를 활용할 수 있으니, 연령이 도달한 자녀라면 '세금 우대 예탁금'을 적극적으로 활용해야 할 것입니다.

하지만 우리나라 세법의 기본 원리는 "소득이 발생하는 곳에 세금이 존재한다"입니다. 세금이 있다고 해서 저축을 하지 않겠다는 것은 구더기 무서워 장 못 담그는 것과 같은 이치입니다. 세금을 덜 내는 요건이 된다면 해당 상품을 적극적으로 이용해야 하지만 세금 우대 제도를 이용할 수 없다면 장기간에 걸쳐 복리효과를 누려 저축하면 그만입니다.

그 외 세금 절세를 위한 ISA(개인종합자산관리계좌), IRP(퇴직연금), 연금저축, 연금저축 펀드 등의 상품이 있으나, 만기까지 너무 장기간이며, 절세하기 위해 지켜야 할 사항도 복잡합니다. 해당 상품들은 일단 자녀의 저축 능력을 높여놓고 목돈을 만든 후 성인이 되어서 가입해도 늦지 않으니, 이런 상품이 있다는 정도만 인식하시면 충분합니다.

여기서 잠깐!

저자의 블로그에 '지역농협 세금 우대 예탁금'에 대해서 정리해놨습니다. 좀 더 상세한 내용을 살펴보고 싶다면, 다음 QR코드를 촬영해서 블로그에 방문하시면 됩니다.

지역농협 세금 우대 예탁금

초등학생도 할 수 있는 예금·적금 이자 계산하기

우리가 가입한 예금 상품에는 이자가 발생합니다. 이 이자를 받기 위해서 정기 예금, 정기 적금, 자유적립 적금에 가입하는 것은 앞에서도 서술했습니다. 대부분 은행 창구에 방문해서 해당 상품에 가입할 때 창구 직원에게 만기 시 이자를 상담한 후 가입하게 됩니다. 이번에는 내가 가입하고자 하는 적립식 예금과 거치식 예금의 실수령 이자를 계산하는 법을 알아보고자 합니다. 어렵지 않습니다. 초등학교 때 배웠던 곱하기, 나누기, 백분율만 알면 계산할 수 있으니 잘 따라 오시기 바랍니다. 최근에는 은행 홈페이지나 앱을 통해서 간단히 계산할 수 있도록 구축해놨으나, 기본 원리를 안다면 컴퓨터나 핸드폰 없이도 금방 계산이 가능합니다.

다음은 거치식 예금의 이자 계산 방법입니다. 은행에서 이율은 연이율로 표기되기 때문에 다음과 같은 식으로 계산됩니다.

가입 원금×연이율(%)×가입 연수=세전 이자

예를 들어보겠습니다. 가입 원금 1,000만 원으로 만기 1년, 이율 5%인 정기 예금에 가입하려고 합니다. 세전 이자는 다음과 같이 계산됩니다.

10,000,000원×5.0%(연이율)×1(가입 연수)=500,000원

가입 원금 1,000만 원으로 만기 2년, 이율 5.2%인 정기 예금에 가입한다면 세전 이자는 다음과 같이 계산됩니다.

자녀와 함께 짓는 돈나무 농사

$$10,000,000원 \times 5.2\% \times 2 = 1,040,000원$$

가입 원금 1,000만 원으로 만기 6개월, 이율 4.0%인 정기 예금에 가입한다면 세전 이자 계산은 어떻게 될까요?

$$10,000,000원 \times 4\% \times 1/2 = 200,000원$$

모든 은행에서 이율은 칭할 때는 연이율로 표현합니다. 거치식 예금의 세전 이자를 계산할 때는 원금×연이율을 계산한 뒤 가입 기간을 연으로 환산해서 곱해주면 됩니다.

그렇다면 적립식 예금의 경우 이자는 어떻게 계산될까요? 적립식 예금 중 정기 적금만 직접 간편하게 계산할 수 있습니다(자유적립식 예금의 경우에는 입금 일자에 따라 이자를 계산해줘야 하므로, 입금 결과에 따라서 이자 계산이 됩니다. 이런 특징 때문에 자유적립 적금은 가입 단계에서 이자 계산을 할 수 없습니다).

(초입금+최종 누적액)×가입 연수×1/2×연이율(%)=세전 이자

공식이 복잡해보일 수 있으므로 예를 들어보겠습니다. 매월 50만 원을 납입하는 1년 만기 연이율 5%의 정기 적금에 가입할 경우 세전 이자는 다음과 같이 계산됩니다.

$$(500,000+6,000,000) \times 1 \times 1/2 \times 5\% = 162,500원$$

또 다른 예시로 매월 30만 원을 납입하는, 6개월 만기 연이율 4%의 정기 적금에 가입할 경우 세전이자는 다음과 같이 계산됩니다.

$$(300,000+1,800,000)×1/2×1/2×4\%=21,000원$$

　이런 공식이 거치식 예금과 적립식 예금에 적용되어 세전 이자가 계산됩니다. 그리고 개인별로 적용 가능한 세금 우대 적용 여부에 따라서 실수령 이자가 계산됩니다. 그렇다면 이자가 100만 원 발생할 때의 실수령 이자를 계산해보겠습니다.

구분	적용 세율	실수령 이자 계산 내용
일반 과세	15.4%	1,000,000원×(1-15.4%)=1,000,000원×**84.6%**=846,000원
세금 우대 예탁금	1.4%	1,000,000원×(1-1.4%)=1,000,000원×**98.6%**=986,000원
비과세 종합저축	0%	1,000,000원×(1-0%)=1,000,0000원

　위의 표는 적립식 또는 거치식 예금 가입 시 고객께서 반복적으로 문의하시는 내용입니다. 내가 가입하는 예금 상품의 실수령 이자를 직접 계산할 수 있다면, 이율과 세금 우대 적용이 다른 여러 금융회사의 실수령 이자를 비교한 후, 유리한 금융회사의 예금 상품에 가입할 수 있습니다. 단순히 이율만 높은 은행에서 예금을 가입한다면, 이자를 손해 볼 수 있는 경우가 종종 발생합니다. 예를 들어보겠습니다. 김예금 씨는 집 근처 금융회사에 본인이 가지고 있는 3,000만 원으로 1년 정기 예금에 가입하기 위해서 이율을 문의했습니다. 지역농협에서는 1년 이율이 5%이며, 김예금 씨는 세금 우대 예탁금 한도를 3,000만 원까지 적용할 수 있다고 합니다. 반면, 옆 KB은행에서는 1년 이율 5.6%로 가입할 수 있으며, 별도의 세금 우대 적용은 없다고 합니다. 이럴 때 김예금 씨는 어느 금융회사의 정기 예금에 가입하는 것이 나을까요?

금융회사	실수령 이자 계산 명세
지역농협	30,000,000원×5.0%×1×(1-1.4%)=30,000,000원×5.0%×98.4%=**1,479,000원**
KB은행	30,000,000원×5.6%×1×(1-15.4%)=30,000,000원×5.6%×84.6%=**1,421,280원**

　　단순히 생각하면 이율이 높은 KB은행의 정기 예금에 가입하는 것이 유리할 것 같지만, 앞의 예시처럼 세금 우대 제도 적용 여부에 따라 이율이 낮은 지역농협이 실수령 이자액이 더 클 수 있습니다. 적립식 또는 거치식 예금 가입 시에는 이율뿐만이 아니라 세금 우대 적용 여부를 확인해서 실수령 이자를 꼼꼼히 비교 후 예금 상품에 가입하시는 것이 중요합니다.

　　거치식 예금과 적립식 예금의 세전·후 이자 계산 방식을 기술했지만, 매번 계산기로 직접 계산이 번거롭다면 금융감독원의 '파인(https://fine.fss.or.kr)' 또는 각 금융회사 인터넷뱅킹을 이용하면, 만기 금액 또는 실수령 이자를 간편하게 계산할 수 있습니다.

금융감독원 '파인' 금융꿀팁찾기-금융거래 계산기-예·적금 계산기 클릭

출처 : 금융감독원 '파인(https://fine.fss.or.kr)'

1금융권과 2금융권은 어떤 차이인가요?

이번에는 제목에서와 같이 1금융권, 2금융권이 무엇인지 알아보도록 하겠습니다. 신문, 뉴스, 인터넷 카페 등을 보면 한 번쯤은 들어봤을 용어입니다. 이 1금융권, 2금융권이라는 용어는 공식적인 용어는 아니지만, 통상적으로 금융회사를 분류할 때 자주 사용하는 단어들입니다.

1금융권과 2금융권을 구분하는 기준은 '은행법'이 적용되는지, 아닌지로 나뉩니다. 은행법에서 설명하는 은행업은 돈이 많은 사람에게서 돈을 모아 돈이 필요한 사람들에게 빌려주는 일을 뜻합니다. 사람들은 대가 없이 자신의 돈을 은행에 맡기지 않을 것입니다. 이자를 받고 은행에 맡겨두는 것인데 이를 '수신'이라고 합니다. 은행은 이렇게 모인 예금을 돈이 필요한 개인이나 기업에 대출해주고 이자를 받게 되는데 이것을 '여신'이라고 합니다. 이 수신과 여신에 관련된 사업을 은행업이라고 하고, 이 은행업을 수행하는 회사를 금융회사, 통칭 '은행'이라고 부르는 것입니다.

이 은행법을 적용받는 금융회사를 1금융권, 은행법 외에 금융 관련 법률이 적용되어 금융 당국의 허가를 받은 금융회사를 2금융권이라고 합니다. 이와 별도로 합법적인 대부업법을 준수하며 돈을 빌려주는 대부업체를 3금융권이라고 부르기도 합니다.

그럼 1금융권에는 어떤 금융회사들이 있을까요? 우리가 주변에서 쉽게 볼 수 있는 KB국민은행, 신한은행, 우리은행, KEB하나은행 같은 '시중은행', 금융의 지역적 균형 발전을 위해 설립된 BNK부산은행, DGB대구은행, 전북은행, 광주은행 같은 '지방은행', 해외에서 설립됐지만, 우리나라에 영업점을 내고 여·수신업을 수행하는 씨티은행, SC제일은행 같은 '외국계 은행', 오프라인 점포 없이 온라인으로만 거래가 가능한 카카오뱅크, K뱅크, 토스뱅크 같은 '인터넷전문은행', 수출이나 산업발전 등을 위해 국가에서 설립한 은행인 NH농협은행, 산업은행, 한국수출입은행, IBK기업은행 같은 '특수은행'이 있습니다. 쉽게 생각해서 '○○ 은행'이라고 불리면 1금융권에 속하는 금융회사입니다. 단, 저축은행은 2금융권에 속하니 유의하셔야 합니다. 2001년 상호신용금고에서 상호저축은행으로 명칭이 변경됐고, 2009년 저축은행으로 상호 단축이 허용된 것일 뿐입니다.

그럼 2금융권에는 어떤 금융회사들이 있을까요? 조합원이나 회원들의 이익 증진을 위해서 설립된 지역농협, 신협, 새마을금고, 지역수협이 우리가 대표적으로 이용하는 2금융권에 해당합니다. 그 외에 사람의 생명이나 재산의 손해를 보장해주는 보험사, 금융 투자 업무를 담당하는 증권사, 자산운용사, 돈을 빌려주는 여신업무만 전문으로 수행하는 캐피탈사, 카드사가 2금융권에 속합니다.

예금과 대출 업무만 집중하는 2금융권에 비해 1금융권은 상대적으로 다양한 상품을 운용하고 있습니다. 국가에서 정책적으로 운영하는 예금이나 대출상품들도 대부분 1금융권에서만 운영되기도 합니다. 즉, 1금융권이 2금융권보다 대출금리도 낮고, 예금금리도 낮은 편입니다.

그럼 1금융권만 해도 충분한데 왜 군이 복잡하게 2금융권이 생겼을까요? 우리 몸의 피와 같은 역할을 하는 돈을 취급하는 은행은 국가의 강력한 규제를 받습니다. 즉, 은행업은 국가의 승인이 필요한 사업입니다. 최근에 윤석열 대통령이 "소상공인, 자영업자분들이 마치 은행의 종노릇을 하는 것 같다"라고 말하니 은행에서 쩔쩔매는 것이 이 때문입니다. 과거에는 은행업의 규제가 강하고, 은행이 많지 않았기 때문에 은행으로부터 돈을 빌리지 못하는 개인이나 기업이 높은 금리의 사금융을 울며 겨자 먹기 식으로 이용할 수밖에 없는 상황이 발생했습니다. 그래서 국가에서는 은행보다는 문턱을 낮춘 규제를 적용하는 특별법을 만들어 농협, 새마을금고, 신협, 수협, 보험사, 증권사 등과 같은 2금융권을 설립하게 된 것입니다. 즉, 1금융권을 이용하지 못해 사금융으로 흘러 들어간 사람들을 제도권 금융으로 끌어올리기 위한 것이 2금융권의 설립 목적입니다.

최근에는 인터넷 발달과 전 국민의 교육 수준 향상, 금융회사의 서비스 품질 향상에 따라 1금융권과 2금융권의 구분이 많이 사라진 상태입니다. 특히, 1금융권뿐만 아니라 2금융권 또한 예금자 보호를 위해 각자의 법률에 따라 기금을 조성해서 1인당 원금과 소정의 이자를 포함해 5,000만 원까지 보장하고 있습니다. 금융상품을 이용하면서 나에게 유리한 상품을 취급하는 은행을 선별적으로 이용하는 것이 가장 유리한 금융거래 방법입니다. 최근 은행들이 스마트폰으로 이체, 상품 가입, 예금 조회가 가능한 간편 앱을 개발하면서 수수료 면제를 공격적으로 제공하고 있습니다. 그에 따라 주거래 은행을 한 군데만 지정하고 사용했던 금융거래 패턴은 나에게 도리어 손해만 가져다줄 뿐입니다. 예금을 이용하시는 분들은 조금 더 높은 금리, 대출을 사용하시는 분들은 더 낮은 금리, 보험에 가입하실 분들은 좀 더 낮은 보험료를 제공하는 금융회사를 찾아서 다양하게 이용하시면 됩니다.

객장에서 근무하다 보면, 지역농협과 NH농협은행을 어떻게 구분하는지 많이 물어보십니다. 앞서 기술한 것처럼 NH농협은행은 1금융권, 지역농협은 2금융권에 해당하다 보니, 간단한 업무 외에는 처리되지 않는 업무가 많아 어렵게 옮긴 발걸음을 어쩔 수 없이 돌리시는 분들이 많습니다. 하지만 쉽게 간판으로 구분할 수 있습니다. NH농협은행은 간판에 'NH농협은행 ○○ 지점'으로 표기되어 있고, 지역농협은 '○○ 농협 ○○ 지점'으로 표기되어 있습니다. 예를 들어, NH농협은행 명일동 지점은 NH농협은행, 서울강동농협 명일역 지점은 지역농협입니다.

이번 편에서는 돈나무 농사의 씨앗인 예금과 적금을 통한 저축에 대해서 알아봤습니다. 항상 돈나무 농사의 기본은 저축부터입니다. 하지만 돈나무 농사는 저축만으로는 큰 성공을 할 수 없습니다. 핵심은 은행에서 취급하고 있는 입출식 예금, 적립식 예금, 거치식 예금의 용도를 정확히 인지하고, 내 돈의 용도에 따라서 각 예금 상품으로 운영하면 됩니다. 이번 편을 이해한다면 실수령 이자 또한 직접 계산할 수 있으므로 번거롭게 은행 영업점에 방문할 필요가 없습니다. 복잡할 것 같지만 간단한 예금 상품의 기본 틀을 잘 숙지하셔서 저축하는 데 활용하시기 바랍니다.

예금자보호제도는 우리나라에서 1996년부터 시행됐습니다. 그전에는 은행이 파산한다는 것은 상상할 수 없는 일이었습니다. 그러나 1995년 영국의 베어링스(Barings) 은행이 파산하는 사건이 발생하면서 우리나라도 금융위기가 발생할 가능성이 있다는 지적이 제기됐습니다. 이에 정부는 예금자를 보호하기 위한 예금자보호법을 제정하고, 1996년에 예금보험공사를 설립했습니다. 처음에는 은행의 예금만 보호하는 제도였으며, 1인당 2,000만 원 한도로 보장됐습니다. 그러나 1997년 말, 외환위기가 발생하면서 금융시장이 혼란에 빠졌습니다. 정부는 금융위기를 극복하기 위해 구조조정과 구제책을 추진했습니다. 그중 하나가 예금자보호제도의 전면 개편이었습니다. 2000년까지 한시적으로 모든 예금을 전액 보호하는 제도로 바뀌었고, 이후 2001년부터 다시 1인당 5,000만 원 한도로 보호하는 제도로 되돌아갔으며, 이 금액은 현재까지 유지되고 있습니다.

2011년 부산저축은행 부실 사태 이후 예금자보호제도는 저축은행 예금자에게 특히 더 중요하게 인식되어왔고, 2023년 새마을금고 대량 예금 인출 사태가 발생하면서 정부에서 TF팀을 꾸려 예금자 보호 한도를 증액하는 것을 논의하고 있으나, 예금자 보호 한도를 증액하기 위해서는 금융회사의 예금보험료 또한 증가하는 바, 이 비용이 대출금리 상승에 영향이 갈 것으로 우려되어 논의 자체가 흐지부지되고 있는 상황입니다.

예금자보호제도를 활용하는 방법은 다음과 같습니다.

자신이 가입한 금융상품이 예금자보호 대상인지 아닌지 확인합니다. 예금자보호 대상은 원금 지급 보장이 되는 상품으로, 은행의 예금, 적금, 외화 예금, 원본이 보전되는 금전신탁 등이 포함됩니다. 반면 양도성 예금증서, 환매조건부채권, 수익증권, 뮤추얼펀드 등은 보호 대상에서 제외됩니다. 자신이 가입한 금융상품이 예금자보호 대상인지, 아닌지는 예금보험공사 홈페이지나 고객센터, 금융회사 영업점 또는 콜센터를 통해 확인할 수 있습니다.

다음으로는 예금자보호 한도를 고려해서 금융회사를 이용하는 것입니다. 예금자보호 한도는 1인당, 금융기관당 최대 5,000만 원입니다. 이는 원금과 이자를 합한 금액이며, 같은 은행이라면 금융상품별 또는 지점별로 구분되지 않습니다. 예를 들어 A은행에서 3,000만 원과 5,000만 원을 각각 예치한 경우, 5,000만 원까지만 보호받을 수 있습니다. 또한 다른 금융회사에 예금이 있다면 은행별로 각각 1인당 5,000만 원 한도로 보호받을 수 있습니다. 예를 들어, A은행에 6,000만 원, B은행에 4,000만 원을 예치한 경우, A은행에서 5,000만 원, B은행에서 4,000만 원을 각각 보호받을 수 있습니다.

예금자보호제도는 금융회사가 파산하거나 영업을 중단하는 경우에만 적용되므로, 금융회사의 신용도가 높을수록 안전하다고 할 수 있습니다. 금융회사의 신용도는 금융감독원이 발표하는 자기자본비율, 비이익 대출비율, 부실채권 비율 등의 지표를 통해 알 수 있습니다. 또한 금융감독원은 매년 금융회사의 건전성 평가 결과를 공시하므로, 이를 참고해서 금융회사 상품에 가입해야 합니다.

예금자보호제도는 우리의 돈을 안전하게 보호해주는 중요한 제도입니다. 그러나 모든 상황에 대비할 수 있는 것은 아니므로, 평소 자신의 금융상품과 금융회사에 대해 관심을 가지는 것이 좋습니다. 또한 다양한 금융상품과 금융회사를 비교하고 분산해서 투자하는 것이 좋습니다. 이렇게 하면 예금자보호제도를 효과적으로 활용할 수 있습니다. 아래 QR코드는 예금보험공사에서 예금자보호제도를 설명하는 영상과 지역농협의 예금자보호기금에 대한 저자의 블로그 글이니 참고하시기 바랍니다.

예금자보호제도   지역농협 예금자보호기금

이상기후를
대비하는 보험

보험, 어떤 원리가 적용되는가?

보험이란 미래에 발생할 수 있는 불확실한 위험에 대비해서 보험회사와 보험계약을 체결하고 보험료를 냄으로써, 위험이 발생하면 보험회사가 보험금을 지급해주는 제도입니다. 예를 들어, 자동차 보험은 운전 중에 사고가 나면 보험회사가 수리비용이나 상대방의 손해배상 등을 지원해주는 것이고, 생명보험은 사망이나 질병 등으로 인한 손실을 보상해주는 것입니다.

보험은 대수의 법칙과 수지상등의 원칙이라는 기본 원리가 적용되는 금융상품입니다. 대수의 법칙이란 통계학적으로 말하자면, '표본의 크기가 클수록 그 표본의 평균이 모집단의 평균과 가까울 가능성이 크다'라는 의미이고, 이를 보험의 관점에서 해석하면 '보험계약자 수가 많아질수록 평균 지급보험금(전체 지급보험금을 계약자 수로 나눈 금액)이 평균 예상보험금(보험계약 한 건에 대한 예상보험금의 평균)을 크게 벗어날 가능성이 작아진다' 정도로 표현할

자녀와 함께 짓는 돈나무 농사

수 있습니다.

예를 들어, 자동차 보험에 가입한 100명 중 1명이 사고를 당하면 보험회사는 보험금을 지급해야 합니다. 이때 보험회사는 보험계약 자 1명당 얼마의 보험금을 지급해야 할지 예측하기 어렵습니다. 하 지만 자동차 보험에 가입한 100만 명 중 1만 명이 사고를 당하면 보험회사는 보험계약자 1명당 얼마의 보험금을 지급해야 할지 예 측하기 쉬워집니다. 왜냐하면, 과거에 발생한 사고율과 비슷한 비 율로 사고가 발생할 것이라고 가정할 수 있기 때문입니다. 이렇게 보험계약자 수가 많아질수록 보험회사는 미래 손실에 대한 예측을 보다 정확하게 할 수 있는 것입니다.

보험회사에서는 대수의 법칙으로 예상 지급보험금을 계산할 수 있습니다. 이때 보험료를 어떤 방식으로 산정해야 할까요? 기본적 으로 계약자들이 내는 보험료와 보험회사가 지급하는 보험금 및 지출비용이 같게 되도록 설정합니다. 이를 수지상등의 원칙이라 고 합니다.

자동차 보험으로 예를 들면, 보험회사는 과거에 발생한 사고율 과 비용을 바탕으로 미래에 발생할 사고율과 비용을 예측합니다. 그리고 그 예측치에 따라서 자동차 보험에 가입하는 사람들에게 부과할 보험료를 산정합니다. 이때 보험료는 예상 지급보험금과 지출비용을 커버할 수 있도록 설정됩니다. 만약 보험료가 너무 낮 으면 보험회사는 손해를 볼 것이고, 너무 높으면 보험계약자들이 부담을 느낄 것입니다. 따라서 보험료는 수지상등의 원칙에 따라 적절하게 산정됩니다.

돈나무 농사의 피해를 막는 보험! 잘 유지하고 계신가요?

보험이라는 금융상품은 만기 기간이 길고, 계약 유지를 위해 비용(보험료)을 계속 지급해야 합니다. 보험에 가입함으로써 받는 서비스(보험금)도 막상 사고가 발생해야 보험회사를 통해 받을 수 있을지 없을지 결정됩니다. 그렇다고 중간에 보험을 해지하면 해약환급금이 너무 적어 납입한 보험료에 대한 손해를 감수해야 합니다. 대부분의 보험계약 체결 후 중간에 해지해보신 금융소비자라면, 보험이라는 금융상품이 매우 부정적으로 다가올 수밖에 없습니다.

자녀와 돈나무 농사를 성공적으로 짓기 위해서는 이상기후 같은 질병·사고 등 예기치 못한 상황을 보험으로 얼마나 적절히 대비했느냐에 따라 성공 여부가 결정된다고 봐야 할 것입니다. 자신의 소득으로 어렵게 1,000만 원의 목돈을 만들었다고 예를 듭시다. 그러다 갑작스러운 교통사고로 인해서 수술을 받게 되어 힘들게 모았던 1,000만 원을 모두 사용하게 된다면 그 상실감은 매우 클 것입니다. 보험은 우리 인생에서 예기치 못한 사고를 당했을 때 경제적인 도움을 받을 수 있는 장치고, 이에 따라 적절한 비용을 보험회사에 보험료로 내는 것입니다. 그러나 문제는 미래의 위험에 대비해 보험에 가입해놓고도 본인의 경제력을 생각하지 않고 비싼 보험료를 내다 보니 오랜 기간 동안 유지하지 못한다는 것입니다.

보험연구원에서 2022년에 발표한 〈보험계약 유지율에 관한 연구〉를 살펴보면, 보험에 가입한 대부분 사람이 본인들의 경제 사정을 고려하지 않고 가입해서 보장을 받아보기는커녕 자신이 낸 보험료 대비 큰 손실을 감당하고 있다는 것을 알 수 있습니다. 보험계약자들이 보험계약을 장기간 유지하지 못한 것은 보험계약자의 보험료 부담 능력, 보장 수요를 고려하지 않은 보험회사의 외형 성장 위주의 영업방식이 주요 원인일 것입니다. 저 또한 지역농협에 근무하면서 만기까지 보험을 유지하신 분들을 본 경우가 많지 않으니까요.

장기손해보험 상품별 유지율 추이

(단위 : %)

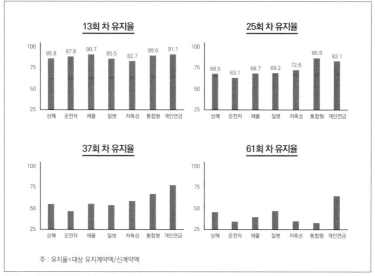

주 : 유지율=대상 유지계약액/신계약액

출처 : 보험연구원, '보험계약 유지율에 관한 연구'

위의 그래프는 생명보험과 손해보험의 13회 차, 25회 차, 37회 차, 61회 차 유지율을 나타내고 있습니다. 즉, 보험계약을 체결한 후 1년, 2년, 3년, 5년 후 보험을 얼마나 유지하고 있는지 나타내고 있습니다. 다행히도 보험계약자들이 보험 유지에 대한 의지가 강해졌는지 모르겠지만, 2년 차까지는 보험 유지율이 80% 후반대를 유지하고 있습니다만, 25회 차를 넘어가면서 보험 유지율이 급격하게 하락하는 것을 알 수 있습니다.

앞의 그래프에서 알 수 있듯이 장기 보험에 가입하면 시간이 지날수록 보험을 해지하는 경향이 강합니다. 왜 그럴까요? 이유는 간단합니다. 가정 경제를 유지하면서 시간이 지날수록 지출할 돈은 많을 텐데 이 중에서 가장 필요 없는 것처럼 생각되는 것이 바로 보험료이기 때문입니다. 당장은 사고가 발생하지 않으니 경제력 대비 부담되는 보험계약을 해지해서 지출을 조금이라도 줄여보겠다는 심산인 것이지요.

그렇다면 사람들은 왜 자신의 경제력에 비해서 과도한 보험계약을 체결하는 것일까요? 그 부분에 대해서 살펴보도록 하겠습니다.

우리의 본전 심리를 이용하는 보험사

보험료란 보험회사가 추후에 질병에 걸리거나 사고가 발생할 때 지불할 보험금에 대한 대가로서 보험계약자로부터 받는 돈을 뜻하며, 이를 총보험료 또는 영업보험료라고 합니다. 보험료를 살펴보면 순보험료와 부가보험료로 구성되어 있는데, 순보험료는 보험계약에서 사고가 발생한다면 지급해야 할 보험금을 충당하기 위한 보험료로 보험계약자에 대한 원가이며, 부가보험료는 보험회사가 사업을 운영하는 데 소요되는 각종 경비 등을 충당하기 위한 보험료입니다. 부가보험료는 예정사업비라고도 하는데, 은행 등 타 금융권에는 없는 예정사업비가 보험에서 인정되는 이유는 은행에서는 예대마진으로 경비를 충당할 수 있지만, 보험은 보험의 수지상등 원칙을 적용해 보험료를 산출하고 그중 남는 금액이 발생하면 배당으로 보험계약자에게 환원하는 것을 전제하기 때문입니다.

자녀와 함께 짓는 돈나무 농사

우리가 매달 보험사에 자동이체해주는 보험료 중 순보험료는 위험보험료와 저축보험료로 구성되고, 부가보험료는 신계약비, 유지비, 수금비로 구성됩니다.

- **위험보험료** : 피보험자에게 각종 사고나 질병 등이 일어났을 때 위험 보장을 위해 내는 보험료
- **저축보험료** : 보험 가입자가 중도에 보험을 해지할 경우 또는 만기에 환급하기 위해 책정된 보험료
- **신계약비** : 모집인의 활동에 필요한 경비나 보수, 점포나 기타 시설의 비용, 광고비 등
- **유지비** : 보험계약을 유지, 관리·운용하기 위한 여러 사무처리 비용
- **수금비** : 보험료 수급 및 관리에 필요한 경비

보험을 설명하기 위해 먼저 보험료를 구성하는 기본 구성에 대해서 알아봤습니다. 처음 접하는 단어다 보니 어렵게 다가올 수 있지만, 기본 이치는 내가 낸 보험료 중 일부는 본인에게 사고가 나면 지급되는 보험금으로 사용되고, 일부는 보험사가 사업 경비로 사용한다는 것입니다.

일단 은행이나 보험사를 통해 보험에 가입하려면 보험계약이 만기됐을 때 돌려받는 환급금 규모에 따라서 순수보장형과 만기환급형 상품을 선택해야 합니다. 만기 시 고객에게 환급되는 만기환급금 기준으로 환급액이 0원인 상품을 '순수보장형', 환급액 > 0원인 상품을 '만기환급형'으로 구분합니다(다른 표현으로 나타내면 '납부한 보험료 합계 < 환급액'이면 저축성 보험, '납부한 보험료 합계 > 환급액'이면 보장성 보험이라고 칭합니다).

보험을 계약하려는 사람들에게 낸 보험료를 돌려주는 '만기환급형'은 손해를 안 본다는 느낌이 강합니다. 그리고 보험사나 은행에서는 보험을 계약하려는 사람들의 심리를 알고 있다는 듯이 만기환급금이 있는 상품으로 가입해야 나중에 보험료를 손해 보지 않는다는 논리로 적극 권유합니다.

제가 근무하면서 고객들과 보험 가입 상담을 하다 보면 대다수 고객이 순수보장형과 만기환급형 중 만기환급형을 선택합니다. 저희도 고객에게 판매하기 쉬운 만기환급형 상품을 권유하기도 하지요. 고객들은 만기에도 손해를 안 본다는 만족감, 은행 직원은 더 많은 모집 수수료를 받을 수 있다는 이해관계가 맞아떨어진 결과입니다.

하지만 보험에서 알아야 할 점은 첫째, 보험료 중 주계약 보험료에 대해서만 만기환급금이 발생하며, 특약 보험료는 만기에 환급되지 않는다는 것입니다. 보험계약자가 낸 보험료 중 특약 보험료가 빠진 상태에서 보험사는 만기환급금을 만들어야 하기 때문에 생각보다 많은 기간이 걸립니다. 둘째, 만기에 대한 오해입니다. 예를 들어, 20년 납 90세 만기 상품이라면 보험사는 보험료 납부가 끝난 20년 후가 아닌 90세에 만기환급금을 지급하게 되어 있습니다. 40세인 금융소비자가 20년 동안 낸 보험료가 1,000만 원이라면, 만기환급금을 돌려받는 때는 보험료 납부가 끝난 60세에서 30년이 지난 90세가 된 해기 때문에 물가상승률을 고려하면 본전이 아니라는 사실을 알아야 합니다.

그럼 여기서 납부한 보험료에 이자가 붙어 나중에 일시로 해지해서 노후자금으로 사용하거나, 연금으로도 전환할 수 있다고 보험사에서 적극적으로 판매하는 종신보험의 예를 들어보겠습니다. 종신보험은 생명보험의 대표 상품으로 보험에 가입한 피보험자가 사망했을 때 보험사가 보험수익자에게 보험금을 지급하는 상품입니다. 대부분 보험 설계사나 은행 직원들은 만기환급금이 많이 나오도록 비싼 보험료를 책정해서 마케팅할 것입니다.

종신보험 10년 차 계약유지율

(단위 : %)

회사명	유지율
라이나	14.9
메트라이프	15.5
PCA	17.5
AIG	19.6
삼성	22.9
ING	27.1
미래에셋	33.3
푸르덴셜	43.9
금호	77.9
합계	29.2

출처 : 금융감독원

해당 표를 보면 만기환급금이 존재하는 종신보험의 경우 10년 차 유지율은 통계상 30%가 채 되지 않습니다. 계약 시에는 저축과 보장을 동시에 누릴 수 있을 것 같은 생각에 종신보험에 가입하지만, 실상은 보장도 받지 못한 채 내 귀중한 돈을 보험사에 가져다 바친 결과를 보게 됩니다. 옆의 표에서 10년 차까지 보험계약 유지 중인 29.2% 계약자들도 사망 시까지 보험을 유지할지 의문입니다. 보험은 내 인생에 예상치 못한 질병이나 사고가 발생해서 정상적인 경제활동을 방해하는 요인을 줄이기 위해 가입하는 금융상품입니다. 아무리 금융교육을 잘 받고, 금융상품을 잘 이용해서 목돈을 모아놓아도, 보험이 없다면 질병이나 사고 한 번에 여태까지 모아둔 돈을 다 써버릴 수 있습니다. 이런 불상사를 대비하기 위해 필수적인 보험은 장기로 유지해야 하며, 내가 감당할 수 있는 보험료를 설계해서 가입해야 합니다. 본전 심리가 발동해서 내가 감당할 수 없는 보험료를 무리하게 끌고 간다면, 결국 보장은 받지도 못하고 내 귀한 돈을 보험사에 가져다 바치는 꼴이 된다는 것을 반드시 아셔야 합니다.

필요한 보험만 최저 보험료로 가입하자!

최근의 보험은 예전처럼 보험 설계사를 만나거나 은행에 방문해서 가입할 필요가 없습니다. 온라인의 발달로 보험사에서는 인터넷, 앱으로 다이렉트 보험에 가입할 수 있도록 길을 열어놨기 때문입니다. 다만, 보험 상품에 대한 이해가 부족하다면 인근 은행에 방문해서 설계받고, 내가 유지할 수 있는 최저 보험료로 가입해야 합니다. 그렇다면 우리가 필수로 가입해야 하는 보험은 무엇이 있을까요?

- **정기보험** : 정기보험은 내가 필요한 기간만큼 가입하고 사망 시 보험금을 받을 수 있는 보험입니다. 종신보험은 내가 가입한 이후부터 사망할 때까지 보장하고 만기환급금이 존재하다 보니 보험료가 비쌉니다. 내가 부양할 가족이 있을 때, 특히 결혼한 후 자녀가 생겼다면 그 자녀가 성년이 될 때까지만 보장 기간으로 설정하는 것이 좋습니다. 보장금액은 본인의 연봉 수준에 따라 다를 수 있겠으나 1~2억 원 수준이 적정합니다. 피보험자(보험사고 발생 시 보험의 보장을 받는 사람, 정기보험의 경우 사망하는 사람)에게 배우자 또는 자녀가 없거나, 있다고 하더라도 가장이 아닌 경우는 본인의 사망으로 인해 경제적 타격을 받을 자가 없으므로 굳이 가입할 필요는 없다고 판단됩니다.
- **자동차보험** : 자동차보험은 법적으로 필수로 가입해야 하는 보험입니다. 각 보험사의 다이렉트 채널을 이용해서 직접 보험료를 비교해보고 저렴한 보험사를 선택합니다.
- **실손보험** : 최근 4세대로 불리며 상품이 개정됐습니다. 질병과 상해에 대한 의료비를 보장받을 수 있습니다. 즉, 보험금 지급

사유가 발생한 후 의료비를 충당하기 위해서 가입합니다. 소액 보험료로 치료, 검사, 입원 비용을 보장받을 수 있어 필수입니다.

- **주택화재보험** : 주택을 소유하거나 임차한 경우 모두 화재보험에 가입해야 합니다. 최근 아파트, 다세대주택 및 연립주택 같은 공동주택에 거주하는 비율이 높아지면서 내 집뿐만 아니라 타인의 집에 대한 화재 배상까지 해야 할 수 있으므로 내 재산을 지키기 위해서는 반드시 가입해야 합니다.

우리 자녀가 사회에 진출하게 되면 많은 보험 상품 가입을 강요받게 될 것입니다. 특히, 내 인맥에서 한 다리만 거쳐도 보험 설계사들이 즐비한 현실인데, 정확한 보험 지식이 없으면 그들의 말에 불필요한 보험에 가입해서 유지하지도 못하고 중간에 해지하게 될 것이 불 보듯 뻔합니다. 어떤 보험에 가입해야 할지 모르는 부모님은 앞서 언급한 보험 상품만 필수적으로 가입하면 된다는 사실을 아시고 자녀들을 지도해주셨으면 합니다. 보험은 해약 환급금이 최소한으로 나오도록 가입해야 보험료가 저렴하고, 그래야 보험계약을 오래 끌고 갈 수 있습니다. 보험 만기 시 본전 심리로 해약환급금이 있어야 한다는 생각을 버리셔야 합니다.

보험다모아(www.e-insmarket.or.kr)라는 사이트에 접속하면 보험사별로 손쉽게 최저 보험료를 비교할 수 있습니다. 첫 번째로 정기보험을 살펴보도록 하겠습니다. 메뉴에서 보장성보험 – 정기보험 메뉴를 선택하면 볼 수 있습니다.

출처 : 보험다모아(이하 동일)

자녀와 함께 짓는 돈나무 농사

제 나이인 만 42세 남성을 기준으로 사망보험금 1억 원을 설정해서 설계된 보험료는 11,100~11,200원 선입니다. 보험기간과 가입 나이, 성별에 따라서 상세하게 설계 시 보험료는 다를 수 있습니다. 우측 인터넷 가입 버튼을 눌러 자신의 생년월일과 성별을 입력하고, 보장받을 금액과 가입 기간을 선택하면 보다 자세한 보험료를 설계받을 수 있습니다.

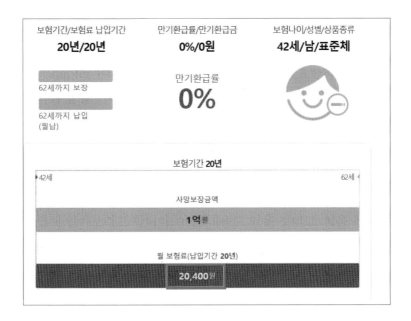

20년 동안 제가 사망할 시 1억 원의 보험금이 지급되는 정기보험을 가입 설계해봤습니다. 물론 보험료를 제일 저렴하게 하기 위해서 20년 동안 매월 납부하는 것으로 설계했습니다. 그러자 보험료는 매월 20,400원이 설계됐습니다. 의아하지 않으십니까? 평생 동안 사망 시 보험금을 지급해준다는 종신보험에 가입하려면 최소한 보험료가 20만 원을 훌쩍 넘어서지만, 필요한 기간만 사망 보장을 받는 정기보험은 2만 원 정도의 보험료만 내면 되니까요. 이 정도 금액이라면 제 경제력이 어떻든 20년간은 보험계약을 잘 유지할 것 같습니다. 이제 비교를 위해 제 종신보험을 인터넷으로 설계해봤습니다.

앞의 정기보험과 같은 조건을 위해 사망 시 지급되는 보험금 1억 원인 종신보험의 보험료를 산출해봤습니다. 20년 동안 매월 납부하는 보험료로 179,200원이 산출됐습니다. 이 정도 보험료도 40대 남성의 종신보험료치고는 싼 편입니다.

교보라이프플레닛생명 42세 남성 종신보험료 조회

보험기간/보험료 납입기간	보험종류	보험나이/성별/상품종류
종신/20년	**일반형**	**42세/남/표준체**
종신까지 보장	사망 시 1억	
62세까지 납입		

보험기간

42세　62세　종신

사망보장금액

1억원

월 보험료 (납입기간 20년)

179,200원

정기보험은 만 42세 남성이 20년 납으로 가입할 경우 보험료가 20,400원이지만, 종신보험은 20년 납일 경우 179,200원입니다. 물

자녀와 함께 짓는 돈나무 농사

론 20년 납부 기간이 끝난 후 내가 사망할 때까지 보장을 받기 때문에 보험료가 158,800원이나 비싼 것은 당연하다고 주장할 수 있습니다. 하지만 통계상 경제적인 이유로 종신보험을 10년 이상 유지하는 사람이 10명 중 3명이 채 되지 않는다는 사실을 앞서 확인했습니다. 보험료는 저렴하게 내고 내가 필요한 기간에만 중점적으로 보장받을 수 있으며, 경제적으로 부담이 적어 끝까지 유지할 수 있는 정기보험이 있는데도 불구하고, 아직도 본전 심리에서 헤어 나오지 못해 종신보험에 가입하실 것인가요? 해약환급금이 있어 긴급 자금 필요 시 일시금으로 찾을 수도 있고, 연금으로도 전환할 수 있어 노후 생활에 대비 가능한 종신보험에 가입해야 한다는 보험 설계사의 언변에 아직도 설득당하시겠습니까?

종신보험은 오래 유지하지 않는다는 통계와 만기환급금을 받고 싶어 하는 대부분의 보험계약자분들에게 적정선에서 제안을 하나 해보겠습니다. 일단, 내가 필요한 기간에 정기보험에 가입하고, 가입 당시 설계 받은 종신보험과 정기보험의 보험료 차액을 미국 S&P 500 또는 나스닥 100지수 추종 ETF에 적립식으로 투자하는 것입니다. 보험 이야기를 하다가 왜 갑자기 주식투자 이야기냐 할 수 있으시겠지만, 정기보험료와 종신보험료의 차액을 우상향하는 미국의 주가지수에 적립할 경우 종신보험보다 더 많은 환급금을 얻을 수 있기 때문입니다. 그럼 실제로 예를 들어봅시다. 하나는 179,200원의 보험료를 납부한 종신보험계약을 만기 때까지 유지하는 경우, 또 다른 하나는 20,400원의 보험료를 납부한 정기보험에 가입하고, 같은 시기에 S&P 500 지수를 추종하는 ETF를 매월 사는 경우입니다. 쉽게 표현하면 '종신보험 vs 정기보험+S&P 500'이 되겠네요.

정기보험+S&P 500 vs 종신보험

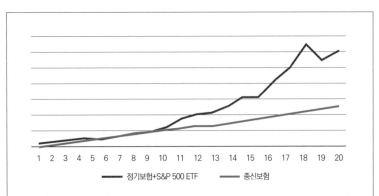

회차	년도	정기보험+S&P 500 ETF		종신보험	
		환급액	환급율	환급액	환급율
1	2004	4,015,167	187%	520,514	24%
2	2005	6,114,562	142%	2,986,229	69%
3	2006	8,989,159	139%	5,506,543	85%
4	2007	11,356,407	264%	8,082,357	188%
5	2008	9,082,036	141%	10,714,771	166%
6	2009	13,382,069	311%	13,404,186	312%
7	2010	17,302,618	268%	16,151,000	250%
8	2011	19,534,867	454%	18,686,500	434%
9	2012	24,564,349	381%	21,281,700	330%
10	2013	34,405,880	800%	23,938,400	557%
11	2014	40,943,365	635%	26,658,500	413%
12	2015	43,361,616	1,008%	26,658,500	620%
13	2016	50,471,166	782%	29,444,100	456%
14	2017	63,329,149	1,472%	32,297,600	751%
15	2018	62,348,915	966%	35,219,600	546%
16	2019	83,721,110	1,947%	38,211,600	888%
17	2020	101,009,007	1,566%	41,274,800	640%
18	2021	131,948,811	3,068%	44,412,300	1,033%
19	2022	109,876,902	1,703%	48,016,800	744%
20	2023	121,499,897	2,825%	50,544,000	1,175%

출처 : 저자 제공

자녀와 함께 짓는 돈나무 농사

20년의 미래를 알 수 없으므로 과거 데이터를 활용해서 백테스팅을 해봤습니다. 앞의 표는 종신보험료 179,200원과 S&P 500 ETF에 158,800원(종신보험료 179,200원-정기보험료 20,400원 차액)을 냈을 때의 결괏값입니다. 정기보험료는 해약환급금이 없으므로 환급액 계산에서는 제외했습니다. 20년이 지났을 때 종신보험보다 정기보험에 가입하고, 차액을 S&P 500 지수 추종 ETF에 투자하는 경우가 70,955,897원이 더 많습니다. 과거 데이터를 봤을 때 종신보험이 정기보험+S&P 500 ETF보다 해약환급금이 큰 경우는 딱 한 해입니다. 2008년인데요. 이해에 어떤 일이 있으셨는지 다들 기억하시나요? 서브프라임 모기지(subprime mortgage) 사태 또는 리먼 브라더스(Lehman Brothers) 사태로 불렸던 미국발 금융위기가 있었던 해입니다. 이런 국제적 위기가 없는 경우라면 종신보험에 가입하는 것보다 정기보험에 가입하고, 그 차액으로 S&P 500 지수를 추종하는 ETF를 매수하는 것이 훨씬 이득입니다. 표에는 나와 있지 않으나 종신보험을 68년 동안 유지하면, 해약환급금은 98,682,700원인데, 이미 17회 차에 해당 금액을 추월하게 됩니다. 이런 방법을 통해 보험료를 내 경제적 상황에 맞게 줄여 보험 유지 기간을 최대한 길게 하고, 남은 금액으로 미국 주식시장을 추종하는 ETF 상품에 투자한다면 훨씬 이득일 것입니다. 하지만 이것을 아무도 말해주지 않습니다. 아니, 만약 안다고 해도 말하려 하지 않습니다. 이런 사실을 아는 사람에게는 도리어 주식투자는 위험하니 안전한 종신보험에 투자하라고도 할 수 있습니다. 왜일까요? 그렇게 말하는 보험 설계사는 고객에게 될 수 있는 대로 높은 보험료를 받아내서 보험사로부터 많은 수수료를 받아야 하기 때문입니다.

이 정도면 제가 제시한 방법이 더 효율적이지 않겠습니까? 보험으로 보장도 받으며 목돈까지 만든다는 것은 착각입니다. 보험은 갑작스러운 사고나 질병에 대비해서 가입하는 금융상품이지 저축을 위한 상품이 아닙니다. 보험은 내가 감당할 수 있게 가능한 저렴한 보험료로 최대한 길게 유지하는 것이 핵심입니다.

　두 번째로는 자동차보험 설계를 보도록 하겠습니다. 자동차보험은 본인이 소유한 자동차가 있다면 반드시 법적으로 가입해야 하는 보험입니다. 어쩔 수 없이 가입해야 하는 보험이니 더욱이 보험료가 싼 보험사를 알아보는 것이 좋습니다. 인터넷에서 자동차보험 설계를 하면 1~2일 이내에 여기저기서 자동차보험 관련 마케팅 전화를 수없이 받은 경험이 있을 것입니다. 하지만 보험다모아(www.e-insmarket.or.kr)에서는 마케팅 전화 없이 단순 보험료를 비교할 수 있습니다.

출처 : 보험다모아(이하 동일)

　　　　　　　　　　　자녀와 함께 짓는 돈나무 농사

앞의 보험다모아 사이트 메인 화면에서 자동차보험-개인용 자동차보험료 비교 버튼을 순서대로 클릭합니다. 기존에 자동차보험이 가입되어 있다면 만료일 30일 이내에만 조회할 수 있습니다. 예시를 위해 신규 자동차로 가입 설계해보겠습니다.

기존 자동차보험이 있을 때 화면 아래 보험 정보가 표시됩니다. 저는 일단 신규 계약을 클릭해서 자동차 정보를 입력했습니다.

자동차 정보

보험사 : - | 자동차번호 : - | 차명 : 그랜저 | 만기일자 : 2024년07월28일

보험가입정보

대인배상 I ❓	가입	**대물배상**	
대인배상 II ❓	가입	○ 2천만원	
대물배상 ❓	**5억원**	○ 3천만원	
자기신체손해 ❓	I 자동차상해 | 2억원 / 3천만원	○ 5천만원	
무보험차상해 ❓	가입(2억원)	○ 1억원	
자기차량손해 ❓	가입	○ 2억원	
긴급출동서비스 ❓	가입	○ 3억원	
물적사고 할증금액 ❓	200만원	◉ 5억원	
운전자범위 ❓	**부부한정**	자동차사고로 다른 사람의 자동차 또는 재물에 끼친 손해를 보상하며, 대물배상은 2천만원까지 반드시 가입해야 하는 의무보험입니다.	
최소운전자 생년월일 ❓	▓▓▓▓▓▓		
배우자 생년월일 ❓	▓▓▓▓▓▓	이전 다음	

보험 가입 정보는 내가 가입할 조건으로 변경할 수 있습니다. 대인배상 II는 가입, 대물배상은 최대 한도 5억 원으로 설정합니다. 자기 신체 손해도 자동차 상해로 선택해서 2억 원/3,000만 원으로 변경합니다. 보험은 내 목돈을 지키는 수단입니다. 해당 특약 3가지는 최대 금액으로 변경해도 보험료가 크게 차이 나지 않으니 최대 한도로 가입합니다(최근 외제차가 급증하고 있어 대물배상 미가입 또는 최저 가입 시 접촉사고로 몇 억 원이 한 번에 지출될 수도 있습니다).

추가 특별약관 가입 정보를 입력합니다. 어려운 내용은 없습니다. 대부분 차량 운행 거리, 첨단 장치 설치 여부를 물어 할인을 적용하는 사항이니, 해당된다면 반드시 입력해야 합니다.

보험 가입 정보와 추가 특약은 언제나 변경 가능합니다. 최대 5개 조건을 비교할 수 있으니, 본인이 가입하려는 정보를 여러 가지로 변경해서 조회를 눌러보면 됩니다.

순위	회사	예상납입보험료(원)	특약내용	가입형태
1	하나손해보험	(선할인) 388,380 / (후할인) 384,480		온라인 가입 / 인터넷 바로가입
2	현대해상	417,990		온라인 가입 / 인터넷 바로가입
3	SAMSUNG 삼성화재	425,040		온라인 가입 / 인터넷 바로가입
4	한화손해보험	428,750		온라인 가입 / 인터넷 바로가입
5	Carrot 캐롯손해보험	443,460		온라인 가입 / 인터넷 바로가입
6	meritz 메리츠화재	443,930		온라인 가입 / 인터넷 바로가입
7	KB손해보험	463,240		온라인 가입 / 인터넷 바로가입
8	DB손해보험	464,640		온라인 가입 / 인터넷 바로가입

그럼 자동차보험료가 설계되어 한 화면에서 볼 수 있습니다. 저의 경우 보험료가 가장 저렴한 곳은 '하나손해보험'입니다. 우측 '인터넷 바로 가입' 버튼을 누르면 손해보험사에서 직접 보험 설계가 가능합니다. 보험사에서 직접 설계 시 화면에 나온 보험료와 다소 차이가 있을 수 있는 점은 참고해야 합니다. 이런 식으로 필수 보험인 자동차보험도 최저 보험료로 가입할 수 있습니다.

다만, 자동차보험의 경우 사고 이력이 많아 가입 거절을 당할 수도 있습니다. 이런 경우 보험 개발원의 '내 차 보험 찾기(https://mycar.kidi.or.kr)'로 접속해서 가입 보험사를 찾으면 좀 더 수월하게 자동차보험에 가입할 수 있습니다.

자녀와 함께 짓는 돈나무 농사

출처 : 보험개발원

세 번째로, 실손보험에 가입해보겠습니다.

실손보험도 보험다모아(www.e-insmarket.or.kr)에서 설계할
수 있습니다. 실손의료보험 – 실손의료보험(4세대) 비교를 클릭합
니다.

실손보험은 특별하게 조작할 것은 없고, 본인의 생년월일을 입력한 후 상품 비교하기 버튼을 눌러주면 됩니다. 실손보험은 생명보험사와 손해보험사에서 모두 취급하고 있으므로 구분 없이 전체를 선택합니다.

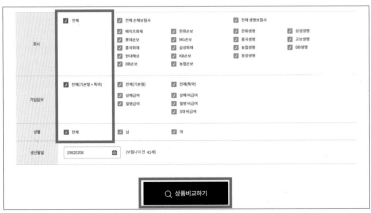

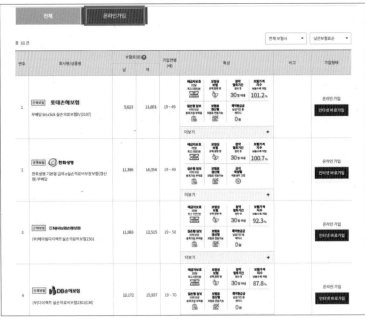

자녀와 함께 짓는 돈나무 농사

온라인 가입이 목적이기 때문에 상단의 '온라인가입' 버튼을 눌러줍니다. 대부분 1만 원 초반 수준에서 보험 가입이 가능합니다. 실제로 발생한 의료비를 보장해주는 실손보험 또한 1만 원 초반대로 가입할 수 있으니 각종 건강보험에 가입해서 실손의료비 특약을 넣을 필요가 없습니다. 월 1만 원으로 내 질병이나 사고로 인해 병원치료를 받는 비용을 대부분 보상받을 수 있으므로 반드시 가입해야 하는 보험입니다.

네 번째로, 화재보험에 가입하도록 하겠습니다. 화재보험은 내가 거주하고 있는 주택의 화재 보상뿐 아니라 옆집에 불이 옮겨 붙었을 때 피해보상 및 벌금까지 보장해주기 때문에 필수로 가입해야 합니다. 가끔 나는 임차인이기 때문에(집주인이 아니라서) 주택화재보험에 가입하지 않아도 된다는 고객이 계십니다. 이는 큰일 날 생각입니다. 임차인은 임대인에게 원상복구해줄 의무가 있으므로, 임차한 집이 화재가 발생해서 피해가 발생한다면 원상복구를 해줘야 하고, 화재보험이 없다면 그 금액을 모조리 임차인이 부담해야 하기 때문입니다. 또, 아파트의 경우 관리비에 화재보험이 포함되어 있으니 가입하지 않겠다는 고객도 있습니다. 아파트 관리비에 포함된 단체화재보험은 보장금액이 적고, 타인 재물에 대한 대물보상이 빠져 있기 때문에 개인적으로 주택화재보험은 반드시 가입해야 합니다. 먼저, '보험다모아' 메인화면에서 보장성보험 - 화재/재물보험을 클릭합니다.

기본적인 화재보험 보장금액으로 보험료가 조회됩니다. 화재보험은 보험기간을 3년 이상으로 설정해서 매월 적립식 상품으로 가입합니다(대부분 보험사에서 장기주택화재보험 적립식 상품은 5년 이상

의 상품으로 판매하고 있습니다). 화재보험은 갱신에 따른 보험료 증가가 발생하지 않기 때문에 처음 가입할 때 장기로 가입하는 것이 좋습니다. 화면에서 보험사 중 한화손해보험이 가장 저렴하기 때문에 가입 설계를 해보겠습니다.

화재보험에 가입하기 위해서는 내가 거주하고 있는 주택의 건축물대장 또는 등기사항증명서를 준비해서 전용면적을 미리 알고 있어야 합니다. 건축물대장은 세움터 또는 정부24에서 무료로 발급 가능하며, 등기사항증명서는 인터넷 등기소에서 유료로 발급 가능합니다.

· **세움터** : www.eais.go.kr
· **정부24** : www.gov.kr
· **대법원 인터넷 등기소** : www.iros.go.kr

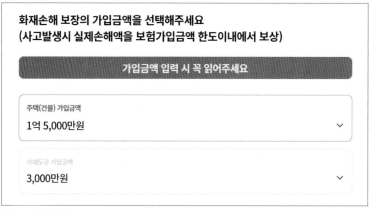

출처 : 한화손해보험

화재보험은 사고 발생 시 주택의 실제 손해액을 보험가액 내에서 실손 보상합니다. 가입금액은 반드시 보험가액 이내로 가입하셔야 합니다. '보험가액=재조달가액 – 감가 상각액'으로 표현할 수 있습니다. 재조달가액은 화재로 내 주택이 훼손되고 없어졌을 때 다시 복구하는 비용입니다. 거기서 물건의 가치가 해마다 떨어지는 금액을 의미하는 '감가 상각액'을 제외하는 것을 보험가액이라고 칭합니다.

여기서 흔히 보험가액을 현재 내 '아파트(주택)의 실제 매매가격'으로 오해할 수 있는데, 매매가가 5억 원이라고 5억 원을 가입금액으로 선택하는 것이 아닙니다. 그렇게 가입하는 것이 바로 '초과보험'입니다. 보험료만 더 내고 실제로 보상은 받을 수 없는 것입니다. 다행히도 보험사에서는 내 주택의 전용면적을 입력하면 적정 가입금액을 자동으로 설정해줍니다. 이 적정 가입금액이 '보험가액'입니다.

가재도구 중 명품 가방, 귀금속, 현금(유가증권), 골동품, 금형, 소프트웨어 및 이와 비슷한 것의 손해는 보상하지 않습니다. 가재도구는 보유 중인 살림 도구를 시가 기준으로 실손 보상합니다. 살림 도구는 집에 붙어 있지 않고 한마디로 이사할 때 가지고 움직일 수 있는 것 일체를 말합니다(TV, 냉장고, 세탁기, 의류 등). 집 안

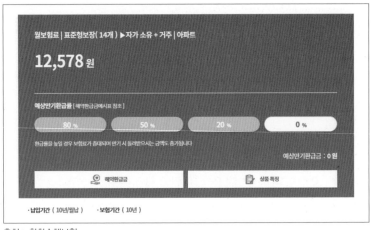

출처 : 한화손해보험

자녀와 함께 짓는 돈나무 농사

에 2,000만 원짜리 TV가 있다고 하더라도 가입금액을 2,000만 원으로 생각하면 안 됩니다. '시가 기준'으로 보상한다는 의미는 감가 상각액을 고려해서 현재 시장에서 거래되는 금액으로 보상한다는 것을 의미합니다. 중고시장에서 거래했을 경우의 금액을 보상한다고 생각하시면 됩니다.

만기 시 해약환급금이 0원인 표준형 상품으로 설계하니 12,578원이 설계됩니다. 어떻습니까? 기존에 주택화재보험에 가입하기 위해서 은행 직원이나 보험 설계사들이 최소 월 5만 원 이상은 내야 한다고 하지 않으셨나요? 물론 만기환급금이 낸 보험료의 70~80% 이상 된다는 논리로 설득했겠지만, 앞서 종신보험에서 언급한 것처럼 차액(50,000원-12,578원=37,422원)을 지수 추종 ETF 상품에 투자하는 것이 훨씬 더 기대 수익을 높이는 방법입니다.

화재보험을 가입 설계하면서 반드시 추가해야 할 특약은 '가족 일상생활배상 책임 특약'입니다. 가족 일상생활배상 책임 특약은 보험계약자와 가족이 일상생활 중에 다른 사람의 재산이나 신체에 손해를 입힐 경우, 그 손해를 보상해주는 보험입니다. 가족의 범위는 본인, 배우자, 자녀, 동거 중인 8촌 이내 혈족까지 포함됩니다. 예를 들어, 아이가 놀다가 이웃집의 유리창을 깨뜨렸다면, 보험에서 수리비용을 받을 수 있습니다. 또는 자전거를 타고 가다가 다른 차량과 충돌해서 차량에 손상을 줬다면, 보험에서 수리비용을 받을 수 있습니다. 공동주택의 경우 우리 집의 누수로 아랫집이 피해를 볼 때 자기부담금 20~50만 원만 부담하면 보상해줄 수 있습니다. 하지만 모든 경우에 보상되는 것은 아닙니다. 고의로 손해를 입힌 경우나 천재지변으로 인한 경우는 보상되지 않습니다. 또한 자신이나 가족이 입은 손해는 보상되지 않습니다. 예를 들어, 자신의 핸드폰이나 노트북을 파손한 경우나 자신의 집에 누수가 생긴 경우는 보상되지 않습니다.

　보험료는 보험사마다 다르지만, 일반적으로 월 1,000원 미만으로 저렴합니다. 하지만 단독으로 가입할 수 없고 화재보험에 특약으로 추가해야 하므로, 화재보험 가입 시 해당 특약을 반드시 추가하시기 바랍니다. 다만, 손해보험 상품에 대부분 존재하는 특약으로 중복 보상이 되지 않으니 이미 가입되어 있다면 굳이 중복으로 가입할 필요는 없습니다.

　지금까지 보험의 기본원리를 알아보고, 보험 가입 시 어떤 점을 중점적으로 판단해야 하는지 알아봤습니다. 보험은 저축 목적이 아니라 만약의 사고로 인해 내 돈을 지키는 수단으로 사용하는 금융상품입니다. 최저 보험료를 이용해서 가입하고, 남은 금액은 저축이나 투자의 재원으로 사용해야 합니다. 내 소득에서 차지하는 보험료 비중을 최대한 낮추고, 가입 기간을 장기간으로 끌고 가야 한다는 점을 강조하기 위해서 시중의 여타 보험 관련 서적처럼 보험용어를 어렵게 풀어내지는 않았습니다. 최근에는 홈쇼핑, 인터넷을 통해서 간편하게 보험을 접할 수 있지만 그만큼 언제든지 충동적인 가입도 가능합니다. 우리 생활에 필수적인 정기보험, 자동차보험, 실손의료비보험, 화재보험만 최저 보험료로 가입하고, 다른 보험 상품은 보장금액이 내 소득 수준으로 커버할 수 있다면 굳이 가입할 필요가 없습니다. 앞서 언급한 것처럼 우리 자녀가 사회로 진출하게 되면 많은 보험 상품 가입을 강요받게 될 것입니다. 하지만 이 책으로 인해서 필수 보험만 최저 보험료로 가입하고, 보험 유지 기간을 최대한 길게 끌고 가야 한다는 사실을 부모님들께서 반드시 설명해주시고, 자녀들이 알아들었다면 제 목적은 달성한 것입니다.

만약 인터넷으로 가입 설계한 후 내용을 잘 모르겠다면, 해당 설계 내용을 출력해서 근처 은행의 보험담당자에게 이와 유사한 상품을 설계해달라고 요청하시면 됩니다. 물론 낮은 보험료로 인해 은행 직원이 당황할 수는 있지만, 어쩔 수 없습니다. 우리는 자신의 경제력에 맞춰서 보험료를 책정해야 하고, 보험을 길게 끌고 가야 하니까요.

대출, 잘 쓰면 '약', 잘못 쓰면 '독'

돈나무 농사에 필요한 거름, 대출이란?

대출은 돈이 필요한 사람이 돈이 넉넉한 사람에게 빌리는 것입니다. 쉬운 예로, 갑자기 돈이 필요해 친구에게서 100만 원을 빌리는 행위도 대출의 하나로 볼 수 있습니다. 친구 사이에 돈을 빌리는 것은 간단해 보이지만, 그 과정에는 많은 경제적 이치가 포함되어 있습니다. 돈을 빌리는 처지에서는 경제적으로 넉넉한 친구 위주로 연락하게 됩니다. 그런 친구일수록 돈을 빌리는 대가인 이자를 안 받고, 갚아야 하는 시기도 뒤로 미룰 수 있을 가능성이 크기 때문입니다. 반대 관점에서 살펴볼까요? 돈을 빌려주는 친구는 갑작스러운 친구 연락에 당황할 수 있지만, 그 통화 과정에서 몇 가지 사실을 물어보고 생각하게 됩니다. 어디에 쓸 것인지, 언제 갚을 것인지 물어볼 것이고, 이 친구가 갚을 능력이 있는지, 평소 친구들과 돈거래가 어땠는지, 이 돈을 빌려줘서 못 받게 되면 나에게 경제적 타격은 없는지를 생각하게 될 것입니다.

그럼 앞에서 예시한 내용을 은행 입장에서 표현해볼까요? 100만 원을 친구에게 빌린 대가로 지급하는 이자를 '대출이자', 이율로 표시한 것을 '대출금리'라고 합니다. 언제 갚을지 서로 상의 후, 빌려주는 친구에게 10개월 후에 한꺼번에 갚는다면 '일시상환', 10개월에 걸쳐 매달 10만 원씩 갚는다면 '분할상환'이라고 합니다. 또한 돈을 빌려주는 친구가 어디에 돈을 쓸 것인지 물어보는 행위는 은행이 대출 신청인에게 '자금용도'를 물어보는 행위와 일치합니다. 돈을 빌려주는 처지에서는 돈을 빌려 간 친구가 건설적인 곳에 돈을 써야 나중에 돌려받을 가능성이 크기 때문입니다. 그래서 친구 사이에서도 도박, 유흥을 위해서 돈을 빌린다고 하면 단번에 거절하게 되는 것입니다. 돈 빌려 간 친구의 갚을 능력을 생각하게 되는 것은 '상환능력심사'라고 하며, 평소 친구들과 돈거래가 어땠는지를 생각해보는 것을 '신용정보 조회'라고 합니다. 마지막으로 친구에게 빌려준 돈을 떼일 수도 있으므로 나중에 내가 그 돈을 사용할 것을 대비해서 별도로 돈을 준비해놓는 것을 '대손충당금'이라고 합니다. 우리는 이미 평소 생활에서 은행이 대출을 위해 하는 행위를 자신도 모르게 모두 하고 있습니다. 단지, 그것을 체계화해서 정리해놓지 않았을 뿐입니다.

대출은 잘 쓰면 레버리지 효과를 극대화할 수가 있습니다. 레버리지 효과란 지렛대 효과를 영어로 표현한 것으로, 대출을 이용해서 자신이 가진 돈에 비해 훨씬 높은 이익을 얻는 효과를 말합니다. 예를 들어 내가 5억 원의 아파트를 매수해서 나중에 10억 원이 됐다고 합시다. 자신의 돈 5억 원을 모두 투입해서 10억 원에 아파트를 팔면, (10억-5억)/5억=100%의 수익률을 보게 되지만, 1억 원을 투입하고 4억 원을 대출받아 5억 원에 아파트를 매수하고, 이를 10억 원에 팔면, (10억-5억)/1억=500%의 수익률을 보게 됩니다.

대부분의 사람들은 이런 레버리지 효과를 위해서 적극적으로 대출을 받습니다. 하지만 모든 경제활동이 핑크빛일 수 없습니다. 레버리지 효과의 반대를 역레버리지 효과라고 하는데, 5억 원의 아파트를 매수했지만 나중에 어쩔 수 없이 4억 원에 매도했다고 예를 들어보겠습니다. 자신의 돈 5억 원으로 아파트를 산 사람은 나중에 4억 원에 팔게 되면 (4억-5억)/5억=-20%의 손실을 보게 됩니다. 하지만 자산의 돈 1억 원으로 4억 원을 대출받아 5억 원의 집을 산 사람이 4억 원의 대출을 받으면 (4억-5억)/1억=-100%, 즉 자신의 돈을 모두 잃게 되는 것입니다.

돈나무 농사에 있어서 대출은 필요한 것입니다. 다만, 대출을 받으면 이자를 내야 하고, 상환 기간이 돌아오면 그 돈을 갚아야 합니다. 만약 대출을 갚지 못하면 돈을 빌린 사람의 신용도는 끊임없이 내려갈 것이고, 만약 담보까지 맡겼다면 내가 원하는 가격이 아님에도 불구하고 처분당할 것입니다. 자녀의 성공적인 돈나무 농사를 위해서는 항상 본인들의 경제력과 상환능력 등을 꼼꼼히 파악하고, 자신에게 맞는 대출상품과 조건을 선택하는 것이 중요합니다.

사회 초년생도 쉽게 알 수 있는 대출의 종류

살다 보면 대출을 받아야 하는 경우가 한 번쯤은 생깁니다. 돈을 빌리는 곳이 은행이든 친구, 부모든 간에 자신이 보유한 현금보다 더 많이 필요할 때가 있습니다. 개인 사업을 하기 위해 창업자금이 필요하거나, 결혼 비용 또는 주택 구매를 위해 필요할 때 대출에 관심을 갖게 됩니다. 하지만 워낙 많은 형태의 대출상품으로 인해

오락가락할 뿐입니다. 대출은 크게 **신용대출**과 **담보대출**로 나뉘며, 담보대출은 다시 **주택담보대출**과 **일반담보대출**로 나뉩니다.

　신용대출은 은행이 대출을 신청한 자의 은행 거래실적과 신용도, 소득 수준을 적절히 판단해서 대출해주는 무담보대출입니다. 특히, 안정적인 직장에 근무할수록 이 신용대출을 사용하는 빈도가 높습니다. 은행에서도 안정적인 급여를 받아 원활하게 대출 거래를 하는 채무자를 선호하기 때문입니다. 이 신용대출은 신용도, 거래 실적, 소득 수준이 우수할수록 금리가 낮고 대출한도가 많이 산출됩니다. 그 반대의 경우는 금리도 높으며, 대출한도도 상대적으로 적습니다. 신용대출은 금리가 담보대출보다 높은 수준에 형성되어 있습니다. 다만, 은행에서 공무원, 대기업 등 특정 업종을 대상으로 특판 형태로 판매되는 신용대출의 경우는 담보대출보다 금리가 매우 낮을 수도 있습니다.

　담보대출은 은행에서 대출해주는 조건으로 담보를 받는 것을 의미합니다. 이 담보는 대부분 주택, 땅, 상가 같은 부동산으로 받고 있습니다. 주택을 담보로 대출해주는 경우를 **주택담보대출**, 땅, 상가 등 주택을 제외한 부동산을 담보로 대출해주는 경우를 **일반담보대출**이라고 합니다. 만약 돈을 빌려 간 채무자가 돈을 갚지 않았을 때 은행은 담보로 취득한 부동산을 법원 경매 절차를 통해 현금화하고, 이 현금화된 자금으로 해당 대출금을 회수할 수 있으므로 신용대출보다는 금리가 낮게 형성되어 있습니다. 특히, 주택은 상가, 땅 등의 일반담보보다 법원 경매에서 인기가 많아 상대적으로 높은 가격에 낙찰될 확률이 높습니다. 그래서 은행은 일반담보대출보다 낮은 금리로 주택담보대출을 운영합니다. 은행의 대출금리 운영방침에 따라 약간은 다를 수 있지만, 통상적으로 신용대출이 금리가 제일 높고, 그다음 일반담보대출, 주택담보대출 순으로 금리가 낮아집니다.

이 외에 은행에서는 예·적금 담보대출, 전세자금대출 등을 취급하고 있습니다. **예·적금 담보대출**이란 본인이 가입한 예금이나 적금을 담보로 대출받는 상품입니다. 예금이나 적금의 경우 만기를 유지하지 못하고 중간에 해지하는 경우에 이자를 손해 볼 수 있습니다. 만기가 얼마 남지 않은 상황에서 돈이 급하게 필요한 경우 예·적금 담보대출을 통해 짧은 기간의 대출 이자를 내고, 예·적금 만기를 유지해서 이자를 받는 것이 훨씬 유리합니다. 통상적으로 예·적금 이율에서 1~1.5% 정도 높게 예·적금 담보대출 금리를 취급하고 있으니, 예·적금을 중도에 해지해야 하는 상황이 발생하면 먼저 은행 직원과 상담해보시는 것이 좋습니다.

전세자금대출이란 주택을 전세로 얻었을 경우 전세금 마련을 위해 대출받는 상품입니다. 대다수의 전세자금대출은 주택도시보증공사, 한국주택금융공사, 서울보증보험 등에서 보증서를 발행받아 은행에서 대출을 취급합니다. 각 공사나 보증기관에서 취급하는 전세자금대출 외에도 은행 자체적으로 취급하는 전세자금대출이 존재하지만, 금리가 다소 높기에 자격요건을 꼼꼼히 챙겨서 공사나 보증기관을 통한 전세자금대출을 받는 것이 금리적인 면에서 훨씬 유리합니다.

앞서 기술한 신용대출, 주택담보대출, 일반담보대출, 예·적금 담보대출, 전세자금대출은 은행에서 취급하는 대출상품 종류를 가장 크게 분류한 것입니다. 실제로 대출받기 위해 은행에 방문해서 어떤 대출을 신청해야 하는지 모르는 경우가 허다합니다. 앞서 언급한 대출 종류만 알더라도 은행에서 취급하는 대출 종류를 대부분 알고 있는 것이니 이해가 안 간다면 자주 읽어 숙지하셨으면 합니다. 대출도 아는 만큼 보이는 법입니다.

고정금리와 변동금리? 어떤 것이 유리한가요?

영업점에서 대출 상담을 하다 보면 고객분들이 가장 민감하게 반응하는 것은 대출금리입니다. 대출금리는 대출원금에 곱해져 매월 내야 하는 대출이자와 직결되기 때문입니다. 대출금리는 고정금리와 변동금리로 구분됩니다. 고정금리는 대출 기간 동안 금리가 변동되지 않는 것을 의미하고, 변동금리는 일정 주기별로 시장금리에 영향을 받아 변동되는 것을 의미합니다. 시장금리는 매번 변동하게 되는데 고정금리는 이 금리의 변동성을 은행이 부담하고, 변동금리는 채무자, 즉 돈을 빌리는 사람이 부담하는 것입니다. 따라서 시장금리의 변동성에 대한 위험을 은행이 부담하는 고정금리가 변동금리보다 높게 운영되는 것입니다.

고정금리는 대출 기간 동안 처음 결정된 대출금리가 계속 유지됩니다. 즉, 시장금리가 상승하든 하락하든 같은 대출금리를 유지하게 됩니다. 그에 따라 시장금리 상승기에는 고정금리가 유리하나, 시장금리 하락기에는 고정금리가 불리합니다.

고정금리

출처 : 저자 제공

변동금리는 대출 기간 변동주기(통상 3개월/6개월/12개월)에 따라 시장금리의 영향을 받아 변동합니다. 변동금리는 시장금리가 내려가면 대출금리도 따라서 내려가고, 시장금리가 올라가면 대출금리도 따라서 올라가게 됩니다. 2008년 9월~2021년 7월까지 시장금리가 추세적인 하락을 유지함으로써 대출금리가 지속해서 인하됐으나, 2021년 8월부터 물가 안정이라는 명분 아래 시장금리가 지속해서 상승하고 있어 대출금리도 따라 오르고 있습니다.

변동금리

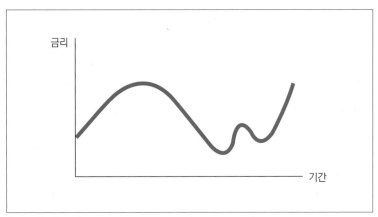

출처 : 저자 제공

고정금리와 변동금리를 선택하는 것이 얼마나 중요한지 알아보기 위해 관련 기사를 한번 살펴보겠습니다.

자녀와 함께 짓는 돈나무 농사

미국 1% vs 한국 50%…주담대 '변동금리' 비중 차이, 왜일까?

한국 변동금리 대출 많아 금리 인상 취약
미국 대출채권 2차 유동화 시장 활성화
위험 분산 가능해 장기 고정금리 발달해

"한국은 왜 기준금리를 한 번에 0.75%포인트 인상하지 않냐고 묻는데, 그것은 가계대출이 고정금리로 되어 있는 선진국보다 느낄 수 있는 충격이 0.50%포인트 인상만으로도 충분해서다."

지난 12일 이창용 한국은행 총재는 가계부채 측면에서도 한국이 미국처럼 금리를 빠르게 올리기 어렵다는 점을 토로했다. 주택담보대출(주담대) 변동금리 대출은 시장금리를 반영해 일정 주기(3~6개월, 1년 등)로 금리가 바뀌며, 고정금리는 대출 기간 같은 금리가 적용된다. 한국은 주요국보다 변동금리 대출이 많은 편이다. 주담대에서 고정금리가 차지하는 비중(2019년 말~2020년 말 평균 기준)은 미국 98.9%, 영국 91.4%, 독일 89.5% 등이지만, 한국은 47%다. 한국은 올해 7월 기준으로도 고정금리 비중이 48.9%다. 한국 대출자들이 체감하는 금리 인상 충격이 미국보다 큰 이유다.

금융기관 입장에서는 장기간 같은 금리로 돈을 빌려주면 위험성이 크기 때문에 대출 기간 시장금리가 변동되는 불확실성을 감내하는 대신 변동금리보다 비싼 이자를 고정금리로 요구하게 된다. 이렇게 되면 소비자들도 대출 시점에서 금리 수준이 더 낮은 변동금리를 선택하는 경우가 많다.

미국은 한국과 달리 금융기관이 대출을 해준 뒤 2차적으로 위험을 분산시킬 수 있는 시장이 발달해 있다. 대출해준 금융기관들이 채권을 기초로 다시 자산유동화증권(MBS)을 발행해 투자자들에게 판다. 대출채권을 기반으로 다양한 파생상품을 만들어 위험을 분산하고, 수익을 보충한다. 이처럼, 싼 이자로 장기간 고정금리 상품을 제공할 여력이 있기에, 변동금리와의 금리 차이가 한국보다 작은 것이다.

미국은 1930년대 대공황 이후 주담대 고정금리 비중을 확대하는 조처를 추진했다. 1970년대에는 정부가 지원하는 자산유동화기관(프레디맥, 페니메이 등)을 설립했고, 이 기관들이 주담대 채권을 매입한 뒤 자산유동화증권을 발행하면서 관련 시장을 키워나갔다. 이 때문에 미국에는 30년 만기 주담대 고정금리 상품이 발달해 있으며, 공적 기관뿐만 아니라 민간 금융기관들도 자산유동화증권 발행에 적극 나서고 있다.

한국도 현재 주택금융공사가 미국의 정부 지원 자산유동화기관과 비슷한 역할을 하고 있으나 자산유동화증권 발행 규모가 크지 않고, 민간 금융기관들도 자산유동화증권 발행에 소극적이다. 주택금융공사와 민간 금융기관이 장기 주담대를 기초로 한 유동화증권을 발행해도, 장기채권 수요가 적은 탓에 이를 사줄 수 있는 시장이 크지 않다.

전문가들은 한국이 미국과 비슷한 대출 구조를 가지려면 앞으로 관련 시장이 더 발달해야 할 것이라고 지적한다. 신용상 한국금융연구원 선임연구위원은 "금융기관이 장기간 고정금리로 대출을 해주려면 시간 경과에 따른 불확실성을 제거해야 하는데, 이를 위해서는 20~40년 장기채권에 투자할 자금들이 시장에 있어야 한다"고 말했다. 한은 관계자는 "미국은 오랜 기간 발전해온 연기금이 시장의 큰손 역할을 하고 있으며, 장기채권에 대한 해외 수요도 많다"라며 "우리나라도 개인형 퇴직연금 등이 도입되면서 관련 시장이 형성되고 있는데, 앞으로 시장이 더 커져야 자산유동화증권 발행 규모도 늘어날 것"이라고 말했다.

〈한겨레〉, 2022.10.18. 전슬기 기자

기사에서 알 수 있듯이 우리나라와 주요국들의 가계대출 고정금리 비중을 비교하면 격차가 상당합니다. 2023년 KB금융연구소가 발표한 〈한미 은행권 대출 행태 비교〉 연구보고서에 따르면 미국의 주택담보대출의 77%가 고정금리지만, 우리나라 은행의 주택담보대출의 고정금리 비중은 5%에 불과했다고 합니다.

자녀와 함께 짓는 돈나무 농사

미국 모기지 중 고정금리 비중(신규)

구분	정부보증 기관 MBS	은행 모기지론	계
고정금리 (A)	61.7%	28.3%	90.0%
변동금리	1.3%	8.7%	10.0%
계 (B)	63.0%	37.0%	100.0%
고정금리 비중 (A/B)	97.9%	76.5%	90.0%

주 : 최근 신규 모기지 중 변동금리 비중 10%, 정부보증기관
취급 비율 63%, 정부보증기관 MBS 중 고정금리 비중
98.5%를 적용해 추정한 추정치

한국 주택담보대출 금리유형별 비중(잔액)

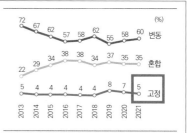

주 : 6대은행 기준, 13년 외환, 18년 하나, 21년 신한 미포함.
혼합금리는 국내에서 고정금리로 분류되나 미국과의 비
교를 위해 여기서는 고정금리에 포함하지 않음

출처 : KB경영연구소, '한미 은행권 대출행태 비교'

원인은 미국은 입출금(=요구불) 예금이 은행 예금의 70%를 상
회해서 장기 고정금리 대출을 운영할 수 있지만, 우리나라는 요구
불성 예금 비중이 25% 내외로 은행의 장기 고정금리 운영에 어려
움이 따른다는 분석입니다.

최근 미국 FED(연방준비제도이사회)에서 기준금리의 지속적인
인상에도 불구하고, 미국의 가계대출, 특히 주택담보대출 고정금
리의 비중이 높다 보니 가계의 부채에 대한 부담이 크지 않다는 기
사를 종종 볼 수 있습니다.

한·미기준금리 추이

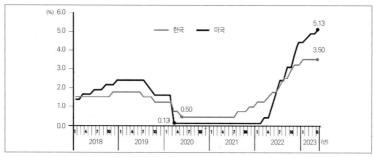

출처 : 우리금융경영연구소,한국은행

우리나라 은행도 예금 조달에 대한 한계로 인해 현실적으로 15~30년 장기 고정금리 대출 운영은 어렵지만, 5~10년 금리가 고정되는 혼합금리 상품으로 충분히 금융 안정성을 제공하려 하고 있습니다. 왜냐하면 평균적으로 실거주자들이 한집에서 거주하는 기간은 10년 내외로, 5~10년만 금리가 고정되는 혼합금리 상품이면 대부분의 거주기간 동안 대출받은 사람들의 금리가 상승하지 않기 때문입니다. 은행권에서도 고정금리를 운영하는 비율이 높지는 않지만, 대출 진행 과정에서 고정금리 운영 여부를 꼭 확인하셔야 합니다.

한국은행 기준금리 vs 주택담보대출 신규금리

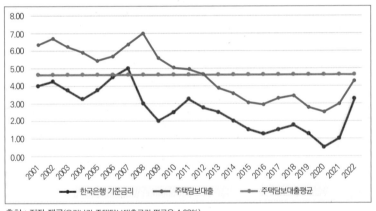

출처 : 저자 제공(우리나라 주택담보대출금리 평균은 4.63%)

가계대출, 특히 주택담보대출은 장기간 사용하는 금융상품입니다. 고정금리를 선택해서 지금 당장 변동금리보다 높더라도 평균으로 따지면 시중 금리보다 높거나 낮음을 반복하고 있습니다. 2020년 2분기~2022년 2분기 같은 초저금리 시대가 다시 올지는 모르겠지만, 현재 2001~2022년 신규주택담보대출 평균금리인

자녀와 함께 짓는 돈나무 농사

4.63%보다 낮은 고정금리 대출상품이 있다면 바로 선택해서 대출 이자 지출의 변동성을 낮추는 것이 효율적일 것입니다.

고정금리, 변동금리 중 하나를 선택하셨다면, 이제 대출금리의 기준이 되는 기준금리를 선택할 차례입니다. 대출금리는 '기준금리+가산금리-우대금리'로 최종 결정됩니다. 기준금리는 은행에서는 통상 금융채, COFIX(신규 취급기준), COFIX(잔액 기준)에서 결정합니다. 이 금리체계는 대부분 1금융권에서 사용하는 기준금리 체계입니다.

구분	금융채	COFIX(신규 취급 기준)	COFIX(신잔액 기준)
내용	· 은행이 자금조달을 위해 발행하는 채권금리 · 만기 6개월, 1년, 5년 등 대출만기에 따라 다양하게 활용(매일 공표)	· COFIX(Cost Of Fund IneX, 코픽스)는 은행이 조달한 자금의 '조달비용지수'를 의미하며, 주요 8개 은행의 예·적금·금융채 등 조달금리를 가중평균해서 산출	
특징	· 시장금리이므로, 금리 상승기 및 금리 하락기 변동 상황을 그대로 반영 · 일반적으로 만기가 길수록 금리가 높은 경향(시장 상황에 따라 예외적으로 단기 금리가 높은 경우도 발생)	· 시장금리보다 예·적금금리 변동의 영향을 크게 받음 · 전월 취급된 조달금리의 가중평균이므로 은행의 최근 조달금리 상황을 반영	· 전월 잔액을 기준으로 산정하고 금리가 낮은 결제성 자금도 포함 · 신규 취급보다 금리 상승기 속도가 완만하나, 금리 하락기에는 신규 취급보다 하락 속도도 완만

구분	금융채	COFIX(신규 취급 기준)	COFIX(신잔액 기준)
변동 예시	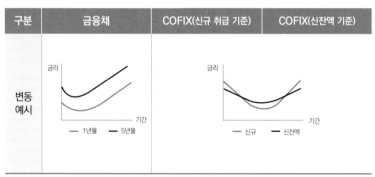		

출처 : 농협 인터넷뱅킹

기준금리란 대출의 종류에 따라 정해지는 금리로, 주택담보대출의 경우 COFIX(Cost Of Funds Index)가 주로 사용됩니다. COFIX는 국내 주요 8개 은행의 자금조달 비용을 반영한 지수인데, 매월 25일에 발표됩니다. 즉, 은행이 대출하기 위해 개인과 기업을 대상으로 돈을 조달하는 비용의 지표를 뜻합니다. 기준금리는 시장금리의 변동에 따라 언제든지 상승하거나 하락할 수 있다는 점을 유념해야 합니다.

가산금리란 기준금리에 더해지는 금리로, 은행의 운영비, 수익목표, 대출자의 신용도, 담보 종류 등을 고려해서 결정됩니다. 가산금리는 은행마다 다르고, 대출 위험이 크면 높게 책정될 수 있는데, 리스크 프리미엄, 유동성 프리미엄, 신용 프리미엄, 자본 비용, 업무 원가, 법적 비용, 목표 이익률 등으로 구성됩니다.

우대금리란 대출금리에서 차감되는 혜택 금리로, 대출을 받은 사람이 해당 은행이나 관련 금융회사를 얼마나 이용하고 있는지에 따라 다르게 적용됩니다. 예를 들어 급여통장 변경, 신용카드 신규 발급 및 실적 유지, 공과금 및 아파트 관리비 자동 납부 등이 우대 조건이 될 수 있습니다. 우대금리는 기존 거래 은행이라도 많이 적용되는 것은 아니니, 주거래 은행뿐 아니라 타 금융회사도 꼼꼼히 비교하는 것이 중요합니다.

실제 대출을 받을 때는 대출금액 다음으로 대출금리를 정하게 되는데, 이때 기준금리를 정하게 됩니다. 대부분 실무상 대출받을 당시 소비자에게 가장 유리한 금리체계를 추천해드리고 있습니다. 솔직히 금리가 금리체계에 따라 앞으로 어떻게 움직일지는 은행 직원도 장담할 수 없습니다. 은행 금리체계의 포트폴리오를 구성하기 위해 골고루 기준금리를 적용할 뿐이니까요. 당장은 변동금리보다 높더라도 고정금리 중 4.63% 이하로 운영되는 대출상품을 우선적으로 선택해서 대출금리 변동성 위험을 없애야 하고, 해당 고정금리 대출상품이 없다면 최저금리가 적용되는 변동금리 대출상품을 선택하면 됩니다.

돈 갚는 방법만 잘 선택해도 연체 걱정 뚝!

대출금액과 금리가 결정되면 상환 방식을 선택해야 합니다. 매월 은행에 내는 대출이자와 원금을 결정하는 중요한 선택입니다. 대출을 사용하는 기간에 매월 원금과 이자가 원활하게 입금되어야 레버리지 효과를 충분히 누릴 수 있으므로 추후 금리 인상기를 대비해서 본인의 경제력 대비 넉넉하게 상환금액을 책정하는 것이 좋습니다. 은행에서 대출받는 사람에게 제공하는 상환 방식은 크게 일시상환과 분할상환 방식입니다. 분할상환 방식은 다시 원리금 균등상환, 원금 균등상환 방식으로 나뉩니다.

일시상환 방식은 대출 기간 동안 은행에 이자만 납부하다가 만기일에 원금을 전액 갚아야 하는 상환 방식입니다. 대출 기간 동안 이자만 내다 보니 부담이 적다는 장점이 있으나, 대출원금이 줄어들지 않으니 다른 조건이 같다면 이자를 가장 많이 내야 한다는 단점이 존재합니다. 매월 수입이 불규칙한 개인사업자나 부동산을 매매해서 대출금을 상환하는 비중이 높은 일반담보대출에서 가장 많이 선택되는 상환 방법입니다.

일시상환 방식의 이자와 원금 구조

출처 : 저자 제공

원리금 균등상환은 대출 기간 동안 원금과 이자 합계 금액을 매월 같은 금액으로 갚아나가는 방식입니다. 매달 내는 원리금의 구조를 살펴보면, 처음에는 원금의 비중이 작고, 이자의 비중이 크지만 상환 기간이 지날수록 원금의 비중이 커지고, 이자의 비중이 작아져 항상 같은 원리금을 내게 됩니다. 매월 갚아나가는 원리금이 일정하기 때문에 매월 수입이 정기적으로 발생하는 직장인이 선호하는 방식이며, 주택담보대출에서 가장 많이 선택되는 상환 방식입니다. 다른 조건이 같다면 대출 전 기간 동안 일시상환 방식보다 내야 하는 총 이자가 적고, 원금 균등상환 방식보다는 이자를 더 내게 됩니다.

원리금 균등상환 방식의 이자와 원금 구조

출처 : 저자 제공

원금 균등상환은 대출 기간 동안 매월 같은 금액의 원금을 갚아나가는 방식입니다. 원금이 매월 일정하게 갚아지기 때문에 대출이자 또한 그만큼 감소하게 됩니다. 일시상환, 원리금 균등상환과 비교하면 초기에 부담하는 원리금이 가장 큰 상환 방식이지만, 3가지 상환 방식을 비교했을 때 다른 조건이 같다면 대출 기간 동안 내야 하는 총 이자가 가장 적은 상환 방식입니다. 초기 부담이 크다 보니 실무적으로도 대부분 선택하지 않는 상환 방식입니다.

자녀와 함께 짓는 돈나무 농사

원금 균등상환 방식의 이자와 원금 구조

출처 : 저자 제공

앞에서 언급한 것처럼 대출 상환 방법 중 이자를 가장 적게 내는 순서는 '원금 균등상환 < 원리금 균등상환 < 일시상환' 순입니다. 주택담보대출의 경우 금융당국 정책상 원금 균등상환 또는 원리금 균등상환 같은 분할상환만 가능합니다. 또한 직장인의 경우는 일정 요건을 충족하면 '주택임차 차입금 원리금 상환액', '장기 주택 저당 차입금 이자 상환액'에 대해서 소득공제가 가능하므로 대출이자를 줄이는 효과를 볼 수 있습니다.

실무상 주택담보대출을 받는 고객들과 상담을 하다 보면, 1년 동안은 이자만 낼 수 있게 대출 상환 방식을 설정해달라고 요청하십니다. 집을 옮길 때 초반에 이사 비용, 공과금, 가전제품 구매 비용 등 부담할 것이 많으니 당연한 요청입니다. 하지만 저는 되도록 즉시 분할상환을 시작하실 것을 권해드립니다. 인간은 적응의 동물이라고 했던가요? 아무리 힘들어도 대출받은 즉시 원리금 균등 상환으로 갚아나가다 보면, 어느 순간에 원리금을 제외한 나머지 자금으로 가계 경제를 잘 이끌어 나가십니다. 하지만 이자만 내는 기간을 1년 설정해드리면, 그 기간이 끝나고 원리금 상환을 시작했을 때 부담을 이겨내지 못하고 다시 이자만 낼 수 있냐고 수차례 문의를 하십니다(금융당국 정책상 주택담보대출의 경우 이자만 내는 기간은 1년 미만으로만 가능합니다). 이 책을 읽는 부모님께서는 대출을 받게 되면 대출 기간 동안 이자를 적게 낼 수 있는 분할상환 방식을 선택해서 대출을 사용하시기를 추천해드립니다.

이제 대출 상환 방식을 선택했다면 매달 얼마를 내야 하는지도 궁금할 것입니다. 대부분의 은행이 인터넷뱅킹 사이트에서 대출 원리금 계산기를 제공하고 있지만, 저는 금융감독원 '파인(https://fine.fss.or.kr)' 사이트를 통해서 조회하는 방법을 알려드리겠습니다.

출처 : 금융감독원 '파인(https://fine.fss.or.kr)'

대출을 받으러 오셨을 때 본인이 매월 얼마나 상환해야 하는지 모르는 상태로 은행을 방문하는 고객이 대부분입니다. 본인의 소득에서 상당 부분의 지출이 일어나는 원리금이 얼마인지도 모르는 상태에서 대출 약정이라는 중요 계약을 체결하러 오다니요? 옷을 하나 사더라도 인터넷으로 최저가가 얼마인지 검색하고, 직접 백화점에 가서 내 몸에 맞는지 매장별로 다니며 입어본 후 다시 인터넷으로 주문하지 않으십니까? 대출 계약 체결 시에도 그런 열정을 가지고 내 수입 대비 얼마 정도의 금액을 대출 원리금으로 내는지 알아보셔야 합니다. 그래야 연체 없이 원활하게 원리금을 상환할 수 있습니다.

1억 원을 대출 기간 5년으로 설정해서 연 4%로 대출받았을 때 상환 방법별 원리금 부담액의 예시를 들어보겠습니다.

원금 균등분할 상환

매월 원금은 대출금액을 대출개월로 나누어 일정하게 일부상환하고, 이자는 남은 대출원금에 대해 지급하는 방식입니다. 따라서 대출 초기에는 상환액 부담이 크고 기간이 경과할수록 이자부담이 적어져 월상환금액이 적어집니다.

대출금액	100,000,000	대출이자합계	10,166,667
1차월 납부금액	2,000,000	만기월 납부금액	1,672,222

원리금 균등분할 상환

대출기간 중 매월 원금 일부와 이자를 상환하되, 그 합계액은 동일하게 조정합니다. 원금을 조금씩 분할 상환해 나가고, 이자는 남은 대출잔액에 기초하여 산정하므로, 이자와 분할상환원금의 비율은 매월 들려지지만, 매월납부금액(원금상환액+이자)은 동일합니다.

대출금액	100,000,000	대출이자합계	10,499,132
평월 납부금액	1,841,652	만기월 납부금액	1,841,652

일시 만기 상환

매월 이자만 납입하다가 만기에 원금을 한꺼번에 상환하는 방식입니다. 매월 납입액이 적은 장점이 있는 반면, 전체 이자액이 가장 많고 만기에 목돈 부담이 있습니다.

대출금액	100,000,000	대출이자합계	20,000,000
평월 납부금액	333,333	만기월 납부금액	100,333,333

위의 표를 보시면 앞에서 언급한 것처럼 원금 균등분할 상환 < 원리금 균등분할 상환 < 일시 만기 상환 순서로 대출이자가 많아집니다. 본인의 경제력이 매월 원금 균등분할 상환을 감당할 수 있다면 대출이자 부담이 적은 원금 균등분할 상환을 선택하시는 것이 좋습니다. 다만, 단기간 자금 융통을 위해 대출받은 경우라면 일시 만기 상환을 선택하는 것이 유리합니다. 물론 대출 약정 시 은행 직원에게 물어보면 친절하게 답변해주겠으나, 직접 계산해봄으로써 본인의 수입 대비 지출 비율을 조절할 수 있는 능력을 키울 수 있으므로 직접 조회해 보실 것을 추천합니다.

지금까지 대출에 관한 내용을 살펴봤습니다. 여타 다른 서적에서 대출의 기본이라고 칭하는 LTV, DSR, DTI 계산법에 대해서는 특별히 언급하지 않았습니다. 그 영역은 고객이 은행에 대출을 신청했을 때 저 같은 직원이 은행 내부에서 결정할 내용이지, 대출받아야 할 사람이 반드시 알아야 할 내용은 아니기 때문입니다. 시중 서적에서는 이런 대출 전문용어와 지식을 숙지하고 있어야 대출을 많이 받을 수 있고, 이를 이용해서 레버리지 효과를 최대한 누릴 수 있다고 홍보합니다. 합리적인 금융소비자라면 같은 조건에서 담보 대출이나 신용대출 금액을 늘리는 것에 집중하지 말고, 이 책에서 기술한 대출 종류, 대출금리, 상환 방식 등을 충분히 이해해서 본인이 감당 가능한 대출금액을 지원받아야 할 것입니다. 이 챕터의 제목은 '대출, 잘 쓰면 약, 잘못 쓰면 독'입니다. 농사를 지으면서 작물에 병이 생겨 적절한 농약을 쓴다면 농작물을 건강하게 재배해서 수확한 후 목돈을 만질 수 있지만, 잘못된 처방 또는 과한 양의 농약을 살포한다면 농작물은 성장도 못 해보고 죽어버려 수입은커녕 돈만 쓴 꼴이 될 것입니다.

제가 지역농협에서 20여 년간 근무하며 만나본 채무자 중 재산 증가가 가장 가파르게 발생한 고객층은 50~60대 여성분들이셨습니다(법인대출 및 기업대출 제외). 이분들의 특징은 매월 상환 원리금을 감당 가능한 범위 안에서만 대출받으셨고, 절약이 몸에 배어 있었으며, 시간에 투자하셨습니다. 대출은 항상 자신의 현금흐름에 맞춰서 받아야 합니다. 앞으로 대출을 받으시거나 대출에 대해 자녀에게 알려주실 때는 책에 기술한 내용만 숙지하셔도 충분할 것입니다. 정확한 시험 범위인 앞의 내용을 잘 알아두셨다가 우리 자녀들이 성년이 되어 대출을 받아야 할 때 큰 도움이 됐으면 합니다.

우리 아이 돈나무 농사는
신용관리로 시작

신용과 개인 신용평점은 무엇인가요?

신용이란 한마디로 '약속을 잘 지키는 정도'라고 할 수 있습니다. 즉, 금융거래에서 돈을 빌리거나 갚을 때, 상대방과의 약속을 얼마나 잘 지켰는지 평가하는 것입니다. 예를 들어, 카드나 대출을 사용할 때, 매월 내야 하는 금액과 기한을 잘 지키면 신용이 좋아지고, 반대로 연체하거나 미납하면 신용이 나빠집니다.

신용은 우리의 경제생활에 많은 영향을 미칩니다. 신용이 좋으면 다양한 금융상품을 이용할 수 있고, 금리나 한도도 유리하게 받을 수 있습니다. 예를 들어, 신용등급이 높으면 주택담보대출이나 자동차 대출 등을 저렴한 금리로 받을 수 있고, 카드 한도도 높게 설정할 수 있습니다. 반대로 신용이 나쁘면 금융상품의 이용이 제한되거나, 금리가 높아지거나, 한도가 낮아집니다. 예를 들어, 신용등급이 낮으면 대출을 받기 어렵고, 카드 발급이 거절되거나 한도가 낮게 설정됩니다.

이런 개개인의 신용을 파악하기 위해 신용평가회사에서 통계적 분석방법을 통해서 향후 1년 이내에 90일 이상 장기연체가 발생할 가능성을 1~1,000점(과거 1~10등급)으로 수치화한 지표를 개인 신용평점으로 표시합니다. 점수가 높고 신용등급이 낮을수록 신용상태가 우수함을 의미합니다(1등급, 1,000점이 최고 등급).

출처 : 하나은행 공식블로그

2021년부터는 개인 신용평점을 1~10등급으로 표시하던 것을 1~1,000점의 점수로 표시하기 시작했습니다. 등급이 아닌 1점 단위의 개인 신용평점으로 체계를 변경해서 등급제의 '문턱 효과'를 해소하겠다는 취지입니다. 예를 들어, 신용평점이 664점인 김신용 씨는 7등급(600~664점)에 해당해서 대부분의 금융회사에서 대출을 거절당할 가능성이 크지만, 점수제에서는 6등급과 유사하게 취급받아 제도권 금융회사로부터 대출을 받을 수 있습니다. 또한 등급제하에서 평가상 불이익을 받는 금융소비자(약 240만 명 추정)는

자녀와 함께 짓는 돈나무 농사

대략 1% 수준의 금리 절감 혜택을 기대할 수 있습니다. 개인 신용평점은 나이스 평가정보(주)의 NICE 신용점수, 코리아크레딧뷰로의 KCB 신용점수가 대표적입니다. 과거에는 해당 사이트에 접속해서 1년에 3회까지 무료로 조회할 수 있었지만, 최근에는 네이버페이, 카카오페이 가입을 통해 간편하게 조회할 수 있습니다.

개인 신용평점, 오해를 풀어봅시다

인터넷상의 신용평점 관리에 관한 글들을 많이 읽어보면 맞는 것도 있고 틀린 것도 있습니다. 저야 관련된 일을 오래 했으니 경험상으로 옳고 그름을 판단할 수 있지만, 상관없는 업종에 근무하시거나 처음 접하시는 분들이 잘못된 내용을 오해하실 것 같아 신용평점의 오해와 진실에 대해* Q&A로 작성해봤습니다.

---

* 신용정보협회 홈페이지 내용 인용(www.cica.or.kr)

Q 개인 신용평점을 조회하기만 해도 점수가 하락한다?

A 과거에는 신용조회 기록이 신용등급에 영향을 준 적이 있으나, 2011년 10월부터 신용조회 사실이 신용평가에 불이익을 주지 않습니다. 과거에는 신규 대출 시 하위 금융권 신용평점 하락 폭이 컸지만, 2019년 6월부터 금리에 따라 신용평점에 영향을 주는 것으로 개선됐습니다. 과거에 2금융권에서 대출을 받으면 신용평점이 하락한다는 것도 오해 중 하나입니다.

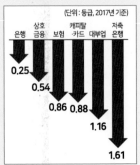

신규대출 시 신용등급 하락폭

(단위 : 등급, 2017년 기준)

은행 0.25
상호금융 0.54
보험 0.86
캐피탈·카드 0.88
대부업 1.16
저축은행 1.61

출처 : NICE평가정보, 한국일보

Q 소득이나 재산이 많으면 신용평점이 높다?

A 신용평점은 금융소비자가 대출이나 신용카드 등의 사용 시 상환을 잘했는지 금융거래 이력과 형태를 중심으로 판단합니다. 따라서 소득이 높고 재산이 많아도 금융거래 이력이 없거나, 건전하지 않다면 신용평점은 낮습니다.

Q 신용카드를 많이 발급받으면 신용평점이 떨어진다?

A 신용카드 보유 개수와 신용평점은 무관합니다. 오히려 자산의 상환 능력에 맞게 신용카드를 발급받아 원활히 상환하는 것이 신용평점을 올리는 방법입니다.

Q 연체를 상환하면 신용평점이 바로 회복된다?

A 연체를 했던 금융소비자는 다시 연체할 가능성이 크기 때문에 연체를 상환하더라도 연체 이전의 신용평점으로 바로 회복되지는 않습니다. 다만, 연체 상환 후 다시 연체하지 않고 성실한 금융 생활을 한다면 신용평점은 서서히 회복됩니다.

자녀와 함께 짓는 돈나무 농사

Q 대출 등 금융거래가 없으면 낮은 신용평점을 받는다?

A 카드 사용, 대출 등의 금융거래가 전혀 없는 대학생·사회 초년생은 신용도를 판단할 수 있는 금융거래 정보가 부족해서 통상 중간구간의 점수를 받게 됩니다. 다만, 예금 거래를 꾸준히 진행한 중장년 금융소비자는 상위 구간의 점수를 받는 경우가 대다수입니다.

Q 은행 연체는 신용평점이 하락하지 않는다?

A 은행, 저축은행, 대부업체 등 연체가 발생한 금융회사의 종류와 관계없이 연체 금액, 연체 기간에 따라서 신용평가 시 불이익을 받게 됩니다.

Q 휴대폰 요금을 연체하면 신용평점이 하락한다?

A 통신요금을 연체해도 신용평점이 하락하지 않습니다. 다만, 휴대폰 단말기 할부대금은 대출 거래이기 때문에 서울보증보험으로부터 대지급 정보가 등록되어 신용평가 시 불이익을 받을 수 있습니다.

Q 대출 여부나 금리 결정 시, 신용조회 회사의 신용평점은 절대적이다?

A 신용조회 회사의 신용평점은 정량적인 평가로서 금융회사에서는 단순 참고자료입니다. 금융회사는 신용조회 회사에서 평가하는 신용평점뿐만 아니라 개인의 거래기여도, 직장, 소득 등을 고려해서 대출 여부와 금리를 결정하고 있습니다.

Q 명의도용을 당해 생긴 연체는 본인의 신용평점에 영향을 미치지 않는다?

A 명의도용 사실을 신고한 이후 발생한 채무의 연체 정보는 신용평점에 영향을 미치지 않지만, 신고 이전에 발생한 채무의 연체 정보는 본인의 신용평점을 하락시킬 수 있습니다. 평소 명의도용을 당하지 않기 위해 인터넷 또는 모바일 기기 사용 시 주의해야 합니다.

시험공부처럼 신용관리도 평소에

신용관리란 자신의 신용상태를 파악하고, 신용점수를 향상하기 위해 노력하는 것입니다. 신용은 한마디로 '약속을 잘 지키는 정도'라고 할 수 있습니다. 금융거래에서는 돈을 빌리거나 갚을 때, 상대방과의 약속을 얼마나 잘 지켰는지 평가하는 것입니다.

우리 아이들이 중간고사, 기말고사 시험 때 성적이 잘 나오려면 시간 기간 전 미리 공부해놓는 것이 매우 중요합니다. 신용관리 또한 같습니다. 신용평점 관리를 위해서 다음의 10가지 방법을 제시하겠습니다.

1. 신용조회를 자주 해서 자신의 신용 등급과 점수를 확인하고, 개선할 부분을 찾습니다. 신용조회는 올크레딧이나 나이스 지키미와 같은 신용정보 회사에서 할 수 있습니다. 신용조회를 통해 자신의 대출 현황, 카드 등록 개수, 연체 상황, 정보 변동 내역 등을 한눈에 알 수 있습니다.

개인신용정보 무료 열람 홈페이지

기관명	홈페이지	제공 횟수	주요 제공내용
나이스평가정보(주)	www.creditbank.co.kr www.mycredit.co.kr	4개월에 1회	·개인신용 등급 ·금융거래 내역 등[1]
코리아크레딧뷰로(주)	www.allcredit.co.kr		
서울신용평가정보(주)	www.siren24.com		
전국은행연합회[2]	www.credit4u.or.kr	상시	·금융거래 내역 등[1]

주 : 1) 대출정보, 채무보증정보, 채무불이행정보, 세금체납정보, 신용조회 정보 등
2) '신용정보법'에 따른 종합신용정보집중기관으로 CB사에는 해당되지 않음

출처 : 금융감독원 보도자료

2. 신용카드나 대출의 한도를 적절하게 설정하고 관리합니다. 신용

자녀와 함께 짓는 돈나무 농사

카드나 대출의 한도는 자신의 소득과 부채에 비례해서 설정하고, 너무 높거나 낮지 않도록 조절해야 합니다.

3. 신용카드나 대출의 이자율을 비교해서 저렴한 것을 선택합니다. 신용카드나 대출의 이자율은 금융사마다 다르므로, 여러 금융사의 상품을 비교해서 저렴한 것을 선택합니다. 이자율이 낮으면 상환 부담이 줄어들어 신용에 긍정적인 영향을 줄 수 있습니다.

4. 신용카드나 대출의 납부 일정을 잘 기억하고 준수합니다. 신용카드나 대출의 납부 일정은 달력이나 알람 등으로 기록하고 잊지 않도록 합니다. 납부 일정을 지키면 신용에 좋은 평가를 받을 수 있습니다.

5. 신용카드나 대출 잔액을 최대한 줄입니다. 신용카드나 대출의 잔액이 많으면 부채비율이 높아지고, 신용에 나쁜 영향을 줄 수 있습니다. 잔액을 최대한 줄이기 위해서는 불필요한 소비를 자제하고, 상환 계획을 세우며, 추가적인 대출을 피해야 합니다.

6. 신용회복 프로그램이나 상담 서비스를 이용합니다. 만약 신용이 매우 나쁘다면, 정부에서 운영하는 신용회복 프로그램이나 상담 서비스를 이용해서 신용을 회복할 수 있습니다. 서민금융진흥원(https://loan.kinfa.or.kr/customer/conservice.ke)에서 운영 중인 신용부채관리 컨설팅을 이용해서 신용과 부채 상태를 무료로 점검받으실 수 있습니다.

7. 신용카드의 혜택과 서비스를 잘 활용해야 합니다. 신용카드는 적절하게 사용하면 많은 혜택과 서비스를 제공합니다. 예를 들어 할인, 적립, 면세, 보험 등의 서비스를 이용할 수 있습니다. 하지만 혜택과 서비스를 위해 불필요한 소비를 하거나, 한도를 초과하거나, 미납하면 안 됩니다.

8. 신용 교육을 받아야 합니다. 평소 신용에 대한 기본적인 지식과 실무적인 노하우를 배울 수 있는 신용 교육을 받아야 합니다.

금융감독원 e-금융 교육센터(www.fss.or.kr/edu)에서 '신용관리'를 검색하면 많은 교육 영상들을 무료로 제공하고 있습니다.

출처 : 금융감독원 e-금융 교육센터

9. 정기예금이나 적금 등의 저축상품에 가입하고, 꾸준히 저축합니다. 저축은 여유자금을 만들어주고, 신뢰도를 높여줍니다. 저축상품은 보험계약과 함께 신용거래 형태로 평가됩니다.

10. 내 개인정보가 바뀌면 즉시 거래 금융기관에 통지합니다. 과거에는 금융감독원에서 한꺼번에 주소를 변경해주는 서비스가 있었지만, 개인정보 보호법 개정으로 인해 서비스가 종료됐습니다. 불편하겠지만 내가 거래하는 금융기관을 리스트로 만든 후 고객센터나 앱을 통해 고객정보를 변경하고 지속해서 금융거래 안내를 받아야 합니다.

이 외에도 각종 언론사나 금융감독 기관에서 신용관리 십계명을 발표하고 있으니, 우리에게 적합한 방법을 채택해서 이행하는 것도 중요합니다.

신용관리 십계명

전문가들이 조언하는 신용관리 십계명

1 휴대폰 등 각종 요금의 연체를 가볍게 여겨서는 안 된다.
2 단돈 1원이라도 결제일은 반드시 지켜야 한다.
3 은행, 신용평가회사를 통해 본인의 신용정보를 정기적으로 확인해야 한다.
4 거래 금융회사와 충분히 상담해야 한다. 금융회사들도 연체자 발생을 원하지 않는다.
5 주소, 전화번호 변경 시 즉각 통지해야 한다.
6 인터넷에서는 사채업자에게 대출가능 금액을 확인하는 것도 조심해야 한다.
7 주거래 은행을 만들어 집중적으로 이용하는 것이 좋다.
8 과다지출의 징후에 주의를 기울여야 한다.
9 1개 계좌로 각종 요금과 대금을 자동이체 관리하는 것이 좋다.
10 연체가 불가피할 때는 리볼빙제도 등 대안을 찾아보는 것이 바람직하다.

출처 : 〈경향신문〉

신용관리는 평소에 꾸준하게 신경 써야 합니다. 가장 쉬운 방법은 각종 결제 시 주거래 계좌에 자동이체 등록을 한 후 충분한 자금을 보유하는 것입니다. 스마트폰 달력을 통해 매월 결제일 알람을 등록해놓는 것 또한 좋은 대안이 될 수 있습니다. 최근 재테크 서적을 보면 통장을 4~5개 용도별로 쪼개서 자금을 관리하는 내용이 다수 보입니다만, 매우 부지런한 분들이 아니면 괜한 연체만 발생하지 않을까 우려됩니다. 신용관리는 부지런함입니다. 하루 이틀 연체됐다고 내 신용평점이 무너지는 것은 아니지만, 그런 일이 자주 발생하면 돌이킬 수 없습니다. 시험 기간 전 미리 공부하는 것이 시험 성적을 끌어올리는 중요한 방법임을 모두 알고 있습니다. 다만 실천하지 않을 뿐이죠. 신용관리도 꾸준한 선행이 필요하다는 것을 우리 아이들에게 알려주셨으면 합니다.

일상에서 알아보는
부동산 탐구생활

우리가 사는 집, 걸어 다니는 땅에도 종류가 있다?

이 책의 돈나무 농사에서는 금융투자를 주로 다루고 있지만, 부동산을 통한 돈나무 농사도 빼놓을 수 없는 방법입니다. 부동산(不動産)이란 건물이나 땅처럼 움직일 수 없는 재산을 뜻하며 현금, 금, 은과 같이 옮기기가 쉬운 재산인 동산(動産)의 반대말입니다. 우리가 거주하는 집, 매일 밟고 지나다니는 땅, 물건을 사기 위해 들르는 상가가 대표적인 부동산의 종류입니다.

금융투자는 소액으로 시작할 수 있고, 매일·매주·매월·매년 일정 주기에 따라 분할 투자가 가능하지만, 부동산 투자는 목돈이 있어야 하고, 분할 매수가 불가능하다는 차이가 있습니다. 하지만 부동산을 통한 투자가 금융투자보다 조금 더 수월할 수 있습니다. 왜냐하면, 부동산은 우리 생활과 너무 밀접한 관계를 맺고 있기 때문입니다. 우리가 주로 거주하는 아파트를 구매할 때의 예를 들어보겠습니다. 젊은 남녀가 결혼해서 집을 구매할 때는 직장에서 가깝고, 주변에서 쇼핑몰, 관공서, 대중교통을 쉽게 이용할 수 있는 슬세권(슬리퍼만 신어도 주변 편의 시설 이용이 가능할 만큼 입지가 좋은 아파트 단지) 아파트를 우선적으로 알아볼 것입니다. 그리고 자녀를 출산하면 공기가 좋고 전망이 좋은 숲세권 위주로, 자녀가 학교에 입학하게 되면 교육을 위해 좋은 학군 위주로, 자녀가 장성한 노년 부부는 병원이 가까운 수도권 위주로 집을 알아보게 될 것입니다. 이처럼 부동산은 자신의 인생에서 필요한 시기에 따라 우선순위를 두고 매수하기 때문에 오랜 기간 보유할 수 있고, 가치가 오래 유지되며, 장기 보유에 따른 덤으로 되팔았을 때 높은 수익을 발생시킬 수 있습니다.

이처럼 일상생활과 밀접한 부동산을 부모가 가정교사가 되어 자녀에게 알려줄 수 있다면, 사회에 첫발을 디딘 후 부동산 거래를 해야 할 때 두려움과 거부감이 훨씬 줄어들 것입니다. 그렇다면 부동산 책을 사서 달달 외우고, 이것을 어렵게 주입식으로 알려줘야 할까요? 앞에서도 언급했다시피 부동산은 우리 주변에서 눈으로 볼 수 있는 형태를 띠고 있으므로 눈으로 직접 보고, 실제로 이용도 해보며 알아볼 수 있습니다.

먼저 우리의 포근한 보금자리가 되어주는 집에 대해서 알아보도록 하겠습니다. 집도 법률상 종류가 있다는 것을 알고 계시나요? 건축법, 주택법, 세법에 따라 집의 종류를 약간 다르게 분류하고 있지만, 공통적인 내용 위주로 알아보겠습니다. 일단 집의 종류를 알아보기 위해서 집 면적과 관련된 용어 몇 가지를 설명해야 할 것 같습니다. 땅 $100m^2$ 위에 1층은 $60m^2$, 2층은 $30m^2$의 총 2층으로 된 집을 지었다고 예를 들겠습니다. 이 경우 땅과 접한 1층 면적 $60m^2$를 건축면적이라고 하고, 1층과 2층의 면적을 합친 것을 연면적이라고 합니다. 또한 건축면적을 땅 면적으로 나눈 값을 백분율로 나타낸 것을 건폐율, 연면적을 땅 면적으로 나눈 값을 백분율로 나타낸 것은 용적률이라고 합니다. 건폐율은 땅에 집을 일정 면적만 이용해서 지으라는 비율이고, 용적률은 땅에 집을 일정 높이로만 지으라는 비율입니다.

이렇게 건축면적, 용적률, 건폐율, 용적률을 법률로 정해놓은 이유는 미관을 좋게 하고, 생활이 편해지게 하기 위함입니다. 사람들은 자기의 땅에 한 평이라도 더 넓게, 한 층이라도 더 높게 건물을 짓고 싶어 하는데, 땅 면적의 대부분에 건물을 짓게 하면 옆집과 창문을 열면 악수를 할 정도로 가까워 사생활 침해를 받을 것이고, 서로 경쟁하듯이 건물을 높게 짓는다면 집에 햇빛이 안 들어와 일조권 침해를 받을 수 있기 때문입니다.

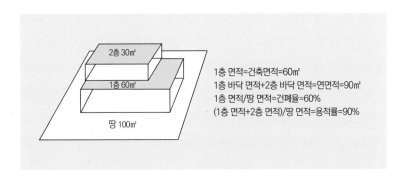

집은 한자로 주택(住宅)이라고 하는데, 호실별로 나눠 소유할 수 있는지에 따라 단독주택과 공동주택으로 분류됩니다. 건물을 단독으로 소유하는 단독주택은 층수와 연면적에 따라 단독주택, 다중주택, 다가구주택으로 분류됩니다. 건물을 호실별로 나눠 각각 소유할 수 있는 공동주택 또한 층수와 연면적에 따라 다세대주택, 연립주택, 아파트로 분류됩니다.

자녀와 함께 짓는 돈나무 농사

단독주택의 분류 중 **단독주택**은 1가구만 살 수 있는 집입니다. 우리가 살아왔던 가장 기본이 되는 집의 형태입니다. 경치 좋은 곳의 전원주택을 생각하면 쉽게 이해될 것입니다. **다중주택**은 연면적이 $660m^2$ 이하이면서 3층 이하고, 내부가 독립된 주거의 형태를 갖추지 않은 주택을 의미합니다. 여기서 '독립된 주거의 형태를 갖추지 않았다'라는 뜻은 각 방 안에 별도의 주방시설이 없어서 거주하는 사람들이 같이 사용하는 주방을 별도로 갖추고 있는 것을 의미합니다. 기숙사나 고시원, 셰어하우스를 연상하면 쉽게 이해할 수 있습니다. **다가구주택**은 연면적이 $660m^2$ 이하이면서 3층 이하고, 2~19가구가 생활하는 주택을 의미합니다. 다중주택과 요건이 다소 비슷하나 각 방 안에 주방과 화장실을 별도로 갖추고 있는 것이 차이점입니다. 대부분의 원룸이 다가구주택에 해당됩니다. 단독주택과 다중주택, 다가구주택 같은 단독주택은 건물은 호실별로 나눠 소유할 수 없습니다. 다가구주택의 대표격인 원룸이 201호, 202호, 203호 등으로 호실이 나눠져 있으나, 소유자는 모두 같은 사람입니다. 관리와 임대의 편의를 위해서 문에 호실을 붙여 놓은 것뿐입니다.

공동주택 중 우리가 통상적으로 '빌라'라고 부르는 다세대주택과 연립주택에 대해서 알아보겠습니다. **다세대주택**은 건물 한 동이 집으로 사용되는 연면적이 660㎡ 이하이고, 4층 이하인 집을 말합니다. **연립주택**은 건물 한 동이 집으로 사용되는 연면적이 660㎡를 초과하고, 4층 이하인 집을 말합니다. 다세대주택과 연립주택은 면적만 다를 뿐 외형은 거의 비슷해 보입니다. 주택가를 걷다 보면 '○○빌', '○○빌라'라고 쓰여 있는 집들이 대부분 다세대주택과 연립주택입니다. 그중에서 건물 외형이 상대적으로 적은 것이 다세대주택, 큰 것이 연립주택이라고 생각하면 이해하기 쉬울 것입니다. 마지막으로, 우리가 가장 많이 거주하는 **아파트**는 5층 이상의 공동주택을 의미합니다. 높은 건물의 집이라면 대부분 아파트입니다. 건설사마다 고유 브랜드가 있고, 입지에 따라서 아파트에 이름이 추가되기도 합니다.

Tip

아파트는 입지에 따라서 이름을 짓는 방법이 있습니다. 아파트 단지가 도심 등 지역 내 중심입지에 있다면 센트럴, 센텀, 어반시티 등의 이름이 붙습니다. 주변에 공원이 있다면 파크, 포레, 레스트 등의 이름이 붙고, 바다, 호수, 강이 인근에 있다면 마린, 오션, 리버, 레이크라는 이름을 추가합니다. 이렇듯 아파트 이름만 보더라도 어떤 입지에 존재하는지 대략 판단할 수 있답니다.

주택의 종류에는 빠져 있으나, 우리가 주변에서 많이 볼 수 있는 것은 오피스텔입니다. 사무실(Office)과 호텔(Hotel)의 합성어로, 집으로도 사용할 수 있고 사무실로도 사용할 수 있는 용도로 지어진 건물입니다. 외형은 작은 아파트처럼 생겼지만 높이가 높고, 아파트보다는 평수가 적으며, 대부분 도심에 위치해 있습니다. 오피

자녀와 함께 짓는 돈나무 농사

스텔은 법률상으로는 '준주택'으로 불리며, 주택과는 별도의 법률을 적용받는 건물입니다. 최근에는 아파트의 대체재로 넓은 면적의 오피스텔을 지어 분양하는 경우가 있는데, 건물을 파는 분양업자들이 소비자들을 쉽게 이해시키기 위해서 아파트만큼 넓은 오피스텔인 '아파텔'이라고도 부르기도 합니다.

이렇게 집은 여러 종류로 분류되어 관리됩니다. 집의 종류를 구분하는 것은 우리나라 시대상과 밀접한 관련이 있습니다. 예전에는 우리나라가 농경사회여서 대부분 단독주택이었으나, 산업화가 진행되면서 도심에 인구들이 집중됐고, 이들의 주택 보급이 사회적인 문제로 대두되면서 한정된 땅에 많은 사람이 거주할 수 있는 집을 공급하는 것이 고민거리였습니다. 기존에는 단독주택을 개조해서 열악한 상태로 집이 필요한 사람들에게 빌려주는 악덕 임대인도 있었습니다. 국가에서는 집이 필요한 사람들에게 쾌적한 주거 환경을 제공하기 위해 불가피하게 집의 종류를 나누어 관리하게 된 것이랍니다.

그렇다면 집을 알아봤으니 땅도 종류가 있는지 살펴보겠습니다. 땅은 우리가 밟고 다니는 흙이 깔린 지구의 표면을 말합니다. 땅은 법률로 그 용도를 엄격하게 정해놓고 관리하고 있습니다. 땅은 과거부터 정복을 위한 대상이기 때문에 언제나 귀한 것이고 한정적이므로 체계적으로 관리해서 가장 효율적으로 사용해야 합니다.

땅은 사용 가능한 용도별로 이름을 붙여 놨는데 이를 지목(地目)이라고 합니다. 우리나라에서 지목은 다음 표처럼 총 28개로 분류하고 있고, 땅과 관련된 지도에 간단하게 표시하기 위해서 별도로 부호를 두고 있습니다.

지목	부호	지목	부호	지목	부호	지목	부호
전	전	대	대	철도용지	철	공원	공
답	답	공장용지	장	제방	제	체육용지	체
과수원	과	학교용지	학	하천	천	유원지	원
목장용지	목	주차장	차	구거	구	종교용지	종
임야	임	주유소용지	주	유지	유	사적지	사
광천지	광	창고용지	창	양어장	양	묘지	묘
염전	염	도로	도	수도용지	수	잡종지	잡

　　다행히 지목은 이름만 봐도 어떤 뜻인지 대략 알 수 있도록 이름이 지어졌습니다. '전'은 밭작물을 농사짓는 밭으로 배추밭, 고추밭, 파밭을 연상하면 되고, '답'은 벼와 보리 같은 작물을 키우는 논으로 사용되는 땅을 의미합니다. '과수원'은 사과와 배 같은 과일나무를 심을 수 있는 땅, '목장용지'는 소와 돼지, 양 등을 키울 수 있는 목장으로 운영되는 땅, '임야'는 나무가 울창하게 자라 있는 산, '광천지'는 우리가 마시는 물이 샘솟는 땅, '염전'은 바다 근처에서 천일염을 만드는 데 사용되는 땅, '대'는 건물을 지을 수 있는 땅, '공장용지'는 제품을 제조하기 위해서 공장을 건축하기 위해 사용되는 땅, '학교용지'는 교육을 위해서 초등학교, 중학교, 고등학교 등을 지을 수 있는 땅, '주차장'은 차를 주차하기 위해 사용되는 땅, '주유소용지'는 자동차의 연료를 보충하기 위해 주유소로 이용되는 땅, '창고용지'는 물건을 쌓아 놓고 보관하기 위해 창고를 짓기 위한 땅, '도로'는 사람이나 자동차가 지나다니기 위한 땅, '철도용지'는 기차나 지하철의 운행을 위해 철로나 건물이 설치된 땅, '제방'은 바닷물이 육지로 밀려들어 오는 것을 방지하기 위해 방파제를 쌓기 위한 땅, '하천'은 강과 천처럼 자연적으로 물이 흐르는 땅, '구거'는 사람들이 필요에 의해 물을 끌어오거나 내보내기 위한 시

설을 설치한 땅, '유지'는 물이 고여 있는 저수지나 댐으로 사용되는 땅, '양어장'은 육지에서 인공적으로 물고기를 양식하기 위해 사용되는 땅, '수도용지'는 우리가 이용하는 수돗물과 같이 물을 정수하거나 내보내기 위한 시설에 이용되는 땅, '공원'은 집 근처에서 편안하게 휴식할 수 있는 공원으로 이용되는 땅, '체육용지'는 야구장이나 축구장과 같은 체육시설을 짓기 위한 땅, '유원지'는 롯데월드나 에버랜드와 같이 사람들의 휴양과 오락 시설을 위해서 사용되는 땅, '종교용지'는 교회나 절과 같은 종교시설로 사용되는 땅, '사적지'는 경주 첨성대처럼 문화재나 유적을 보존하기 위해 지정된 땅, '묘지'는 돌아가신 분을 묻기 위한 땅, '잡종지'는 특별히 지목으로 분류되지 않은 땅으로, 땅 위에 물건을 쌓아 놓거나, 돌을 캐거나, 흙을 파내는 곳으로 사용할 수 있습니다.

이처럼 우리가 무심코 밟고 다니는 땅은 종류가 굉장히 다양합니다. 이렇게 많은 종류의 땅을 의도적으로 외우기는 쉽지 않지요. 자녀와 가볍게 산책하면서 공원으로 이용되는 곳의 지목은 무엇인지, 학교로 이용되는 땅의 지목은 무엇인지, 벼가 자라고 있는 땅의 지목은 무엇인지, 퀴즈 형식으로 알아보고 알려준다면 자녀들은 거부감 없이 지목에 대해서 습득하게 될 것입니다.

지금까지 우리가 일상생활에서 쉽게 접할 수 있는 집과 땅의 종류에 대해서 알아봤습니다. 물론 자녀들이 나중에 부동산 투자를 하기 위해서는 더 전문적인 지식이 필요할 것입니다. 항상 익숙한 것에는 자신감이 붙기 마련입니다. 어린 시절 부모님과 손잡고 걸어 다니면서 퀴즈로 알아보던 부동산에 대해서 좋은 추억으로 남겨주는 것은 어떨까요?

초등학생도 쉽게 할 수 있는 우리 집 면적 구하기

집과 땅도 거래가 가능한 재산이기 때문에 가치를 측정하는 단위가 있어야 합니다. 그중 가장 중요한 것이 면적입니다. 면적을 나타내는 단위로는 평과 제곱미터(m^2)가 있습니다. 과거에는 토지나 집의 면적 단위를 '평'으로 사용했습니다. 하지만 평이라는 면적 단위는 일제강점기 시대의 잔재고, 1평은 약 $3.3m^2$이기 때문에 면적을 정확하게 표시하는 데 한계가 있었습니다. 따라서 2007년부터는 정확한 면적 표기를 위해서 전 세계에서 사용되는 면적 단위인 제곱미터를 법정 면적 표기 단위로 정해 사용하고 있습니다. 제곱미터는 가로와 세로의 길이를 미터(m)로 환산해서 서로 곱한 값입니다. 예를 들면 가로가 3m이고, 세로가 4m인 직사각형의 면적은 $3m \times 4m = 12m^2$가 되는 것입니다.

하지만 아직도 집이나 땅을 거래할 때 평이라는 단위를 많이 사용합니다. 오랫동안 써온 면적 단위인 만큼 익숙하기 때문입니다. 집 면적에 대해서 잘 모르는 큰아들이 저에게 "아빠! 우리 집 몇 평이야?"라고 물어보는 것으로 짐작하건대 학교에서도 아직 평이라는 면적 단위를 알려주는 것 같습니다. 세상이 바뀌지 않는다면 바뀔 때까지 2가지 면적 단위를 자유자재로 계산하는 법을 익혀야 합니다. 그러면 평과 제곱미터는 어떻게 계산할 수 있을까요? 일단 1평은 약 $3.3m^2$를 뜻합니다. 가로 1.8m, 세로 1.8m인 정사각형의 면적입니다. 대한민국 성인 남성 평균 키가 175.5cm이니, 자녀에게 1평을 설명할 때 아버님께서 바닥에 누워 보시는 것도 좋을 것 같습니다. 그렇다면 '1평=$3.3m^2$'라는 것을 머릿속에 기억하고 평과 제곱미터를 환산해보겠습니다. 제곱미터를 평으로 환산하기 위해서는 제곱미터 면적을 3.3으로 나누면 되고, 평을 제곱미터로 바꾸려면 평 면적에 3.3을 곱해주면 됩니다. 예를 들어 $33m^2$를 평으로 바꾸려면 33÷3.3=10평, 반대로 10평을 제곱미터로 바꾸려면 10×3.3=$33m^2$가 되는 것입니다.

평과 제곱미터 환산

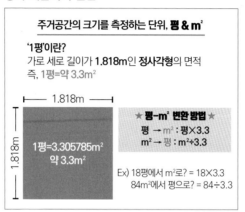

출처 : 한국부동산원 공식블로그

　　면적에 대한 단위를 살펴봤으니 우리가 사는 집의 면적을 한번 계산해보겠습니다. 인터넷에서 쉽게 면적을 제공하는 아파트를 기준으로 설명할 것인데, 아파트 면적을 뜻하는 용어들이 여러 가지가 있다 보니 헷갈릴 때가 많습니다. 그래서 먼저 개념을 살펴본 후 아파트 면적을 계산해보도록 하겠습니다. 일단 아파트의 면적과 관련된 용어는 전용면적, 공용면적, 공급면적, 분양면적 총 4가지를 가장 많이 사용합니다. 전용면적은 우리가 실제로 사용하는 면적으로 우리 집의 실제 넓이입니다. 공용면적은 아파트의 경우 현관, 계단, 복도, 엘리베이터, 주차장 등 공동으로 사용하는 면적을 의미합니다. 공급면적은 이 전용면적과 공용면적의 합계를 뜻하는 면적입니다. 마지막으로 분양면적은 공급면적과 같은 의미로 집을 파는 분양업자들이 사용하는 면적 용어입니다. 내 아파트 가격의 기준이 되는 면적으로, 신축 아파트는 분양면적, 구축 아파트는 공급면적이라고 칭하는 것일 뿐입니다.

제가 사는 아파트를 네이버 부동산에서 검색해서 캡처해봤습니다. 네이버 부동산에는 공급면적과 전용면적을 표시해줍니다. '공급면적=전용면적+공용면적'이기 때문에 이 아파트의 경우 '공급면적 $124.14m^2$=전용면적 $107.05m^2$+공용면적 $17.09m^2$'로 면적을 확인할 수 있습니다. 이를 평으로 환산한다면 공급면적은 37.8평 ($124.14m^2 \div 3.3m^2$), 전용면적은 32.4평($107.05m^2 \div 3.3m^2$), 공용면적은 5.2평($17.09m^2 \div 3.3m^2$)으로 환산할 수 있습니다.

지금까지 우리 집 면적을 구하는 방법에 대해서 알아봤습니다. 면적을 구하는 방법을 설명한 이유는 나중에 부동산을 거래할 때 가격을 계산하는 기준이 되기 때문입니다. 또한 면적 단위를 자유

자녀와 함께 짓는 돈나무 농사

자재로 바꿀 수 있어야 합리적인 가격으로 부동산 거래가 가능하기 때문입니다. 자녀에게 면적에 대해서만 알려주면 딱딱한 내용이라 오래 기억하지 못합니다. 아이들과 큰 연습장에 우리 집 면적을 적어서 직접 계산해봄으로써 평과 제곱미터를 자유자재로 계산할 수 있게 해주시는 것은 어떨까요?

내 돈을 지키는 부동산 서류와 시세 보는 법

예전에 TV를 틀었다가 우연히 〈구해줘! 홈즈〉라는 프로그램을 시청하게 됐습니다. 새로 지어진 집을 방문해 예쁘게 꾸며진 인테리어를 보면서 연예인들이 연일 감탄사를 쏟아내며 집 구경을 하는 프로그램이었습니다. '요즘에는 이런 프로그램도 하는구나' 하면서 TV를 보는 도중 제 눈을 의심하는 장면이 나오기 시작했습니다. 저는 주택 담보 대출을 위해서 다세대주택의 신축 분양 현장을 많이 방문했는데, 분양하는 다세대주택 꼭대기 층에 건축 허가와 상관없는 다락방을 지어 놓고 집값을 올려서 판매하는 현장이 더러 있었습니다. 이 집은 나중에 지자체에 민원이 접수되거나, 점검을 받게 되면 위반건축물로 분류되어 이행 강제금이라는 벌금을 계속 내야 하기 때문에 비싸게 주고 산 것도 억울한데 원상복구될 때까지 벌금도 내야 합니다. 그런데 방송에서는 집을 보여주면서 놀라운 공간을 보여주겠다며 옥탑방이라고 소개했고, 아이들이 지내기 너무 좋은 공간이라며 출연한 연예인들이 유난을 떠는 모습을 보며 아연실색했습니다. 어떻게 방송국에서 저런 위반건축물을 소개할 수 있을까 했는데, 아니나 다를까 나중에 해당 프로그램에서는 위반건축물을 소개한 것에 대해 사과했고, 전세사기범도 출연해서 해당 방송의 VOD 다시 보기는 삭제됐습니다.

평소 삶에서 부동산을 거래하는 경우는 손에 꼽을 정도로 적습니다. 특히, 사회에 진출한 사회 초년생이나, 이제 막 결혼을 한 신혼부부라면 경험이 없기 때문에 신축이고 인테리어도 깔끔한 집이라면 무조건 계약하고 싶어 할 것입니다. 하지만 아무리 외형이 깔끔한 집이라고 한들 집의 소유 관계가 복잡하고, 위반건축물일 경우에는 빛 좋은 개살구에 불과합니다. 그 집 때문에 내가 평생 모은 돈을 한 번에 날릴 수 있고, 내 인생이 완전히 망가질 수 있습니다. 그래서 집을 거래할 때는 건물의 외형뿐만 아니라 항상 서류를 통해 소유 관계와 건축물의 위법 여부를 확인해야 합니다.

다음으로는 부동산과 관련된 서류, 특히 집과 관련된 서류를 어디서 발급하고 어떤 내용을 확인해야 하는지 알아보도록 하겠습니다.

일단 집의 소유 관계를 확인하기 위해서는 '등기사항증명서'를 발급해야 합니다. 예전에는 등기부 등본이라고 했고, 출력 시 A4용지에 가로 형식으로 내용이 기재됐지만, 최근에는 명칭도 등기사항증명서로 변경됐고, 출력 시 A4용지에 세로 형식으로 내용이 기재됩니다. 등기사항증명서란 부동산에 관한 등기기록의 전부 또는 일부를 증명하는 서류입니다. 또한 등기란 부동산의 소유 관계와 이를 침해할 수 있는 사항을 등기부에 기록하는 것을 말합니다. 등기부는 부동산의 권리관계를 공시하는 공적인 책으로, 등기사항증명서는 등기부의 내용을 발췌해서 보여주는 문서라고 할 수 있습니다. 예를 들면, 우리가 집을 사게 되면 '소유권 이전', 대출을 받게 되면 '근저당 설정'이라는 내용의 등기가 되어 나중에 등기사항증명서를 발급하면 해당 등기기록을 볼 수 있는 것이랍니다.

등기사항증명서는 집합건물, 건물, 토지 총 3가지 유형으로 구분해서 발급할 수 있습니다. 다세대주택, 연립주택, 아파트와 같은 공동주택은 집합건물 등기사항증명서가 발급됩니다. 이 집합건물용 등기사항증명서에는 해당 호수의 전용면적과 해당 호수의 대지 면적, 소유 관계 등의 내용이 동시에 표기됩니다.

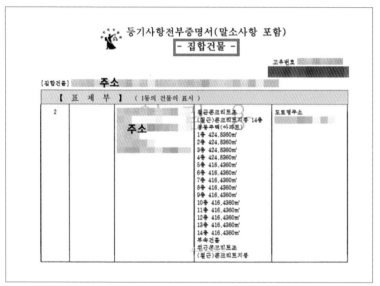

출처 : 저자 제공(이하 동일)

단독주택, 다중주택, 다가구주택 같은 단독주택은 건물과 토지 등기사항증명서가 따로따로 발급됩니다. 건물 등기사항증명서에는 건물의 총 연면적과 소유 관계에 관련된 등기 내용, 토지 등기사항증명서에는 토지 면적에 관련된 내용과 소유 관계에 관련된 등기 내용이 기재되어 있습니다.

등기사항전부증명서(말소사항 포함) — 건물

[건물] 　　　　　　　　　　　　　　　　　　　고유번호

【 표　제　부 】		（건물의 표시）		
표시번호	접　수	소재지번 및 건물번호	건물내역	등기원인 및 기타사항
1	2014년11월20일	[도로명주소]	블록구조 (철근)콘크리트지붕 단층 단독주택 76.74㎡	

【 갑　　구 】		（소유권에 관한 사항）		
순위번호	등 기 목 적	접　수	등 기 원 인	권리자 및 기타사항
1	소유권보존	2014년11월20일 제33609호		*******
2	가압류	2016년2월5일 제3369호	2016년2월1일 춘천지방법원 진주지원의 가압류결정	*******
3	강제경매개시결정	2016년6월27일 제30106호		

등기사항전부증명서(말소사항 포함) — 토지

[토지] 　　　　　　　　　　　　　　　　　　　고유번호

【 표　제　부 】		（토지의 표시）			
표시번호	접　수	소 재 지 번	지목	면 적	등기원인 및 기타사항
1 (전 2)	1999년11월10일		대	1002㎡	부동산등기법 제177조의 6 제1항의 규정에 의하여 1999년 12월 17일 전산이기

【 갑　　구 】		（소유권에 관한 사항）		
순위번호	등 기 목 적	접　수	등 기 원 인	권리자 및 기타사항
1 (전 1)	소유권이전	1976년7월21일 제10250호	1976년7월12일 매매	소유자 부동산등기법 제177조의 6 제1항의 규정에 의하여 1999년 12월 17일 전산이기
1-1	1번등기명의인표시변경	2013년9월5일 제26830호	2013년9월5일 주민등록번호추가	
2	소유권이전	2014년11월20일 제33603호	2014년6월19일 협의분할에 의한 상속	*******
3	가압류	2016년2월5일	2016년2월1일	

　　이 집합건물, 건물, 토지 3가지 유형의 등기사항증명서에는 등기 내용이 표제부, 갑구, 을구로 구분되어 표시되어 있습니다. 표제부는 해당 부동산의 종류, 소재지, 도로명 주소, 면적 등의 표시사항을 확인할 수 있는 부분입니다. 건물의 면적, 토지의 면적, 집 주소, 집의 종류를 여기서 확인할 수 있습니다.

등기부 등본 (현재 유효사항) - 집합건물

[집합건물] 서울특별시 ███ ████ ██ ██ ████   고유번호 ████ ███ ██████

【 표 제 부 】	(1동의 건물의 표시)			
표시번호	접 수	소재지번,건물명칭 및 번호	건 물 내 역	등기원인 및 기타사항
1 (전 1)	1973년5월21일	서울특별시 ██ ████ 300-130 제17동	철근콘크리트조 슬래브지붕 5층 맨숀아파트주택 1층 611.71㎡ 2층 611.71㎡ 3층 611.71㎡ 4층 611.71㎡ 5층 611.71㎡ 옥탑 39.67㎡	

	(대지권의 목적인 토지의 표시)			
표시번호	소 재 지 번		지 목	면 적	등기원인 및 기타사항
1 (전 1)	1. 서울특별시 ████ 300-130 2. 서울특별시 ████ 300-128 3. 서울특별시 ████ 300-129 4. 서울특별시 ████ 300-289		대 대 도로 대	1639.7㎡ 465.4㎡ 559.7㎡ 203㎡	1986년9월17일

갑구는 부동산 소유자의 권리에 대해 기재하는 부분으로, 소유자의 성명, 주소, 주민등록번호 앞자리, 소유권의 목적, 등기의 원인, 등기의 순위, 등기날짜 등을 확인할 수 있습니다. 갑구를 통해 집 소유자를 서류상으로 확인할 수 있습니다. 하지만 유의해야 할 점은 갑구에 압류, 가압류, 가등기, 가처분, 강제경매, 임의경매 등이 기재되어 있다면 소유자가 집을 마음대로 처분할 수 없기에 주의해야 합니다. 갑구에 이런 내용이 기재되어 있다는 것은 집주인이 자신의 집문서(=등기권리증)를 제공하지 않은 채 남들에게 돈을 빌렸지만 갚지 못해서, 돈을 빌려준 사람들이 법원의 판결을 받아 등기사항증명서에 돈을 받을 권리를 기재해놓은 것으로 생각하면 됩니다.

【 갑 구 】		(소유권에 관한 사항)		
순위번호	등 기 목 적	접 수	등 기 원 인	권 리 자 및 기 타 사 항
10	소유권이전	2005년2월17일 제4173호	2005년1월19일 매매	소유자 ██ █████-1****** 서울특별시 ██ ██ ██ ██████ ██████ ███████

마지막으로 을구는 소유권 이외의 권리인 저당권, 전세권, 임차권, 지상권 등과 같은 제한물권이 기재되는 부분입니다. 평소 집을 거래할 때 가장 많이 보는 것이 '근저당권'인데, 이는 소유자가 은행에서 집을 담보로 빚을 지었다는 것입니다. 부동산 거래 시 을구에 기재된 내용이 있다면 소유자에게 돈을 받을 권리가 있는 사람이 등기사항증명서에 그 내용을 기재해놓은 것이므로, 이것을 내가 치를 집값으로 갚아주고 동시에 소유권을 넘겨올 것인지, 전 집주인이 먼저 돈을 갚아서 해당 내용을 지워줄 것인지 협의해야 합니다. 을구에 기재된 내용은 집주인이 집문서(=등기권리증)를 제공하고 돈을 빌렸을 때, 돈을 빌려준 사람들이 자신의 권리를 등기사항증명서에 기재해놓은 것으로 생각하시면 됩니다. 단, 임차인이 집주인에게 보증금을 돌려받지 못해 등기사항증명서에 보증금을 돌려받을 권리를 기재한 임차권 명령 등기는 예외가 되겠습니다.

【 을 구 】		(소유권 이외의 권리에 관한 사항)			
순위번호	등 기 목 적	접 수	등 기 원 인	권 리 자 및 기 타 사 항
13	근저당권설정	2005년2월17일 제4174호	2005년2월17일 설정계약	채권최고액 금300,000,000원 채무자 ▨▨▨ 서울 ▨▨▨▨▨ ▨▨▨ ▨▨▨ 근저당권자 주식회사 ▨▨은행 ▨▨▨ ▨▨▨▨▨▨ 서울 종로구 ▨▨▨ ▨▨ (개인여신팀)

부동산 등기사항증명서는 인터넷 등기소(www.iros.go.kr)에서 발급받을 수 있습니다. 개인 거래를 위한 단순 열람용은 700원, 관공서 등 외부기관에 제출하기 위한 발급용은 1,000원의 수수료가 발생합니다.

인터넷 등기소 메인 화면

출처 : 인터넷 등기소(이하 동일)

　　회원가입 후 신용카드를 결제 수단으로 등록하면 주소를 이용
해서 내가 발급하고 싶은 집의 등기사항증명서를 발급할 수 있습
니다. 먼저 부동산 등기-열람/발급(출력)을 선택하면 부동산 관련
등기사항 열람 화면으로 접속됩니다.

토지+건물 등기사항증명서 발급 화면

집합건물 등기사항증명서 발급 화면

부동산 등기사항증명서는 구 주소, 도로명 주소를 활용해서 발급할 수 있습니다. 그 외 부동산마다 부여되는 등기 고유번호 또는 지도를 이용해서도 발급할 수 있습니다. 부동산 구분에 집합건물, 토지+건물, 토지, 건물의 유형을 선택함에 따라 입력하는 창이 바뀝니다. 하지만 저는 '토지+건물'과 '집합건물' 2가지 메뉴만 선택해서 활용하시기를 권유드립니다. 토지 또는 건물 메뉴를 별도로 선택해서 발급 시 예상치 못했던 토지와 건물의 등기가 나중에 발견되어 곤욕을 치를 수 있기 때문입니다. 집합건물 메뉴 선택 후 등기사항증명서 발급 시 주소와 동, 호수를 입력해야 해당 등기부를 발급할 수 있고, 토지+건물 메뉴를 선택해서 발급 시 건물이 있으면 도로명 주소 또는 구 주소로 발급할 수 있으며, 건물이 없으면 구 주소로만 발급할 수 있습니다. 주소를 입력한 후 발급받을 등기사항증명서를 선택한 후 신용카드를 통해 결제하면 모니터를 통해 해당 등기사항증명서를 볼 수 있으며, 프린터가 있다면 출력도 할 수 있습니다.

또한 건물의 경우 건물 면적, 용도를 확인할 수 있는 건축물대장을 반드시 발급받아야 합니다. 건축물대장을 발급받아야 하는 경우는 해당 건물이 건축법에 위반되는 '위반건축물'인지, 정당한 용도로 사용되고 있는지 확인하기 위해서입니다. 건축물을 새로 짓게 되면, 시청이나 구청과 같은 관공서에서 이 건축물은 이상 없이 잘 지어졌다는 준공 허가를 받게 되고, 이를 기반으로 건축물대장을 작성합니다. 더불어 이 건축물대장으로 등기사항증명서를 작성하는 프로세스를 가집니다. 즉, 등기사항증명서에 등기가 완료된 후 건축물의 용도나 면적이 변경되어 건축물대장 내용이 변경되어도, 등기사항증명서에 그 변경 사항을 등기하지 않는 이상은 등기사항증명서만 보고는 이 건축물이 위반건축물인지, 정당한 용도로 사용되고 있는지를 알 수 없습니다. 따라서 집과 같은 건물을 거래할 때는 필수로 발급해서 확인해봐야 합니다.

건축물대장은 '세움터(www.eais.go.kr)'나 '정부24(www.gov.kr)'를 통해 무료로 발급받을 수 있습니다. 저는 시인성이 좋고 처리 속도가 빠른 세움터 사이트를 통해서 발급받는 것을 추천해드립니다.

출처 : 세움터(이하 동일)

세움터의 경우 민원서비스-건축물대장발급 메뉴를 통해 특별한 회원가입 없이 건축물대장을 발급받을 수 있습니다(세움터 사이트 이용 시 구글 크롬 브라우저를 이용하는 것이 호환성이 좋으니 참고 바랍니다). 해당 메뉴에 접속해서 구 주소 또는 도로명 주소 입력 후 돋보기 버튼을 누르면 다음 그림과 같이 조회 결과를 볼 수 있습니다.

아파트를 기준으로 설명 시 총괄 표제부는 해당 아파트 단지의 전체 동 수, 어떤 건물이 있는지와 동별 면적에 관한 내용이 기재되어 있고, 표제부는 해당 동의 층별 면적과 용도가 기재되어 있습니다. 마지막으로 전유부는 호수에 대한 면적과 용도가 기재되어 있습니다. 대부분의 아파트 거래 시에는 표제부와 전유부만 출력해서 확인하면 됩니다. 단독주택 같은 경우는 일반건축물 또는 다가구 메뉴가 활성화되니 해당 메뉴를 선택해서 발급받으면 될 것입니다.

일반건축물대장(갑) **위반건축물** 장번호 : 1 - 1

| 고유번호 | | 민원24접수번호 | | | 명칭 | | 특이사항 |

대지위치	서울특별시 광진구 화양동		지번		도로명주소	서울특별시 광진구
※대지면적 86.8 ㎡	연면적 149.76 ㎡	※지역 일반주거지역	※지구	※구역 주차장정비지구
건축면적 50.88 ㎡	용적률산정용연면적 99.84 ㎡	주구조 연와조	주용도 다가구주택(5가구)	층수 지하 1층/지상 2층
※건폐율 57.29 %	※용적률 112.43 %	높이 7.95 m	지붕 평슬라브	부속건축물
조경면적	공개 공지 또는 공개 공간의 면적	건축선 후퇴면적	건축선 후퇴거리	m

건축물현황					소유자현황		
구분	층별	구조	용도	면적(㎡)	성명(명칭) 주민(법인)등록번호 (부동산등기용등록번호)	주소	소유권 지분	변동일 변동원인
주1	지하1층	연와조	다가구주택(2가구)	49.92		서울특별시 광진구 화양동	/	1992.01.27 소유권보존
주1	1층	연와조	다가구주택(1가구)	49.92			
주1	2층	연와조	다가구주택(1가구)	49.92		- 이하여백 - ※ 이 건축물대장은 현소유자만 표시한 것입니다.	
		- 이하여백 -					

이 등(초)본은 건축물대장의 원본 내용과 틀림없음을 증명합니다.

발급일자 : 2014년 08월 20일

담당자 :
전화 :

서울특별시 광진구청장

※ 표시 항목은 총괄표제부가 있는 경우에는 기재하지 아니합니다.
※ 이 장은 전체 2페이지 중에 1페이지 입니다.

건축물대장을 발급했을 때 위 건축물대장처럼 '위반건축물'로 등재된다면 골치가 아파집니다. 건물을 지을 때는 시청이나 구청에 어떤 건물을 짓겠다고 허가받거나 신고하게 되어 있는데, 위반건축물은 허가 또는 신고사항을 이행하지 않은 건축물이나, 건축물의 용도를 무단으로 바꾼 경우, 임의로 땅 위에 가설건축물을 신고 없이 설치하는 상황에 해당합니다. 다세대주택이나 연립주택에서 1층을 상가로 허가받은 후 주택으로 개조해서 사용하는 경우나, 꼭대기 층에 옥상에 해당하는 면적을 불법으로 증축해서 주택으로 사용하는 경우 혹은 발코니를 설치하는 경우가 이에 해당합니다. 또한 단독주택은 옥탑방을 임의로 건축하는 경우, 창고를 임의로 설치하는 경우에도 위반건축물의 예입니다. 대부분의 아파트를 제외한 주택은 위반건축물 사례가 다수 발견되기 때문에 거래 시 건축물대장을 반드시 발급받아 '위반건축물' 등재 여부를 확인해봐야 합니다. 이 '위반건축물'이 건축물대장에 등재되면, 나중에 팔 때 정상적인 가격을 받을 수 없으며, 더욱이 관공서에서 원상복구 명령이 내려지게 되는데, 이를 이행하지 않으면 시정될 때까지 매년 이행강제금이라는 벌금이 부과되기 때문에 유의해야 합니다.

등기사항증명서와 건축물대장은 서로 우선순위가 있습니다. 등기사항 증명서는 소유권에 관련된 증명서이기 때문에, 등기사항 증명서와 건축물대장의 소유자가 다를 때 등기사항증명서상 소유자가 우선이 됩니다. 또한 건축물대장과 등기사항증명서상 건축물의 면적이 서로 다른 경우가 있습니다. 이는 건물이 노후화되거나 추가 면적이 필요해서 건물을 수선하는 과정에서 건물 면적이 달라진 후 허가를 위해 건축물대장상 면적을 바꾸었으나 등기사항증명서상 건축물 면적을 바꾸지 않은 경우입니다. 이 경우에는 건축물대장의 표기 사항이 우선합니다. 즉, 등기사항증명서를 통해 소유자의 권리를 확인하고, 건축물대장을 통해 건축물 현황을 파악해야 합니다. 두 경우는 실무상 가끔 발견되는 경우이기 때문에 부동산 거래 시 해당 사항들이 발견된다면 법무 대리인이나 공인중개사에게 사실을 통지한 후 소유자를 통해서 등기사항증명서와 건축물대장의 소유자 또는 면적을 일치시킨 후 거래해야 합니다.

등기사항증명서나 건축물대장을 통해서 소유자의 권리관계나 건축물의 현황을 잘 파악하더라도 적정한 값을 파악하지 못한다면 의미가 없을 것입니다. 최근 전세 왕이라고 칭해지며 언론을 통해 부동산 사기를 치는 사람이 급증한 것을 알 수 있습니다. 이는 부동산 시세 급등기에 적정한 부동산 시세를 확인할 수 없는 사회 초년생과 신혼부부, 부동산 거래 초보자들을 대상으로 이루어진 사기입니다. 특히 이런 사기꾼들은 사람들이 신축 건물을 선호한다는 심리와 다세대주택, 연립주택, 오피스텔과 같은 공동주택은 시세를 정확하게 알아볼 수 없다는 점을 이용합니다. 아파트의 경우 네이버 부동산, KB국민은행, 한국부동산원 등을 통해 최근 시세를 확인할 수 있는 방법이 다양합니다. 하지만 다세대주택, 연립주택, 오피스텔의 경우에는 시세를 알려주는 플랫폼이 제한적입니다. 단지가 소규모이고, 각 호수의 면적과 형태가 모두 다르기 때문에 거래 사례를 집계하기가 어렵기 때문입니다. 하지만 이 어려운 상황에서도 우리의 재산을 보호하기 위해서는 최대한 정보를 수집해야 합니다. 다행히 국토교통부에서는 부동산 피해를 막기 위해서 최근 다세대주택과 연립주택, 오피스텔의 매매나 전월세 거래 사례를 인터넷에 등재하기 시작했습니다. '국토교통부 실거래가 공개시스템(http://rt.molit.go.kr/)'에 접속하면, 아파트뿐만 아니라, 다세대주택/연립주택, 단독주택/다가구주택, 오피스텔의 최근 거래가액과 전월세 보증금도 등재되고 있기 때문에 부동산 거래 시 반드시 참고해서 내가 거래하려는 금액이 주변 대비 적정한 가격인지 참고해야 합니다. 이와 더불어 네이버 부동산을 통해 교차 검증한다면 현장 방문 없이도 적정 가격을 파악하는 데 큰 무리는 없을 것입니다.

국토교통부 실거래가 공개시스템

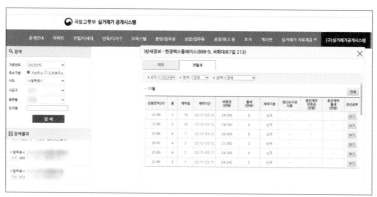

출처 : 국토교통부 실거래가 공개시스템

다만, 부동산 사기꾼들은 이 점도 악용해서 가상의 거래 사례나 전월세 계약을 신고하는 때도 가끔 있으니, 인터넷을 통해 시세를 대략 파악한 후 인근 공인중개사 사무실에 발품을 팔아야 할 것입니다.

만약 이것도 불안하다면 추가적인 방법이 있습니다. 바로 부동산을 거래하기 전 서류상으로 감정을 해보는 것입니다. 부동산의 가치를 파악하는 감정평가사들이 현장 방문 전에 인근 매매나 감정평가의 사례를 검색해서 대략적인 감정평가 금액을 내보는 것을 '탁상감정'이라고 하는데, 바로 이것을 이용하는 것입니다. 태평양감정평가법인에서 '랜드바이저(www.landvisor.net)'라는 사이트를 개발해서 일반 사람들도 쉽게 탁상감정을 받을 수 있게 했습니다(앱으로도 개발되어 스마트폰을 통해서도 이용 가능합니다). 기존에는 내가 거래하고 싶은 부동산의 감정평가를 위해서 계약서를 가지고 은행에 방문해야 했지만, 이제는 계약 전에 손쉽게 인터넷이나 스마트폰을 통해 탁상감정을 받아 활용할 수 있습니다. 간단한

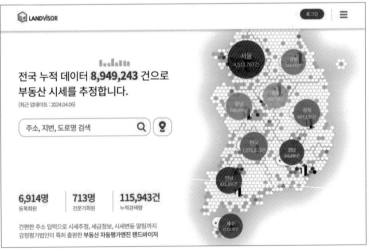

출처 : 태평양감정평가법인 'LANDVISOR'

자녀와 함께 짓는 돈나무 농사

회원가입 후 무료로 제공되는 포인트를 이용해서 탁상감정을 받을 수 있습니다. 무료 포인트 이후로는 유료로 포인트를 결제해야 하니, 꼭 필요한 경우에만 사용하시기를 권장해드립니다.

이를 통해 알게 된 감정평가 금액에서 적정한 부동산 가치를 파악하고, 이 시세의 70% 정도를 전세 보증금 시세로 추정하면 될 것입니다.

이처럼 등기사항증명서와 건축물대장을 통해 내가 거래하고자 하는 부동산의 소유권과 건축물의 현황을 파악하고, 네이버 부동산, 국토교통부 실거래가 공개시스템, 감정평가법인의 탁상감정을 이용한다면, 내가 지급해야 할 적정한 부동산 값을 치르고 거래할 수 있을 것입니다.

마지막으로 집을 포함한 모든 부동산 거래 시 앞에서 언급한 인터넷 등기소(www.iros.go.kr)에서 '부동산 거래 체크리스트'를 다운받을 수 있습니다.

출처 : 인터넷 등기소

　막상 부동산 거래에 닥쳐서 모든 것을 알아보려면 무엇을 알아
봐야 할지도 모르겠고, 알아본다고 하더라도 경험이 없어 많은 것
을 놓칠 수 있습니다. 평소에 해당 내용을 다운받아 천천히 읽어
본 후 제가 언급한 내용과 비교해보면서 가상으로 거래해보는 것
도 좋은 경험이 될 것입니다. 이 사소한 행동 하나가 내 재산을 지
킬 수 있고, 더 나아가 우리 자녀의 재산을 지켜줄 수 있는 행동임
을 명심하셔야 합니다.

　처음이 어려울 뿐입니다. 시작하고자 하면 누구나 할 수 있는 것
들이니 우리 집의 등기사항증명서와 건축물대장부터 발급받아 보
시기를 바랍니다.

자녀와 함께 짓는 돈나무 농사

돈나무 농장을 확장시키는 금융투자

돈나무 농장을 확장하기 위해서는 금융투자를 해야 한다

우리는 매일 돈을 쓰면서 살고 있습니다. 이렇게 필요한 돈을 벌기 위해서 직장도 구하고, 창업을 하기도 합니다. 어쩌면 어린 자녀들이 초등학생 때부터 운동장에서 뛰어노는 대신 학원에 다니는 이유도 미래에 쓸 돈을 마련하기 위해서 본인들의 스펙을 쌓고 있는 과정일지 모르겠습니다. 저희 부모님 때만 해도 예금금리가 20%를 넘을 때가 있어 돈을 벌면 은행 예·적금에 가입해서 이자로 부를 쌓을 기회가 있었다고 합니다. 하지만 우리나라 경제성장률이 점차 낮아지고, 금리의 추세적인 하락으로 인해 더는 예·적금의 이자만으로는 재테크는커녕 물가상승률조차 감당하기 어려워졌습니다. 사람들의 기대수명이 늘어나고 높은 물가상승률로 인한 실물 자산 가격의 지속적인 증가로 인해서 우리는 저축에서 벗어나 금융투자를 반드시 해야 하는 시대에 직면해 있습니다.

그렇다면 금융투자란 무엇일까요? 금융투자는 현재의 소비를 줄이고, 돈을 어떤 자산에 투자해서 미래에 더 많은 돈을 얻기를 바라는 행위입니다. 예를 들어, 은행에 돈을 예금하거나, 주식이나 펀드에 돈을 넣거나, 부동산이나 금 같은 물건을 사는 것이 금융투자의 예입니다.

그렇다면 왜 금융투자를 해야 할까요? 금융투자가 필요한 이유를 이렇게 정리해봤습니다.

첫째, 금융투자는 자산 가치의 증대를 위해 필요합니다. 우리가 가진 돈은 시간이 지날수록 가치가 떨어집니다. 물가상승률 또는 인플레이션 때문입니다. 쉽게 설명하면 제가 25세이던 2006년에 약 1,200만 원으로 살 수 있던 아반떼 자동차가 18년 후인 2024년 현재에는 약 1,900~2,800만 원은 있어야 살 수 있습니다. 물론 기술 발전으로 첨단 장치가 추가된 것일 수도 있지만 2006년의 1,200만 원의 가치가 2024년에 700~1,100만 원만큼 줄어든 것과 같은 이치입니다. 그러나 금융투자를 통해 돈을 늘릴 수 있다면, 물가상승률의 영향을 줄여 자산의 자산 가치를 증대시킬 수 있습니다. 예를 들어, 10년 전 100만 원을 10%의 연이율로 투자하고, 물가상승률이 2%라고 하면, 10년 후에 100만 원의 가치는 121만 원이지만 내 자산의 가치는 259만 원이 되어 물가상승률을 상쇄한 후에도 자산 가치를 증가시킬 수 있는 것입니다.

둘째, 금융투자는 목표 달성을 위해 필요합니다. 우리는 모두 인생에서 다양한 목표를 가지고 있습니다. 예를 들어, 자신의 집을 사거나, 자녀의 교육비를 마련하거나, 여행을 가거나, 은퇴 후에도 편안하게 살고 싶다는 목표를 가질 수 있습니다. 그러나 이러한 목표를 달성하기 위해서는 많은 돈이 필요합니다. 단순히 월급 같은 수입만으로는 부족할 수 있습니다. 그래서 금융투자를 통해 월급 외에도 추가적인 수입을 얻고, 목표에 필요한 돈을 모으는 데 좀 더 손쉽게 다가갈 수 있습니다.

셋째, 금융투자는 사회적 책임을 위해 필요합니다. 우리는 모두 사회의 한 일원으로서 사회에 이바지하고, 사회에 도움이 되는 일을 하고 싶어 합니다. 그러나 우리 같은 개인들이 각각 할 수 있는 일은 한정적입니다. 그렇지만 금융투자를 통해 우리가 가진 돈을 건실한 사업모델을 가진 기업에 투자하면, 우리는 간접적으로 사회에 이바지할 수 있습니다. 즉, 기업에게 필요한 자금을 융통하기 위해서 발행하는 주식이나 채권 등을 매수함으로써 말입니다. 우리가 주식과 채권을 통해 기업에 투자한다면, 기업은 안정적으로 사업을 운영할 것이며, 더 나아가 공익활동이나 환경보호에 일조할 것입니다.

하지만 금융투자에는 의도하지 않은 위험이 항상 따릅니다. 금융투자는 미래가 불확실하므로 원하는 결과가 나오지 않을 수도 있습니다. 예를 들어, 주식이나 부동산과 같은 자산은 가격이 상승하고 하락하므로, 투자 시점과 청산 시점에 따라 손실을 볼 수도 있습니다.

또한 예금이나 적금과 같은 자산은 이자율이 낮아 인플레이션보다 적게 벌 수도 있습니다. 그리고 보험이나 연금과 같은 자산은 만기나 사망 시점에 따라 보장되는 금액이 달라질 수도 있습니다.

금융투자를 위해 예금, 주식, 부동산에 투자할 수 있다.

그러므로 금융투자를 할 때는 위험을 최소화하고 수익을 극대화하는 방법을 알아야 합니다. 제가 이 책을 쓰는 이유이기도 합니다. Chapter 03에서 구체적으로 언급하겠지만, 금융투자를 잘하는 방법은 여러 가지가 있습니다. 예를 들어, 자신의 투자목적과 기간, 위험 성향, 자산 규모 등을 고려해서 적절한 자산 배분을 하고, 다양한 종류의 자산을 조합해서 분산투자를 하고, 주기적으로 자산의 비중을 조정해 수수료와 세금 등의 비용을 절약하고, 투자성과를 평가하고 개선하는 등의 방법을 활용할 수 있습니다.

외국과 우리나라의 금융자산 구성

각각 금융자산 비중 구성 비교(2021) (단위 : %)					
구분	한국	미국	일본	영국	호주
현금·예금	43.4	13.2	54.2	27.1	21.6
금융투자상품	25.4	58.0	16.3	15.6	18.2
(주식)	20.8	40.2	10.4	11.1	17.3
(채권)	2.3	2.3	1.3	0.2	0.1
(펀드)	2.3	15.5	4.5	4.3	0.8
보험·연금	30.4	28.6	26.7	53.1	58.2
기타	0.8	0.2	2.8	4.2	2.0

한국 가계 금융자산 구성 (단위 : %)							
연말	현금·예금	금융투자상품				보험·연금	기타
		주식	채권	펀드	소계		
2016	43.7	15.7	5.1	3.2	24.0	31.8	0.5
2017	43.1	17.4	4.2	3.0	24.7	31.8	0.5
2018	44.3	15.2	4.2	2.9	22.3	32.9	0.5
2019	44.8	15.3	3.6	2.8	21.7	32.8	0.6
2020	43.4	19.4	3.4	2.4	25.2	30.8	0.7
2021	43.4	20.8	2.3	2.3	25.4	30.4	0.8

출처 : 금융투자협회, 한국은행 경제통계시스템

위의 표에서 볼 수 있듯이 2020년 코로나 시국 이후 '동학 개미 운동', '서학 개미 운동'이라는 신조어를 만들어낼 만큼 주식시장은 큰 관심을 이끌었지만, 아직도 우리나라는 금융자산의 비중이 주요국 대비 적은 편입니다. 이는 우리나라에서 '부동산 불패'라는 인식이 강해서일 수도 있지만, 2000년 IT버블, 2008년 서브프라임 모기지 사태, 2011년 유럽 재정 위기, 2015년 중국 위안화 절하로 인한 주식시장의 폭락으로 많은 금융투자자가 손실을 보고 시장을 떠났기 때문이라고 생각합니다.

자녀와 함께 짓는 돈나무 농사

출처 :

투자자산별 누적수익률

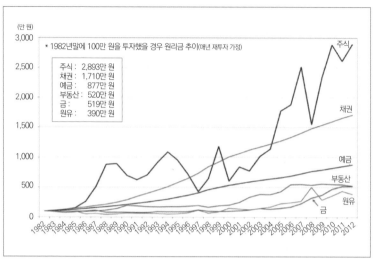

(만 원)

* 1982년말에 100만 원을 투자했을 경우 원리금 추이(매년 재투자 가정)

주식: 2,893만 원
채권: 1,710만 원
예금: 877만 원
부동산: 520만 원
금: 519만 원
원유: 390만 원

주식
채권
예금
부동산
금
원유

출처 : 한국거래소

위의 그래프를 보면 30여 년간 우리나라에서 가장 높은 수익률을 올린 것이 주식시장입니다. 하지만 주변에서 부동산으로 돈을 번 사람들은 심심치 않게 봐도, 주식으로 큰돈을 벌었다는 사람은 들어본 적이 없는 것 같습니다. 그 이유를 나름대로 생각해보면 대부분의 투자자가 주식의 극심한 변동성을 견디지 못하고, 손실 확정 후 시장을 떠났기 때문이 아닌가 싶습니다.

금융투자는 우리의 삶과 밀접한 관련이 있으므로, 우리가 모두 잘 알고 실천한다면 누구나 성공할 수 있을 것으로 생각합니다. 우리는 성공적인 금융투자를 통해 현재의 돈을 미래의 돈으로 바꾸고, 더 많은 돈으로 바꾸며, 미래의 생활을 보장하고, 인플레이션의 영향을 줄일 수 있습니다. 그러나 금융투자에는 위험이 따르므로, 위험을 최소화하며 수익을 극대화하는 방법을 잘 알고 실천해야 합니다. Chapter 03에서 금융투자방법을 언급하기 전에 먼저 금융투자상품에 무엇이 있는지 간단하게 살펴보도록 하겠습니다.

지금부터 알아도 늦지 않은 금융투자상품

금융투자를 성공적으로 실행하기 위해서는 어떤 종류의 금융투자 상품이 존재하는지 아는 것이 중요합니다. 대표적인 종류로 주식, 채권, 펀드, 선물, 옵션 등이 존재합니다.

금융투자상품은 원금을 넘어서 손실을 보는지, 아닌지에 따라 증권과 파생상품으로 나뉩니다. 투자 원금 한도에서만 손실을 보는 것은 증권이며 주식, 채권, 펀드가 이에 속합니다. 투자 원금을 초과해서 손실이 발생할 수 있는 것은 파생상품으로 선물, 옵션이 이에 해당합니다. 성공적인 자녀의 돈나무 농사를 위해서는 자신이 투자한 원금 한도에서만 손실을 감당해야 하므로 여기서는 주식, 채권, 펀드와 같은 증권에 대해서만 알아보도록 하겠습니다.

금융투자상품의 종류

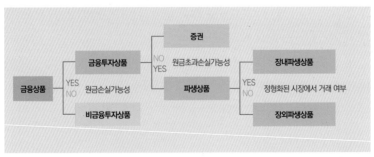

출처 : 금융투자협회

자녀와 함께 짓는 돈나무 농사

주식(Stock)

우리에게 가장 익숙한 금융투자상품인 주식은 주식회사를 설립하거나 사업을 확장하기 위해 투자자에게 자금을 조달할 경우, 자금을 댄 대가로 발행하는 증서를 뜻합니다. 주식은 주식회사에서 발행하는데, 많은 투자자로부터 자금을 받아 이를 원천으로 경영해서 이익을 얻는 것을 목적으로 하는 회사입니다. 1602년 네덜란드에서 '동인도회사'가 최초의 주식회사로 설립됐습니다.

동인도회사는 멀고 먼 바다를 건너 현재의 인도네시아에서 향신료 등을 수입해서 큰 수익을 얻고 있었습니다. 하지만 현재와 다르게 배도 나무로 만들어져 있고, 내비게이션도 없으며, 바다 위 치안도 불안정해 큰 파도나 태풍에 난파되거나, 해적들에게 물건을 강탈당해 무역 상인들이 큰 피해를 보는 경우가 많았습니다. 동인도회사를 구성하는 소수 인원은 성공 시에는 큰 이익을 얻지만, 실패 시에는 다시는 일어날 수 없을 정도로 피해를 보는 것이 항상 고민이었습니다. 그래서 고안해낸 것이 주식회사였습니다. 많은 사람에게 자금을 모아 무역을 하게 되면 성공 시에는 조금 적은 수익을 받겠지만, 실패 시 감당하기 어려운 비용 문제를 해결할 수 있기 때문이었습니다.

그 자금을 낸 사람들에게 종이로 된 증서를 발행해주었고, 그것이 주식의 시초입니다. 증서를 가진 사람을 주주라 칭하는데, 주주는 본인이 낸 자금의 비율에 맞게 회사에서 얻은 이익을 분배받고, 만일 배가 난파되어 손해가 발생한다면 자신이 낸 자금에 대해서만 손해를 보지 않는 것이었습니다. 이 방식이 발전해서 지금의 주식회사와 주식의 형태가 된 것입니다.

주식은 주식시장을 통해서 자유롭게 거래할 수 있다.

　주식 증서에 기재된 금액을 '액면가'라고 합니다. 즉, 투자자가 주식회사에 투자한 돈을 표시하기 위해 주식 한 장당 가격을 표시했고, 투자자는 자신이 투자한 금액에 액면가를 나눈 수량만큼의 주식 수를 보유하게 된 것입니다. 주식회사는 좋은 사업 아이템을 가진 사람들이라면 계속 만들 수 있습니다. 이런 식으로 수많은 주식회사가 생기고, 주식들도 그만큼 늘어나게 됩니다. 주주들은 항상 자신의 자금으로 높은 이익을 얻으며 운영하는 회사를 선호했지만, 자신이 돈이 필요할 때 원활하게 내다 파는 시장을 원했습니다. 그래서 주식을 팔려는 사람과 사려는 사람이 한 장소에 모이게 됐고, 그것이 주식시장이 만들어지게 된 계기가 됐습니다. 주식시장이 생성되면 사람들은 이익이 나는 회사의 주식을 사려고 하고, 손해 보는 회사의 주식을 팔려고 할 것입니다. 이 같은 사람들의 심리에서 액면가와 별도로 주식의 가격인 주가가 형성되는 것입니다.

　결국 주식도 투자의 한 방법입니다. 투자자가 자신이 생각하는 좋은 회사의 주식을 사서 그 회사가 성장하고 수익을 내면, 주가는

자녀와 함께 짓는 돈나무 농사

자연적으로 상승하기에 추후 주식을 팔아 이익을 얻을 수 있습니다. 또한 안정적인 수익을 내는 주식회사는 일정한 기간마다 주주들에게 배당금을 지급할 수도 있습니다. 배당금이란 회사가 벌어들인 이익 중 일부를 주주들에게 나눠주는 것입니다. 예를 들어, A 회사가 1억 원의 이익을 낸다면, 그중 10%인 1,000만 원을 배당금으로 지급할 경우 한 주당 1만 원씩 받을 수 있습니다.

하지만 주식에는 위험도 있습니다. 투자자는 자신이 산 주식의 가격이 내려가면 손실을 볼 수 있습니다. 또한 회사가 파산하거나 사기를 당하면 주식이 휴지 조각이 될 수도 있습니다. 그래서 투자자는 주식에 대해 잘 알아보고, 자신의 목표와 위험수용에 맞게 분산투자를 해야 합니다. 주식의 종류는 다양하지만, 크게 보통주와 우선주로만 구분하면 되겠습니다.

1. 보통주

가장 일반적인 주식으로 주주가 갖는 각종 권리와 의무가 평등한 주식을 말합니다. 보통주는 통상적으로 주식회사가 투자자들에게 자금을 모집하기 위해 발행하는 주식으로, 주주총회에서 의결권 행사가 가능한 주식을 말합니다. 주식회사의 주요 의결사항은 주주총회를 통해 결정하게 되어 있는데, 보통주를 보유한 주주들만이 주식 보유 비율에 맞춰 의결권을 행사하게 됩니다. 통상적으로 개인투자자들이 HTS, MTS를 통해 거래하는 주식이 보통주에 해당합니다.

2. 우선주

배당금을 받을 때나 회사가 청산 절차를 밟을 때 잔여재산 배분에 있어서 보통주보다 우선하는 청구권을 가진 주식을 말합니다. 우선주는 의결권이 부여되지 않기 때문에, 주로 기존 주주들의 경영권을 보호하면서 자금조달을 쉽게 할 수 있다는 장점이 있습니다.

우선주는 1840년대에 영국에서 최초로 발행됐는데, 당시 영국 철도회사들은 추가로 투자받기를 원했지만 그를 위해 주식을 추가 발행하면 영향력이 감소할 것을 우려한 기존 주주들의 반대 때문에 고심이 많았다고 합니다. 그렇다고 채권을 발행하면 회사에 부채가 늘어나 재무적으로 악영향을 미쳐 당국의 심한 규제를 받았다고 합니다. 그래서 대안으로 고정된 배당률을 적용해서 채권처럼 일정한 이익을 얻을 수 있지만, 의결권이 없는 우선주를 발행하게 된 것입니다.

우선주는 일반적으로 보통주보다 가격은 낮게 형성되고, 거래량은 많지 않지만 배당률은 높게 형성되어 있습니다. 종목명 뒤에 '우'라고 표시해서 구분하며, 여러 차례 발행한 경우 '1우', '2우'로 표시됩니다. 삼성전자(005930)는 '보통주', 삼성전자우(005935)는 '우선주'를 표시한 것입니다.

이 외에도 성장주, 가치주, 공모주, 작전주, 테마주 등 다양한 분류 방법이 있습니다. 이들은 주식의 발행 방법이나 특성에 따라 구분하는 것으로, 실제로 발행된 유형과는 다르기에 이런 용어가 있다는 정도만 알고 있으면 됩니다. 예를 들어 성장주는 현재 가치보다 미래 가치가 높은 기업의 주식을 말하고, 가치주는 현재 가치보다 저평가된 기업의 주식을 말합니다.

자녀와 함께 짓는 돈나무 농사

채권(Bond)

채권은 돈을 빌려준 사람이 돈을 빌린 사람에게 받을 수 있는 권리를 증명하는 종이입니다. 예를 들어, A가 B에게 1년 후에 1,000만 원을 갚겠다고 약속하고 그것을 종이에 적어서 B에게 준다면, 그 종이는 채권입니다. B가 그 종이를 가지고 있다면, 1년 후에 A로부터 1,000만 원을 받을 수 있습니다.

채권은 돈을 빌려준 사람이 돈을 빌린 사람에게 받는 이자도 함께 정해져 있습니다. 예를 들어, A가 B에게 1년 후에 1,000만 원을 갚겠다고 약속하고, 그동안 3개월마다 2.5%의 이자를 주겠다고 적어 B에게 준다면, 그 종이는 이자가 붙은 채권입니다. B가 그 종이를 가지고 있다면, 3개월마다 A로부터 25만 원씩 이자를 받고, 1년 후에는 원금인 1,000만 원도 받을 수 있습니다.

한국도로공사 고속도로건설채권

출처 : 증권박물관

과거에 종이로 발행된 채권에는 앞의 그림과 같이 일정 주기별로 이자를 지급받을 수 있는 이표(利表), 영어로 쿠폰(coupon)이 붙어 있었습니다.

　채권 전문가라고 칭하는 사람들이 채권에 관해서 설명할 때 쿠폰이라는 단어를 자주 언급하는 이유가 그 때문입니다. 채권은 주식과 더불어 대표적인 자금조달 수단입니다. 다만, 주식은 회사만 발행할 수 있지만 채권은 회사뿐만 아니라 정부, 지자체에서도 발행할 수 있습니다. 채권의 역사를 찾아 거슬러 올라가다 보면 '전쟁' 때문에 채권 발행이 활성화된 것임을 알 수 있습니다. 전쟁을 치르려면 막대한 군비가 투입됩니다. 하지만 국가의 유일한 수입원이 세금인데, 군비를 충당하기 위해 세금을 올렸다가는 국민적 반대에 부딪히게 됩니다. 이에 국가들은 손쉽게 군비를 충당하기 위해서 채권을 발행했는데, 전쟁 기간에만 일시적으로 필요한 자금을 조달할 수 있고, 국민 역시 국가에 돈을 빌려주고 이자를 받을 수 있기에 쉽게 자금이 모집됐다고 합니다. 우리나라도 1950년에 부족한 국가 재정을 충당하기 위해서 건국 국채가 최초로 발행된 이후, 지금까지 금융시장 안정, 주택투기 방지, 특정 산업 육성 등을 목적으로 다양한 채권이 발행되고 있습니다. 또한 회사들도 계속해서 주식을 발행할 경우 경영권 침해, 주가 하락 등이 발생함에 따라 채권을 통해 적정 수준의 재무상태를 유지하며 자금조달을 하고 있습니다.

　채권은 돈을 빌려주는 사람과 돈을 빌리는 사람의 관계를 보여주는 것이므로, 돈을 빌려주는 사람은 채권의 소유자이고, 돈을 빌리는 사람은 채권의 발행자입니다. 채권의 소유자는 채권의 발행자로부터 이자와 원금을 받을 수 있는 권리가 있으며, 채권의 발행자는 채권의 소유자에게 이자와 원금을 지급할 의무가 있습니다.

　　　　　　　　　　　　　자녀와 함께 짓는 돈나무 농사

채권은 돈을 빌리는 사람이 누구인지, 얼마나 오래 돈을 빌렸는지, 얼마나 많은 이자를 주는지 등에 따라 다양한 종류가 있습니다.

1. 채권 발행자에 따른 분류

- **국채** : 정부가 돈이 부족할 때 국민에게 돈을 빌리기 위해 발행하는 채권입니다. 다양한 공익적 목적을 위해 발행하고 있으며, 채권 발행 주체인 정부는 국민의 세금으로 이자와 원금을 갚기 때문에 국채는 가장 안전한 채권입니다.

- **회사채** : 회사가 자기 사업을 키우기 위해 돈이 필요할 때 일반인들에게 돈을 빌리기 위해서 발행하는 채권입니다. 회사는 자기 수익으로 이자와 원금을 갚기 때문에 회사채는 회사의 실적에 따라 안전성이 달라집니다.

- **기타 채권** : 정부나 회사 외에 다른 기관이나 단체가 발행하는 채권입니다. 예를 들어, 지방자치단체가 자신의 지역을 발전시키기 위해 돈을 빌리려고 발행하는 지방채, 한국전력공사나 토지공사와 같은 공공기관이 자신의 사업을 운영하기 위해 돈을 빌리려고 발행하는 특수채, 한국은행이나 한국산업은행과 같은 금융기관이 자신의 업무를 수행하기 위해 돈을 빌리려고 발행하는 금융채 등이 있습니다. 기타 채권은 발행 주체의 신용도에 따라 안전성이 다르며, 일반적으로 국채보다는 위험하고 회사채보다는 안전합니다.

2. 기간에 따른 분류

- **단기채** : 만기가 1년 이하인 채권입니다. 예를 들어, 3개월, 6개

월, 9개월, 1년 만기의 채권이 있습니다. 단기채는 돈을 빨리 돌려받을 수 있으므로 장기채보다는 위험성이 낮습니다.

- **장기채** : 만기가 1년 초과인 채권입니다. 예를 들어, 2년, 3년, 5년, 10년 만기의 채권이 있습니다. 장기채는 돈을 오래 빌려주므로 단기채보다는 위험성이 높습니다. 기간이 3~5년인 채권을 중기채라고 칭하기는 하나 의미 없는 구분입니다.

3. 이자 변동에 따른 분류

- **고정금리채** : 발행 시에 정해진 이자율로 기간마다 같은 이자를 지급하는 채권입니다. 예를 들어, 5%의 이자율로 발행된 고정금리채의 경우 기간마다 원금의 5%만큼의 이자를 받게 됩니다. 고정금리채는 이자수익이 확실하므로 변동금리채보다는 안정적입니다.

- **변동금리채** : 시장의 금리 상황에 따라 이자율이 변동되는 채권입니다. 예를 들어, CD금리+0.5%로 발행된 변동금리채의 경우 기간마다 CD금리가 얼마인지 확인하고 그에 따라 이자를 받게 됩니다. 변동금리채는 시장의 금리 변화에 대응할 수 있으므로 고정금리채보다는 유연합니다.

앞에 기술된 주식과 채권은 기업에서 자금조달이 필요할 때 가장 많이 이용하는 수단입니다. 주식은 기업의 소유권을 나타내는 증서로, 주식을 발행한 기업은 자본금을 얻고, 주식을 구매한 투자자는 주주가 되어 기업의 이익과 손실에 참여하게 됩니다. 채권은 기업이 투자자에게 돈을 빌리고, 정해진 기간과 이자율로 상환

하겠다고 약속한 증서로, 채권을 발행한 기업은 대출금을 얻고, 채권을 구매한 투자자는 채권자가 되어 기업에게 이자와 원금을 받게 됩니다.

일반적으로 기업의 경우 주식은 채권보다 더 많은 자금을 조달할 수 있지만, 더 많은 위험과 비용을 수반합니다. 주식을 발행하면 기업의 소유권이 희석되고, 주주들에게 배당금과 의결권을 부여해야 하며, 공시의무와 감사의무를 이행해야 합니다. 채권은 주식보다 더 안정적이고 저렴하게 자금을 조달할 수 있지만, 더 낮은 수준의 자금만 조달할 수 있으며, 이자와 원금을 정기적으로 지급해야 하며, 부도 위험에 노출될 수 있습니다.

따라서, 주식과 채권으로 기업이 자금조달을 하는 규모의 차이는 단순히 비교하기 어렵습니다. 각각의 장단점과 조건에 따라 기업이 선택해야 하는 문제입니다. 예를 들어, 성장성이 높고 시장점유율이 낮은 스타트업의 경우에는 주식을 통해 큰 규모의 자금을 조달할 수 있습니다. 반면, 안정성이 높고 시장점유율이 높은 대기업의 경우에는 채권을 통해 저렴하고 안정적인 자금을 조달할 수 있습니다.

주식과 채권의 차이점

구분	주주	채권자
소유 대상	주식(자기 자본)	채권(타인 자본)
주주 수익	자본 이득, 배당	이자 수익
주요 권리	이익 배당 청구, 주주총회 소집 요구, 이사선임권 등	이자 및 원금 상환 요구
파산 시 변제 순위	후순위	선순위
상환 여부	영구 증권	기한부 증권

펀드(Fund)

　펀드란 여러 사람이 돈을 모아서 전문가에게 맡기고, 그 전문가가 주식이나 채권 등에 투자해서 돈을 더 벌어오는 간접투자상품입니다. 예를 들어 A, B, C, D 넷이 각각 100만 원씩 모아서 E라는 전문가에게 주고, E가 그 돈으로 주식이나 채권 등에 투자해서 1년 후에 500만 원을 벌었다면, 그 500만 원을 A, B, C, D 넷이 나눠 가지는 것입니다. 이때 A, B, C, D 넷이 모은 돈을 펀드라고 하고, E를 펀드매니저라고 합니다.

펀드의 구조

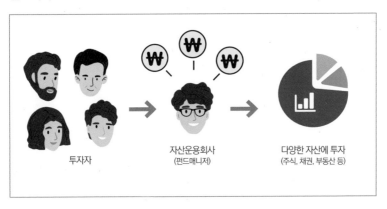

투자자 　　　　자산운용회사 　　　다양한 자산에 투자
　　　　　　　（펀드매니저）　　　（주식, 채권, 부동산 등）

　펀드는 여러 사람이 돈을 모으기 때문에 큰 규모의 투자가 가능하고, 전문가가 투자하기 때문에 높은 수익률을 기대할 수 있습니다. 또한 펀드는 다양한 종류의 자산에 투자하기 때문에 위험을 줄일 수 있습니다. 하지만 펀드도 손실이 날 수 있으므로 주의해야 하며, 펀드매니저나 자산운용사에게 운영에 대한 대가로 수수료를 내야 합니다.

자녀와 함께 짓는 돈나무 농사

구분	펀드투자(간접투자)	종목투자(직접투자)
장점	• 전문가에 의한 투자 • 적은 돈으로 분산투자 효과 • 장기적으로 안정적 성과	• 종목 선택이나 매매를 직접 함 • 상대적으로 적은 비용 • 투자 성공 시 높은 기대 수익
단점	• 운용사나 펀드 선택의 어려움 • 상대적으로 많은 비용	• 종목이나 매매 시점 직접 결정 • 한정된 투자 자금으로 인한 분산투자 한계

과거에 펀드는 대부분 은행 창구에서 직원들이 권하는 상품을 통해 가입했지만, 최근에는 MTS의 발전으로 인해서 증권사 앱을 통한 온라인 가입이 증가세를 나타내고 있습니다.

연도별 신규펀드 판매 비중

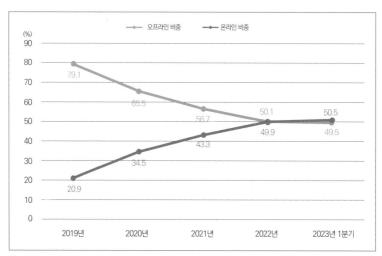

출처 : 금융투자협회, 〈머니투데이〉

펀드는 예·적금이나 보험 등과 달리 여러 회사가 역할과 책임을 나눠 가지고 있습니다. 펀드와 관련된 회사는 펀드를 만들고 운영하는 자산운용회사, 펀드를 판매하는 은행, 증권사 같은 판매회사,

펀드에 유입된 자금을 보관하는 수탁회사(은행, 증권사), 펀드 관련 보고서 등을 작성하는 사무관리회사로 분류됩니다. 회사별로 펀드에 유입된 자금에서 일정액의 수수료를 수취하고 있으므로, 펀드 가입 시 주식에 직접 투자하는 것보다 큰 비용이 발생합니다.

펀드의 이해

출처 : 금융투자협회

펀드는 투자하는 자산의 종류나 방식에 따라 다양합니다. 다음은 대표적인 펀드의 종류입니다.

• **증권펀드** : 주식이나 채권 등의 유가증권에 투자하는 펀드입니다. 증권펀드는 주식펀드와 채권펀드로 구분할 수 있습니다. 주식펀드는 주식에 투자하는 펀드로, 성장성이 높지만 위험도도 높습니다. 채권펀드는 채권에 투자하는 펀드로, 안정성이

높지만 수익률이 낮습니다.

- **상장지수펀드(ETF)** : 거래소에서 거래되는 특정 지수를 따라가는 펀드입니다. 예를 들어, KOSPI 200 ETF는 KOSPI 200 지수를 추종하는 펀드로, KOSPI 200 지수에 포함된 주식들을 비율대로 구매합니다. ETF는 주식처럼 거래할 수 있으므로 유연하고 저렴하게 투자할 수 있습니다. 최근 라임 펀드 등 언론에 펀드 관련 사고가 대대적으로 보도되고, 동학 개미 운동이라고 불릴 만큼 2020년에 전 국민적인 주식투자가 유행해서 펀드=상장지수펀드(ETF)로 인식되고 있습니다.
- **인덱스펀드** : 특정 지수를 추종하는 상장되지 않은 펀드입니다. 예를 들어, S&P 500 인덱스펀드는 S&P 500 지수를 추종하는 펀드로, S&P 500 지수에 포함된 주식들을 비율대로 구매합니다. 인덱스펀드는 시장의 평균적인 수익률을 얻을 수 있으며, 수수료가 낮습니다. KODEX 200 같은 코스피 지수를 추종하는 ETF 또한 인덱스펀드와 비슷한 개념입니다. 주로 증권사 HTS, MTS나 은행에서 가입할 수 있습니다.

구분	인덱스펀드	ETF
거래 방식	펀드 계좌를 통해 가입하고 탈퇴함. 하루에 한 번 기준가격으로 거래됨.	주식 계좌를 통해 매수하고 매도함. 정규장 시간에 실시간으로 거래됨.
수수료	판매수수료와 운용수수료가 있음. 운용수수료는 연 0.5~0.7% 정도임.	판매수수료는 없으나 운용수수료가 있음. 운용수수료는 연 0.3% 정도임.
유동성	단기간 투자에 적합하지 않음. 하루에 한 번만 거래할 수 있으므로 시장의 변동성에 빠르게 반응할 수 없음.	단기간 투자에 적합함. 주식처럼 실시간으로 거래할 수 있으므로 시장의 변동성에 빠르게 반응할 수 있음.
다양성	국내에서는 펀드의 종류가 많지 않음. 대부분 코스피나 코스닥 지수를 추종하는 펀드임.	국내에서는 ETF의 종류가 매우 다양함. 국내외 주식, 원유, 금, 의료기기, 배당주 등 다양한 섹터와 자산에 투자할 수 있음.

펀드는 판매수수료와 운용수수료 등 직접 투자 대비 비용이 큽니다. 자산운용사에 의해 운용되기 때문에 의사결정과 실제 투자 간에 시간적 차이가 발생하게 됩니다. 예를 들면, 투자자가 펀드에 투자하기 위해서 가입 신청을 하면(주식에서 매수) 오늘 종가로 다음 날 아침에 설정되고, 환매(주식에서 매도) 역시 오늘 신청하면 다음 날 종가로 환매 가격이 결정되어 자신이 원하는 가격에 정확하게 환매를 할 수 없습니다.

이런 단점을 보완하기 위해서 상장지수펀드(ETF)가 개발됐고, 현재 많은 상품이 출시되고 있습니다. 우리 자녀를 위해 금융지식이 어느 정도 쌓이고 온라인 조작이 능숙해진다면, ETF를 통한 금융투자를 추천해드립니다.

개미들은 ETF를 좋아해

앞서 언급한 것처럼 ETF(Exchange Traded Fund)는 상장지수펀드라고도 하며, 특정 지수나 자산의 수익률을 추종하는 인덱스펀드를 주식시장에 상장시켜 주식처럼 거래할 수 있도록 만든 투자상품입니다. ETF는 주식, 채권, 원자재, 해외지수, 섹터, 테마 등 다양한 기초자산을 바탕으로 만들어질 수 있으며, 투자자는 ETF를 통해 손쉽게 다양한 시장에 접근할 수 있습니다. ETF는 1989년 미국에서 처음 상장됐으며, 이후 전 세계적으로 급속히 성장했습니다. 2023년 기준으로 전 세계 ETF의 자산 규모는 약 10조 6,140달러(1조 4,000조 원)에 이르며, 국내 ETF의 자산 규모는 약 100조 원입니다.

ETF 순자산 추이

(단위 : 원)

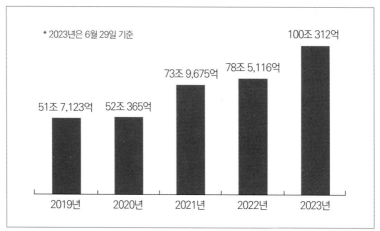

출처 : 한국거래소, 〈머니투데이〉

    ETF 이름은 운용사의 브랜드 이름과 추종하는 지수/상품, 운용전략 등 다양한 정보로 구성되어 있습니다. 예를 들면, KODEX 200은 삼성자산운용의 KODEX 브랜드와 코스피 지수 중 대표하는 200개 기업을 추출해서 산정한 '코스피 200지수'를 추종하는 ETF 상품임을 나타냅니다.

    또한 레버리지나 인버스라는 단어도 붙습니다. 레버리지는 추종하는 지수의 2배의 수익률을 따라간다는 뜻이고, 인버스는 추종 지수의 반대 방향으로 수익률을 추종한다는 뜻입니다. ETF 상품명에 '합성'이라는 단어가 붙었다면, 이는 ETF를 만든 운용사가 추종하는 지수나 상품에 대해 전문적인 지식이 부족해서 직접 펀드를 운용하지 않고, 다른 국내외 증권사가 대신 펀드를 운용하고 수익을 받는 형태를 뜻합니다. 마지막으로 해외지수를 추종하는 ETF의 경우 종목명 마지막에 (H)가 표시되는 ETF가 있는데, 이는 해당 ETF가 환율에 영향을 받지 않는 환 헤지형 ETF 상품을 뜻합니다.

한국 주요 자산운용사별 ETF 브랜드명

운용사	ETF 브랜드명	
삼성자산운용	KODEX	(코덱스)
미래에셋자산운용	TIGER	(타이거)
KB자산운용	KBSTAR	(케이비스타)
한국투자신탁운용	ACE	(에이스)
키움투자자산운용	KOSEF	(코세프)
NH아문디자산운용	HANARO	(하나로)
한화자산운용	ARIRANG	(아리랑)

출처 : 한국 증권거래소(KRX), 이코노미스트

　지금까지 알아본 내용으로 제가 현재 투자 중인 'KODEX 나스닥 100 레버리지(합성H)'라는 ETF가 어떤 ETF인지 알아보겠습니다.

KODEX 나스닥100 레버리지(합성H)

KODEX	삼성자산운용이 운용하는 ETF
나스닥 100	미국 나스닥 100 지수를 추종함.
레버리지	나스닥 100 지수 수익률의 2배를 추종함.
합성	해외 증권사 상품을 이용해서 나스닥 100 지수를 추종함.
H	환율의 움직임과 상관없는 환 헤지형 상품

　ETF의 장점은 매우 다양합니다. ETF는 일반적인 펀드에 비해 운용보수가 매우 저렴하고, 거래소에 상장되어 있으므로 일반 주식과 같은 방법으로 거래할 수 있습니다. 즉, 장 중 거래시간에 전화주문 혹은 HTS, MTS를 사용해서 실시간으로 매매할 수 있습니

자녀와 함께 짓는 돈나무 농사

다. 일반 펀드와 다르게 ETF는 해당 상품이 추종하는 기초지수 또는 상품을 실시간으로 공개해 투자자에게 투명한 정보를 제공합니다. 자산운용사 홈페이지를 방문하면 ETF의 구성 종목, 비중, 가격 등을 언제든지 확인할 수 있으며, ETF의 가격은 기초자산의 가격과 거의 일치하도록 시장 조성자들이 조정해줍니다. 또한 ETF를 통해 다양한 시장에 투자함으로써 분산투자에 적합합니다. 국내외의 주식, 채권, 원자재, 섹터, 테마 등 다양한 기초자산을 바탕으로 하는 ETF가 존재하며, 투자자는 자신의 투자목적과 성향에 맞는 ETF를 선택해서 포트폴리오를 구성할 수 있습니다.

ETF는 기초자산의 종류에 따라 다음과 같이 분류할 수 있습니다.

- **주식 ETF** : 주식 ETF는 특정 주식지수를 추종하는 ETF로, 국내외의 다양한 주식시장에 투자할 수 있습니다. 예를 들어, KODEX 200은 국내의 대표적인 주식지수인 KOSPI 200을 추종하는 ETF이며, KODEX 코스닥 150은 코스닥 150지수를 추종하는 ETF입니다. 주식 ETF는 시장의 흐름을 따르는 투자를 할 수 있으며 성장주, 가치주, 배당주, 소형주, 중형주, 대형주 등 다양한 투자 스타일에 맞는 ETF를 선택할 수 있습니다.
- **채권 ETF** : 채권 ETF는 특정 채권지수를 추종하는 ETF로, 국내외의 다양한 채권시장에 투자할 수 있습니다. 예를 들어, KODEX 국고채 10년은 국내의 국고채 10년물을 추종하는 ETF이며, iShares Core U.S. Aggregate Bond ETF는 미국의 종합 채권지수를 추종하는 ETF입니다. 채권 ETF는 안정적인 수익을 추구하는 투자를 할 수 있으며, 만기, 신용등급, 통화, 유형 등 다양한 요소에 따라 채권 ETF를 선택할 수 있습니다.

- **원자재 ETF** : 원자재 ETF는 특정 원자재의 가격을 추종하는 ETF로 금, 은, 구리, 석유, 천연가스 등 다양한 원자재에 투자할 수 있습니다. 예를 들어, KODEX 골드선물(H)은 국내에서 금 선물 가격을 추종하는 ETF이며, SPDR Gold Shares는 미국에서 금 가격을 추종하는 ETF입니다. 원자재 ETF는 통화가치 하락이나 인플레이션에 대비해서 투자할 수 있으며, 원자재의 수요와 공급에 따라 원자재 ETF를 선택할 수 있습니다.

- **해외지수 ETF** : 해외지수 ETF는 특정 해외지수를 추종하는 ETF로 미국, 중국, 일본, 유럽, 신흥국 등 다양한 해외시장에 투자할 수 있습니다. 예를 들어, KODEX 미국 S&P 500선물(H)은 미국의 대표적인 주식지수인 S&P 500을 추종하는 ETF이며, iShares MSCI Emerging Markets ETF는 신흥국의 주식시장을 대표하는 MSCI Emerging Markets 지수를 추종하는 ETF입니다. 해외지수 ETF는 국내시장과 상관성이 낮은 해외시장에 투자해서 포트폴리오의 다양성을 높일 수 있습니다.

- **섹터 ETF** : 섹터 ETF는 특정 산업부문의 주식을 추종하는 ETF로 IT, 헬스케어, 에너지, 소비재, 금융, 산업재 등 다양한 섹터에 투자할 수 있습니다. 예를 들어, KODEX IT는 국내의 IT 산업에 투자하는 ETF이며, Invesco QQQ Trust는 미국의 나스닥 100 지수를 추종하는 ETF입니다. 섹터 ETF는 특정 섹터의 성장세나 추세에 맞춰서 투자할 수 있습니다.

- **테마 ETF** : 테마 ETF는 특정 테마에 관련된 주식을 추종하는 ETF로 ESG, 4차 산업혁명, 바이오, 배터리, 게임, 코로나19 등 다양한 테마에 투자할 수 있습니다. 예를 들어, KBSTAR ESG 사회책임투자는 ESG(환경, 사회, 지배구조) 기준에 부합하는 기업에 투자하는 ETF이며, ARK Genomic Revolution ETF는

유전체학 분야의 혁신기업에 투자하는 ETF입니다. 테마 ETF
는 미래의 변화에 대응하는 투자를 할 수 있습니다.

ETF 상품 수 추이

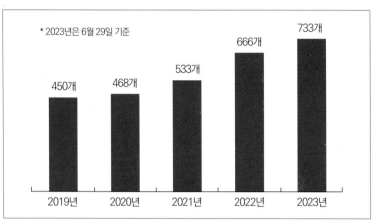

출처 : 한국거래소, 〈머니투데이〉

　국내 ETF 시장은 2002년 10월 첫 ETF인 'KODEX 200' ETF가
상장된 이후 빠른 성장세를 보여 왔습니다. 특히, 2020년 코로나19
로 인해서 주가가 폭락하던 시절 동학 개미 운동이라는 신조어가
생기며 개인투자자들의 주식투자 비중이 크게 늘었고, 기존 공모
펀드의 저조한 수익률과 '라임 펀드' 같은 사모펀드의 대형 사고들
이 맞물려 성장세를 지속하고 있는 것으로 판단됩니다. 최근 ETF
시장의 성장세와 맞물려 ETF 상품도 많이 증가했습니다. 2019년
450개에 불과했던 ETF 수는 2023년 733개로 늘어났으며, 지금도
지속해서 상장되고 있습니다.
　개인투자자들은 ETF 투자를 통한 자산 배분 효과, 퇴직연금과
연금저축을 통한 세제 이연 효과로 안정적인 수익률을 얻을 수 있
기에 ETF 투자에 지속적인 관심을 보여야 할 것입니다.

국내 ETF를 투자하다 보면 ETF 이름 뒤에 'H'와 '합성'이라는 단어가 붙어 있는 것을 볼 수 있습니다. 이것이 과연 무슨 의미인지 살펴봅시다.

일단 'H'는 해외주식과 연관된 ETF 이름에 포함되어 있는데 환율의 변동에 대응하는 방식을 의미합니다. 이름에 'H'가 없는 ETF는 환 노출, 'H'가 있는 ETF는 환 헤지라고 합니다. 환 노출은 ETF 기초자산 변동에 환율을 반영하는 것이고, 환 헤지는 ETF 기초자산의 순수한 움직임만 적용한 것입니다. 예를 들면, 미국 대표지수인 나스닥 100 지수를 추종하는 국내 ETF는 'TIGER 미국나스닥 100'과 'KODEX 미국나스닥 100 선물(H)'의 주가 차트를 살펴보면 환율 변동에 따라 주가 움직임이 다른 것을 알 수 있습니다.

출처 : 삼성증권 HTS

2022년 10월까지 나스닥 지수는 지속해서 하락했지만, 환율은 1,444원까지 상승하던 시기였습니다. 차트를 보면 나스닥 100 지수에 환 노출 ETF인 'TIGER 미국나스닥 100'이 환 헤지 ETF인 'KODEX 미국나스닥 100 선물(H)'의 주가보다 양호한 움직임을 보이는 것을 살펴볼 수 있습니다. 증시가 하락하며 환율이 상승한다면 환 노출 ETF가 유리하고, 증시가 상승하며 환율이 하락한다면 환 헤지 ETF가 유리합니다. 하지만 개인투자자들이 증시와 환율의 방향을 예측하는 것은 불가능하므로 본인의 성향에 맞는 상품을 선택해야 할 것입니다.

ETF 상품명에 '합성'이라는 단어가 붙은 것은 자산운용사가 ETF에 실물 자산을 편입하지 않고, 증권사와 장외스왑 계약을 편입한 것을 뜻합니다. 대부분의 ETF는 자산운용사가 직접 운용하지만 합성이라는 이름이 붙은 ETF는 증권사를 통해 간접 운용을 하는 것입니다. 자산운용사가 직접 운용하지 않고 타사에 운용을 맡기는 이유는 ETF의 기초자산이 워낙 다양하고 해외 부동산, 원자재, 해외지수 등 모든 분야를 전문적으로 투자하는 것은 불가능하기 때문입니다. 그럼에도 해당 상품을 운용하는 것은 다양한 곳에 투자하고 싶어 하는 금융소비자의 욕구를 만족시키기 위함입니다. 합성이라는 이름이 있는 ETF와 없는 ETF는 구성자산을 보면 쉽게 확인할 수 있습니다.

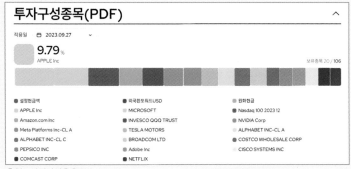

출처 : 삼성자산운용

해당 ETF는 'KODEX 미국 나스닥 100(H)'이라는 상품으로 나스닥 지수에 추종하는 상품입니다. 대부분 나스닥 100종목에 비중별로 투자되어 있는 것을 확인할 수 있습니다.

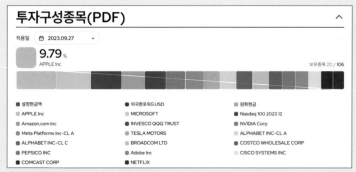

투자구성종목(PDF)

적용일 📅 2023.09.27

9.79 %
APPLE Inc

보유종목 20 / 106

- 설정현금액
- APPLE Inc
- Amazon.com Inc
- Meta Platforms Inc-CL A
- ALPHABET INC-CL C
- PEPSICO INC
- COMCAST CORP

- 외국환포워드USD
- MICROSOFT
- INVESCO QQQ TRUST
- TESLA MOTORS
- BROADCOM LTD
- Adobe Inc
- NETFLIX

- 원화현금
- Nasdaq 100 2023 12
- NVIDIA Corp
- ALPHABET INC-CL A
- COSTCO WHOLESALE CORP
- CISCO SYSTEMS INC

출처 : 삼성자산운용

해당 ETF는 'KODEX 미국나스닥 100 레버리지(합성H)'이라는 상품으로 나스닥 100 지수를 2배 추종하는 상품입니다. 투자 구성 종목이 한국투자증권, 메리츠증권, 미래에셋증권, 키움증권 등 증권사와의 스왑계약으로 구성되어 있습니다. ETF에 주식을 실제로 편입하지 않고 나스닥 지수에 수익률만큼 정산하는 수익구조입니다. 합성 ETF의 장점은 거래상대방인 증권회사의 기초자산에 대한 수익률을 그대로 거래하기 때문에 좀 더 정확하게 기초자산을 따라갈 수 있고, 전문성을 모두 갖추지 않더라도 원자재, 선물 등 자산을 편입해야 하는 ETF를 운영할 수 있기에 ETF 상품을 다양하게 운용해서 소비자의 만족도를 높일 수 있다는 것입니다.

금융투자의 유일한 공짜 점심이라는 자산 배분

노벨경제학상을 받은 유명한 경제학자 폴 새뮤얼슨(Paul Samuelson)은 '세상에 공짜 점심은 없다(There Ain't No Such Thing As A Free Lunch)'라는 명언을 남겼습니다. 이 공짜 점심의 기원은 19세기 미국 서부의 한 가게에서 나온 것으로 추정되는데 그 가게는 낮에는 식당, 밤에는 술집을 운영하고 있었다고 합니다. 어느 날부터 가게의 손님이 줄어 사장은 고민에 빠졌습니다. 그래서 손님을 모으기 위해 술을 일정량 이상 사 마시는 단골손님에게 다음 날 점심 식사를 무료로 제공하기로 했죠. 그러자 손님들이 몰려들었고, 공짜 점심을 먹는 손님들은 가게가 망하지 않을까 걱정했다고 합니다. 하지만 현명한 사람은 미리 알고 있었을 것입니다. 술과 안주의 가격 안에는 이미 점심 식사 비용이 포함되어 있었다는 것을요. 공짜 점심이 사실은 공짜가 아니었던 것입니다.

금융투자에서 수익률을 높이기 위해서는 그에 상응하는 위험을 감당해야 합니다. '하이 리스크 하이 리턴' 이것은 불변의 진리입니다. 누구나 높은 수익률을 원하지만 위험을 감당하려고 하지 않는 성향을 폴 새뮤얼슨이 재치 있게 언급한 것입니다. 자산 배분은 무엇이기에 금융투자에 있어 유일한 공짜 점심이라고 하는 것일까요?

자산 배분이란 주식, 채권, 부동산, 원자재, 금, 은, 외환 등 여러 가지 자산에 돈을 나눠서 투자하는 것입니다. 예를 들어, 1,000만 원을 가지고 있으면 주식에 500만 원, 채권에 300만 원, 금에 200만 원을 투자하는 것이죠. 보통 자산 배분이라는 말이 분산투자와 혼용되어 쓰이는데 엄밀히 따지면 뜻이 다릅니다. 예를 들어 삼성전자, SK하이닉스, LG 에너지솔루션, 현대차, 네이버 개별 주식에 나눠서 투자하거나, 우리나라 코스피 지수를 추종하는 ETF인 KODEX 200, 미국 S&P 500 지수를 추종하는 ETF인 SPY나 VOO에 투자하는 것처럼 주식시장이라는 같은 종류의 자산에 나눠 투자하는 것을 분산투자라고 합니다. 대부분의 개인투자자들이 '계란을 한 바구니에 담지 말라'는 투자 격언을 생각하며 나름대로 자신의 자산을 나눠서 투자하고 있지만, 그것은 엄연히 자산 배분과 다른 분산투자에 불과하다는 것입니다.

금융투자에 있어 각기 다른 자산에 투자하는 자산 배분은 한 가지 자산에만 투자하는 것보다 안전하고 수익도 상대적으로 높을 수 있습니다. 왜냐하면 주식, 채권, 부동산, 원자재, 금, 은과 같은 자산들은 같은 방향으로 움직이는 것 같으나 세세히 들여다보면 서로 다르게 움직이기 때문입니다. 예를 들어, 주식이 떨어지면 채권이나 금이 오를 수 있습니다. 그러면 주식의 손실을 채권이나 금의 수익으로 보상할 수 있습니다. 반대로 주식이 오르면 채권이나 금이 떨어질 수 있습니다. 그러면 주식의 수익을 채권이나 금의 손실로 줄일 수 있습니다.

자산 배분은 각자 다른 자산에 일정한 비율로 투자해놓고, 이 비율을 유지하기 위해 주기적으로 자산을 조정하는 것이 매우 중요합니다. 이것을 '리밸런싱'이라고 합니다. 1,000만 원의 총투자금으로 주식에 500만 원, 채권에 500만 원을 투자했다고 예를 들겠습니다. 주식이 오르면서 주식에 투자한 돈이 600만 원이 되고, 채권은 하락해서 채권에 투자한 돈이 450만 원이 됐다고 합시다. 그러면 주식과 채권의 자산 배분 비율인 50%를 맞추기 위해 주식을 75만 원 정도 팔아야 하고, 그 돈으로 채권을 75만 원을 사야 합니다. 이때 자산의 총가치는 1,050만 원으로 총투자금 1,000만 원 대비 50만 원이 상승했습니다. 다시 주식은 하락해서 550만 원이 되고, 채권이 상승해서 550만 원이 됐다고 하면, 각자의 자산 배분 비율이 50 : 50이 됐기 때문에 이번에는 특별히 리밸런싱을 해줄 필요는 없습니다. 하지만 자산의 가치는 1,100만 원이 되어 있습니다. 이렇게 각기 다른 자산에 자산 배분을 한 후 가격 변동에 따라 당초 투자 비율대로 리밸런싱을 하게 되면, 안정적인 자산 가치 증가 효과를 얻을 수 있습니다.

주기	주식	채권	자산 가치
1	500	500	1,000
2	600	450	1,050
3	550	550	1,100
4	650	500	1,150
5	600	600	1,200
6	700	550	1,250
7	650	650	1,300
8	750	600	1,350
9	700	700	1,400
10	800	650	1,450

자산 배분 효과

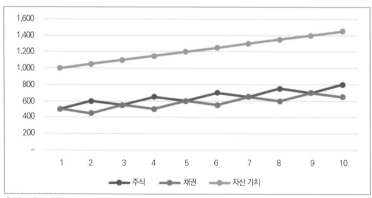

출처 : 저자 제공

자산 배분은 주식, 부동산, 원자재 등 다양한 종류의 자산으로 구성할 수 있습니다. 또한 자산은 주식의 경우 성장주, 기술주, 배당주로, 채권의 경우 단기채, 중기채, 장기채로 세부적으로 나눌 수도 있습니다. 최근에는 ETF(상장지수펀드)도 산업별, 자산별로 구분되어 있어, 개인투자자들도 이를 활용하면 얼마든지 자산 배분 전략을 사용할 수 있습니다.

자산 배분에 있어 핵심적인 개념은 상관계수입니다. 상관계수란 두 자산의 가격 변동이 얼마나 밀접하게 관련되어 있는지를 측정하는 값입니다. 상관계수는 −1에서 1 사이의 값을 가지는데 상관계수가 1이면 두 자산의 가격 변동이 완벽하게 같은 방향으로 움직인다는 것을 뜻합니다. A 자산의 가격이 오를 때 B 자산의 가격도 오른다면 둘의 상관계수는 1입니다. 반대로 상관계수가 −1이면 두 자산의 가격 변동이 완벽하게 반대 방향으로 움직인다는 것을 뜻합니다. A 자산의 가격이 오를 때 B 자산의 가격이 내려간다면 둘의 상관계수는 −1입니다. 상관계수가 0이면 두 자산의 가격 변동이 서로 독

주요 자산 간 상관계수

구분	KOSPI	국공채	회사채	전국 아파트	달러/원 환율	S&P 500	미국 국채	미국 Junk Bond	미국 리츠	EM 주식
KOSPI	1.00									
국공채	−0.02	1.00								
회사채	0.05	0.72	1.00							
전국 아파트	0.43	0.25	0.21	1.00						
달러/원 환율	−0.67	0.18	0.24	−0.28	1.00					
S&P 500	−0.10	−0.09	−0.38	−0.66	−0.15	1.00				
미국 국채	−0.62	0.27	0.30	−0.17	0.93	−0.29	1.00			
미국 Junk Bond	−0.48	0.09	0.32	−0.63	0.37	0.26	0.34	1.00		
미국 리츠	0.40	0.05	−0.31	−0.11	−0.60	0.65	−0.62	−0.04	1.00	
EM 주식	0.67	−0.05	−0.10	0.27	0.12	−0.41	0.22	−0.46	0.40	1.00

주 : 2002~2016년의 연간 자산별 수익률(전년 동기 대비)의 상관계수 값
출처 : 한국은행 경제통계정보시스템, 블룸버그, 신동아

자녀와 함께 짓는 돈나무 농사

립적이라는 것을 뜻합니다. 즉, A 자산의 가격이 오르든 떨어지든 B 자산의 가격에 영향을 주지 않는다면 둘의 상관계수는 0입니다.

각 자산 간 상관계수는 음의 관계일 때 완벽한 자산 배분 효과를 누릴 수 있습니다. 자산 배분의 대표적인 포트폴리오로는 1980년 유명 애널리스트였던 해리 브라운(Harry Brown)이 개발한 영구 포트폴리오, 세계적인 동기부여 전문가이자 변화심리학의 권위자인 토니 로빈스(Tony Robbins)가 자신의 저서 《MONEY》에서 브리지워터 헤지펀드 설립자인 레이 달리오(Ray Dalio)와의 인터뷰에서 착안한 올 시즌 포트폴리오가 있습니다.

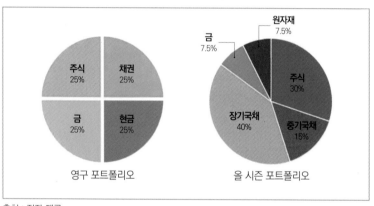

출처 : 저자 제공

영구 포트폴리오는 주식 25%, 채권 25%, 금 25, 현금 25%에 투자금을 분배하고, 일정 주기별로 리밸런싱을 실시하는 전략입니다. 그 후에 알려진 올 시즌 포트폴리오는 주식 30%, 장기국채 40%, 중기국채 15%, 원자재 7.5%, 금 7.5%에 투자금을 분배하고 일정 주기별로 리밸런싱해주는 전략입니다. 자산 배분 전략별 수익률에 대해서는 특별히 언급하지 않겠습니다만, 이런 자산 배분이 금융투자에서 자꾸 언급되는 것은 변동성이 큰 금융시장에서 안정적 수익률을 확보하고, 자산 가치 변동성을 낮춤으로써 장기 투자를 유도하기 위한 것이 핵심 이유입니다. 자본주의 사회에서 자산의 가치는 물가상승률 때문에 장기적으로 우상향한다는 전제 아래, 자산 여러 개를 동시에 투자해서 상대적으로 오른 자산을 팔아 상대적으로 떨어진 자산을 매입함으로써 투자자의 불안한 심리를 최소화하는 것이죠.

은행처럼 타인의 자본을 이용해서 수익을 창출하는 금융회사는 이런 자산 배분에 상당한 공을 들입니다. 외부 충격에도 건실한 금융회사의 이미지를 갖춰야 하며, 안정적인 수익을 발생시켜 기업을 운영하고, 투자한 고객에게 이자 및 배당금을 지급해야 하기 때문입니다.

대출금액

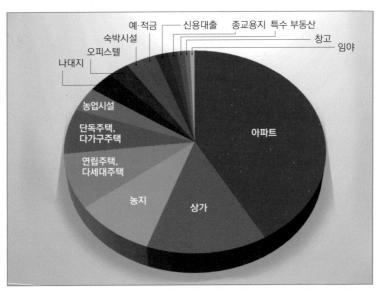

출처 : 저자 제공

위의 그래프는 제가 근무하는 지역농협 대출이 담보별로 차지하는 비중을 그래프로 도식화한 것입니다. 부동산 중 환가성이 가장

자녀와 함께 짓는 돈나무 농사

우수한 아파트가 첫 번째로 큰 비중을 차지하고, 그 뒤로 상가, 농지, 연립주택·다세대주택, 단독주택·다가구주택 등이 순서대로 비중을 차지하고 있습니다. 그 외 다양한 부동산 담보들이 대출금의 자산에 고루 형성되어 있습니다. 한쪽 자산에 너무 편중되어 있다면 경기 순환에 따라 은행이 취득한 담보물의 가격 변동성이 커지기 때문입니다. 타인의 자본을 운용해서 수익을 취해야 하는 은행으로서는 변동성을 낮춰주는 자산 배분이 필수요건입니다.

자산 배분의 장점은 시장 상황 변화에 여유롭게 대처할 수 있다는 것입니다. 대부분의 개인투자자는 짧은 시간 내에 큰돈을 벌고 싶어 합니다. 그러다 보면 하루 종일 HTS, MTS 차트만 바라보게 되고, 상승했던 자산 가격이 더 상승할 것이라고 믿고 있다가 하락이라도 한다면 팔지 못한 자신을 자책하며 처분하기도 합니다. 이상하게도 처분하면 자산 가격이 다시 상승해 개인투자자들을 심적으로 괴롭게 합니다. 우리는 자산 가격이 앞으로 어떻게 변동할지 전혀 예측할 수 없습니다. 그에 따라 각각 다른 등락 주기를 갖는 주식, 채권, 부동산, 금, 은, 외화 등에 자산을 배분해서 투자한 후, 느긋하게 기회를 엿보고 있다가 주기에 맞춰 리밸런싱만 해주면 그만입니다.

하지만 만병통치약일 것 같은 자산 배분에도 단점은 존재합니다. 자산 배분은 특정 자산에 집중적으로 투자했을 때보다 수익률이 낮을 수 있습니다. 자산 배분으로 언제 단기간에 수익을 얻어 집을 사고, 외제차도 사고, 해외여행도 다니냐며 하루빨리 은퇴하려는 파이어족이 될 수는 없습니다. 그렇지만 자산 배분은 제가 주장하는 자녀의 시간을 활용한 투자에서는 잘 맞아떨어집니다. 우리가 소비해 버린 시간, 자녀만이 가지고 있는 20~40년의 세월을 활용하면 복리 효과를 통해서 성공적인 돈나무 농사를 완성할 수 있을 것입니다.

막상 펀드에 가입하기 위해서 MTS를 열어보면 어디에 투자할지도 모르게 복잡하게 설정되어 있습니다. 하지만 이렇게 복잡하게 여겨지는 펀드에도 ETF처럼 일정한 규칙이 있습니다.

출처 : 나무증권 MTS

1. 운용사 : 펀드를 만들고 운용하는 자산운용사의 이름입니다. 운용사는 펀드의 성과를 결정하는 중요한 요인이므로 운용 철학, 절차, 위험 관리, 인프라, 운용 자산 규모, 과거 운용 성과 등을 확인하는 것이 좋습니다.

2. 투자전략 : 펀드가 투자하는 지역, 스타일, 업종, 테마 등을 나타냅니다. 예를 들어 '글로벌'은 여러 국가에 분산투자하는 것을 의미하고, '테크놀로지'는 기술 산업 관련 종목에 투자하는 것을 의미합니다. 투자전략은 펀드의 수익률과 위험도에 영향을 미치므로, 자신의 투자목적과 성향에 맞는 전략을 선택하는 것이 중요합니다.

3. 자산 종류 : 펀드가 투자하는 넓은 범위의 자산을 나타냅니다. 증권, 부동산, 특별 자산, MMF(현금성 자산), 혼합 자산 등이 있습니다. 예를 들어 '증권'이라고 표시된 경우, 펀드 자산의 50%를 초과해서 증권(주식, 채권, 주식 채권 혼합)에 투자하는 펀드입니다. 자산 종류는 펀드의 수익률과 변동성에 영향을 미치므로, 자신의 수익기대치와 위험수용력에 맞는 자산 종류를 선택하는 것이 좋습니다.

4. 모자 구분 : 모펀드와 자펀드로 구성된 모자형(母子型) 펀드인지, 아닌지를 나타냅니다. 모자형 펀드는 여러 개의 개별 자펀드들을 모아 1개 이상의 모펀드에 투자하는 형태입니다. 자펀드는 모펀드에 투자하고, 모펀드가 운용해서 획득하는 수익을 가져갑니다. 일반적으로 10개의 펀드가 있다면 10개 펀드를 따로 따로 운용해야 하지만, 모자형 펀드의 경우 모펀드 몇 개만 운용하면 되기 때문에 운용이 효율적이고 비용이 절감될 수 있습니다. 단, 투자자는 자펀드에만 투자할 수 있으며, 모펀드에 직접 투자할 수는 없습니다.

5. 법적 성격 : 펀드의 법적 형태를 나타냅니다. 투자신탁, 회사형, 합명회사형 등이 있습니다. 투자신탁은 집합투자업자와 신탁업자 간 신탁계약 체결 때문에 만들어지는 '신탁형' 펀드를 말하며, 일반인들이 투자하는 펀드 대부분은 신탁형으로 이루어져 있습니다. 회사형은 투자자가 주주가 되어 펀드에

투자하는 '주식회사형' 펀드를 말하며, 합명회사형은 투자자가 합명인이 되어 펀드에 투자하는 '합명회사형' 펀드를 말합니다. 법적 성격은 펀드의 운용방식과 권리·의무에 차이를 줄 수 있으므로, 투자설명서를 자세히 읽어보는 것이 필요합니다.

6. 주 운용자산 : 증권형 펀드가 투자하는 증권의 종류와 비중에 따라 달라집니다. 크게 주식형, 채권형, 혼합형, 파생형으로 나눌 수 있습니다. 주식형 펀드는 자산의 60% 이상을 주식에 투자하고, 채권형 펀드는 주식 없이 채권에 자산의 60% 이상을 투자합니다. 혼합형 펀드는 자산의 60% 미만을 주식 또는 채권에 투자하며, 주식투자 비중이 50% 이상일 경우 주식혼합형, 50% 미만일 경우 채권혼합형입니다. 파생형 펀드는 파생상품을 운용 목적으로 사용하는 경우로, 파생상품 운용 비중이 50% 이상일 경우 파생상품전략 펀드, 50% 미만일 경우 파생상품활용 펀드입니다.

7. 비용구조 : 펀드에 가입할 때 발생하는 비용이나 투자자 성격에 따라 구분하는 멀티클래스(종류) 펀드인지, 아닌지를 나타냅니다. 멀티클래스(종류) 펀드는 판매보수 및 판매수수료를 달리 적용하는 펀드로, 알파벳으로 구분합니다. 예를 들어, A는 수수료 선취(판매보수가 높고 판매수수료가 낮음), C는 수수료 미징수(판매보수가 낮고 판매수수료가 없음) 등을 의미합니다. 또한 E는 온라인 전용을 의미합니다.

☑ A클래스	최초 가입 시 선취판매수수료를 받으며 연간보수 낮춘 펀드
☑ B클래스	펀드 환매 시 후취판매수수료를 받으며 연간보수를 낮춘 펀드
☑ C클래스	선/후취 판매수수료를 받지 않는 대신 연간보수가 높은 펀드
☑ D클래스	선/후취 판매수수료를 모두 받는 펀드
☑ E클래스	온라인을 통해서만 가입이 가능한 온라인 전용 펀드
☑ S클래스	펀드 슈퍼마켓 전용 펀드

출처 : 전국투자자교육협의회

자녀와 함께 짓는 돈나무 농사

규칙을 알아봤으니 실제 펀드 상품 이름으로 어떤 펀드인지 알아보겠습니다.

코리아증권 미국헬스케어 증권자투자신탁(주식) A-e

코리아증권	운용회사	펀드운용사 이름이 코리아증권이라는 의미
미국헬스케어	투자지역/ 섹터/전략	미국의 헬스케어산업에 중점적으로 투자한다는 의미
증권	자산종류	• 증권(주식, 채권), 부동산, 특별자산 등 • 펀드의 운용자금을 주로 증권(주식, 채권)에 투자
자	모자구분	해당 펀드가 '자(子)펀드'이며 '모자(母子)형' 구조를 가지고 있는 특수형태를 취하는 펀드라는 의미
투자신탁	법적 성격	• 투자신탁, 투자회사 등 • 펀드의 법적 성격이 투자신탁형이라는 의미
(주식)	주된 운용자산	• 주식, 채권, 주식혼합, 채권혼합 등 • 펀드의 주된 운용자산이 주식이라는 의미
A-e	펀드클래스 비용구조	• A, B, C, D, E, F, G, P 등 • A-e는 A클래스의 온라인 버전이라는 의미

출처 : 전국투자자교육협의회

- **삼성 글로벌 성장혼합 증권자투자신탁(주식혼합) A**

   ☞ 운용사 : 삼성자산운용

   ☞ 투자전략 : 글로벌(전 세계), 성장(성장가치주)

   ☞ 자산 종류 : 증권(주식과 채권)

   ☞ 모자 구분 : 자

   ☞ 법적 성격 : 투자신탁

   ☞ 주 운용자산 : 주식혼합형(주식의 비중이 50% 이상~60% 미만)

   ☞ 비용 구조 : A(수수료 선취 유형)

- **NH-피델리티 중국배당 증권자투자신탁(주식) C-e**

   ☞ 운용사 : NH-피델리티자산운용

   ☞ 투자전략 : 중국(중국 국가), 배당(배당수익률이 높은 종목)

☞ 자산 종류 : 증권(주식과 채권)

☞ 모자 구분 : 자

☞ 법적 성격 : 투자신탁

☞ 주 운용자산 : 주식형(주식에 자산의 60% 이상 투자)

☞ 비용 구조 : C-e(인터넷전용 수수료 미징구 유형)

이처럼 복잡하지만 나름의 체계가 있는 구조로 펀드 이름이 구성되어 있습니다. 투자하시는 데 도움이 되길 바라며, 이해가 어렵다면 은행, 증권사에 문의하시기 바랍니다.

시작!
돈나무 농사

본격적인
돈나무 농사

상승장에서 누구나 수익을 낸다고요?

여기까지 오시느라 고생 많으셨습니다. Chapter 01에서는 자녀를 키우는 부모, 특히 엄마의 인식 개선이 필요하다는 점을 피력했고, Chapter 02에서는 주요 금융상품과 부동산에 관한 내용을 알아봤습니다. 이제 앞에서 알아본 지식을 기반으로 금융투자를 실제로 해봄으로써 본격적인 돈나무 농장을 확장할 것입니다. 이론만 배우고 실천하지 않는다면 무용지물이니까요. 금융투자는 일정한 규칙을 가지고 지속해서 시간에 투자하면 시장 수익률을 뛰어넘을 수 있습니다. 일정한 규칙도 없이 불나방처럼 주식시장에 뛰어든다면 이 종목 저 종목 바꿔가면서 결국에는 거래비용 부담, 손절만 반복할 것입니다. 자본시장연구원에서 발간한 〈코로나19 국면의 개인투자자 : 투자행태와 투자성과〉라는 보고서를 살펴보면 2020년 3월부터 2021년 2월까지 1년간 87조 원(코스피 69조 원, 코스닥 18조 원)을 순매수했고, 같은 기간 주식시장 활동계좌 수는

2,991만 개에서 3,834만 개로 843만 개가 증가했다고 합니다. 1년 남짓한 기간에 이 정도 규모의 신규투자금과 신규투자자가 유입된 것은 한국 주식시장에서 유례가 없던 일이라고 합니다.

개인 거래대금 및 누적순매수　　　　　**주식투자 활동계좌수**

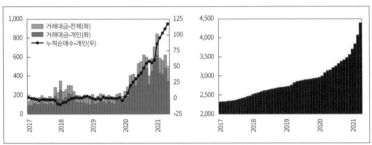

출처 : DataGuide, 금융투자협회

　　하지만 이런 열정적인 투자 광풍에도 불구하고 신규 주식시장 참여자들의 수익률이 높았는지를 따져보면 그렇지도 않습니다.

거래회전율(기존투자자 vs 신규투자자)　　**거래회전율(연령 vs 성별 vs 투자액)**

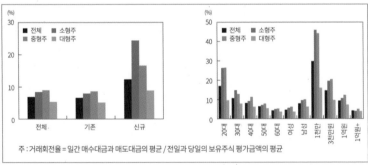

출처 : DataGuide, 금융투자협회

2020년 3월부터 신규로 주식시장에 참가한 투자자는 20대, 소액 투자자가 가장 큰 비중을 차지했는데, 이들의 거래회전율이 전체 거래자 중에서 가장 높게 나타났습니다. 즉, 정확한 금융투자 기준 없이 시장에 참여해서 급등하는 주식만 쫓아다니며 사고팔기를 반복하다 보니 오히려 평균 시장 수익률보다 낮은 수익률을 기록한 것입니다.

개인투자자 수익률 추이

주 : 1) 시간가중 수익률(time weighted return) 기준
　　2) 점선은 각각 거래비용을 차감한 기존/신규투자자의 누적시간가중 수익률

출처 : DataGuide, 금융투자협회

수익률(기존투자자 vs 신규투자자)　　**수익률(연령 vs 성별 vs 투자액)**

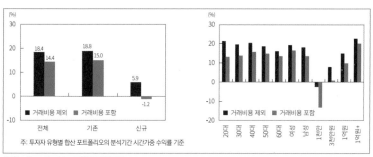

주: 투자자 유형별 합산 포트폴리오의 분석기간 시간가중 수익률 기준

출처 : DataGuide, 금융투자협회

앞의 보고서를 통해 개인투자자의 수익률을 보다 구체적으로 살펴보면, 분석 기간 전체 개인투자자의 포트폴리오 수익률은 18.4%, 거래비용을 고려할 경우 이보다 4.0%P 낮은 14.4%를 기록했다고 합니다. 기존투자자의 경우 거래비용 차감 전 18.8%, 거래비용 차감 후 15.0%, 신규투자자의 경우 거래비용 차감 전 5.9%, 거래비용 차감 후 -1.2%로, 신규투자자의 투자성과가 현저히 낮은 것으로 분석됐습니다.

물론 평균 수치다 보니 이보다 높은 수익률을 기록한 신규투자자도 있을 것입니다. 하지만 그것이 안정적인 수익을 창출하는 투자일까요? 운에 기인한 것은 아닐까요? 나이가 젊어서 지금 잃는다고 해도 나중에 투자한 원금을 회복할 기회가 있으니 이런 기준 없는 금융투자를 반복해도 되는 것일까요? 책 초반부터 언급하고 있지만, 우리 자녀에게는 부모가 이미 소비해버린 20~40년의 세월이 있습니다. 부모의 안정적인 금융투자 철학과 자녀의 시간이 결합된다면 시장 수익률을 뛰어넘는 성과를 달성할 것이라고 확신합니다. 자! 준비되셨나요? 이제 돈나무 농장을 확장하러 밭으로 같이 가보시죠.

돈나무 농사의 시작! 자녀 주식 계좌 개설하기

대표적인 금융투자는 주식을 통한 투자입니다. 최근 주식도 개별 회사의 종목투자보다는 ETF(상장지수펀드)를 통한 금융투자가 많이 활성화되어 있습니다. 자녀의 주식투자를 위해서는 일단 증권사 계좌를 개설해야 합니다. 제가 근무하는 지역농협에서는 NH투자증권 주식 계좌의 대리 개설이 가능해서 2022년까지는 유모차를 끌고 영업장에 방문하는 어머님들을 자주 볼 수 있었습니다. 하지만 2022년 7월 금융위원회에서 발표한 '금융규제혁신 추진 방향'에 따라서 2023년 4월부터는 비대면으로 부모가 미성년 자녀의 계좌를 개설할 수 있습니다.

국내 금융회사 법정대리인(부모) 비대면 계좌 개설 서비스 도입 일정

구분	은행	증권사
2023년 4~5월		KB증권, 미래에셋증권, 키움증권
2023년 상반기		토스증권
2023년 하반기	농협은행, 신한은행, 우리은행, 하나은행, 기업은행, 국민은행, 수협은행, 대구은행, 부산은행, 광주은행, 전북은행, 카카오뱅크, 토스뱅크	NH투자증권, 삼성증권, 유안타증권, 이베스트투자증권, 하나증권
2024년 상반기	경남은행, 케이뱅크	메리츠증권, 상상인증권, 신한투자증권, 유진투자증권, 하이투자증권, 한국투자증권
2024년 하반기	산업은행, SC제일은행, 제주은행	카카오페이증권, 케이프투자증권

* 개별 금융회사의 사정에 따라 서비스 도입 일정은 일부 변동 가능함.

대부분의 증권사와 은행에서는 2023년 상반기에 비대면으로 미성년 자녀의 계좌를 개설할 수 있는 플랫폼을 갖춰 놓은 상태입니다. 증권사에서는 미성년 자녀의 계좌 개설 시 무료로 주식을 증정하는 이벤트도 하고 있으니 유리한 증권사를 선택해서 개설하면 됩니다. 저는 지역농협 직원이다 보니 NH투자증권 모바일 앱 '나무(Namuh)'를 통해 개설했습니다. 미성년 자녀의 계좌 개설 프로세스는 대략 다음 그림처럼 진행됩니다.

미성년자 비대면 계좌 개설 방법(예시)

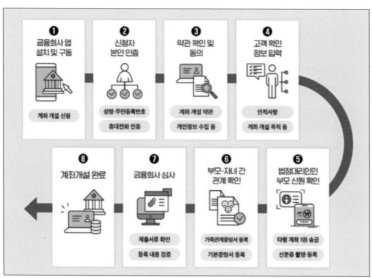

출처 : 금융투자협회

자녀와 함께 짓는 돈나무 농사

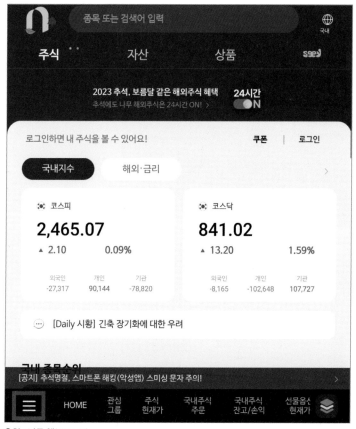

출처 : 나무 앱(이하 동일)

먼저 구글 Play 스토어 또는 애플 앱 스토어를 통해서 나무 앱을
다운 받은 후 설치해줍니다. 나무 앱을 실행하면 홈 화면이 나오는
데 왼쪽 아래 삼선 버튼을 눌러줍니다.

　삼선 버튼을 누른 후 오른쪽 위 고객센터, 좌측 계좌 개설 버튼을 순서대로 누르면 우측에 '자녀 계좌 개설' 메뉴가 나타나는데 이것을 선택하면 됩니다.

　　　　　　　　　　　　　　자녀와 함께 짓는 돈나무 농사

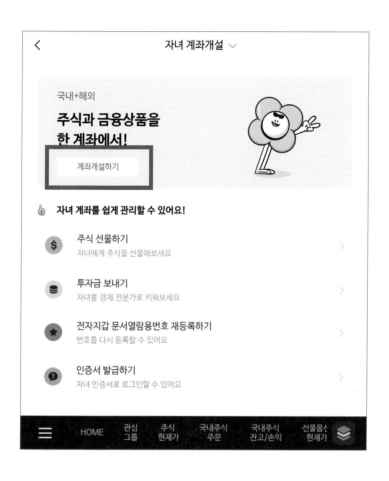

　전환된 화면에서 '자녀 계좌 개설' 버튼을 눌러줍니다. 다만, 미성년 자녀의 계좌 개설 팁이 있다면, 부모와 자녀 관계를 입증하기 위해 가족관계확인서와 기본증명서를 발급해야 하므로 '정부24' 앱을 미리 설치해야 합니다. 또한 명의 확인을 위해 부모의 입출금 통장 거래내역 알림서비스를 등록하고 신분증을 준비해놓으셔야 합니다.

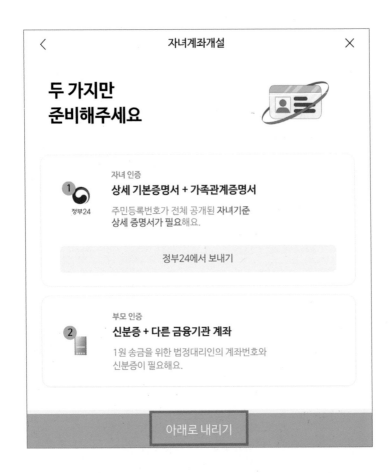

해당 내용까지 따라오신 후 아래로 내리기 버튼을 누르면 '정부 24'에서 자녀의 가족관계증명서와 기본증명서를 발급받아 전자지갑에 넣는 영상이 소개되어 있습니다. 참고해서 천천히 따라 하면 누구나 가능하실 것입니다. 그 후 부모와 자녀의 인적사항을 입력해주고 사용할 비밀번호 등을 입력하면 계좌 개설이 끝납니다. 미성년 자녀의 계좌는 신청하는 즉시 바로 개설되지 않고, 증권사나 은행 직원의 확인 후 최종적으로 개설이 통보됩니다.

자녀와 함께 짓는 돈나무 농사

계좌 개설 신청 시 카톡 알림   계좌 개설 승인 후 카톡 알림

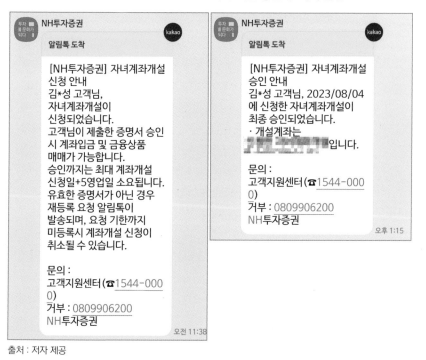

출처 : 저자 제공

계좌 개설이 승인되면 바로 증권사 계좌 사용이 가능합니다. 다만, 최근 대포통장 사용에 따른 금융회사의 부담으로 인해서 최초 개설한 비대면 계좌는 5일 동안(개설일 포함) 은행 이체 출금 한도가 1일 최대 100만 원으로 제한됩니다. 자녀 계좌에서 당장 큰돈을 출금할 일은 없으니 즉시 사용하는 데 큰 문제는 없습니다.

계좌 개설이 승인되면 증권사 홈페이지에 방문해서 아이디와 비밀번호를 등록하고 인증서 발급을 완료한 후 1회 로그인만 실행하시면 계좌 개설 절차는 완료됩니다.

예수금은 증권사 계좌에 입금한 현금 중 주식 매매에 사용하지 않은 금액을 말합니다. 즉, 언제든지 출금이 가능한 돈을 뜻합니다. 예를 들어, 100만 원을 증권계좌에 입금했다면 그 당시 예수금은 100만 원이 되는 것입니다. 또한 100만 원의 예수금이 있는 상태에서 50만 원어치의 주식을 매수했다면, 남은 예수금은 50만 원이 됩니다. 예수금은 주식 매수를 위한 대기 자금으로 사용되거나, 인출 가능한 금액으로 취급됩니다. 주식을 매도하면 거래일 포함 3영업일째에 출금 또는 이체할 수 있습니다. MTS나 HTS의 예수금 상세 명세를 살펴보면 D, D+1, D+2 예수금으로 표시되는데, 주식 매도에 따른 예수금 결제일 차이로 이렇게 표시되는 것입니다.

증거금은 주식거래의 증거가 되는 금액을 말합니다. 주식거래는 실제로 결제가 완료되기까지 거래일 포함 3영업일(D+2)이 걸리는데, 이 기간에 증권사가 고객의 대신 결제를 해줄 때 필요한 보증금입니다. 예를 들어, 100만 원의 예수금이 있고, 증거금률이 40%인 주식을 250만 원어치 매수했다면, 증거금은 100만 원이 되고, 미수금은 150만 원이 됩니다. 미수금은 결제일까지 갚아야 하는 금액입니다. 증권계좌에서 미수금은 거래 체결일 포함 3영업일(D+2) 안에 입금해야 합니다. 예를 들어, 월요일에 미수로 주식을 매수했다면, 수요일까지 미수금을 입금하거나 주식을 매도해서 결제해야 합니다. 만약에 미수금을 입금하지 못하면 증권사가 결제일 다음 날 정규장 시작 전 동시호가 시간대에 투자자의 주식을 임의로 팔아버리게 됩니다. 이를 반대매매라고 하며, 반대매매로 인해 자신이 원하는 가격에 주식을 처분할 수 없으면 손실이 발생할 수 있습니다. 또한 미수금이 발생한 계좌는 30일간 미수 동결계좌로 지정되어 증거금 100%로만 거래할 수 있게 됩니다. 따라서 미수금은 가능한 한 피하거나 빠르게 갚는 것이 좋습니다. 다행히도 미성년 자녀의 증권계좌는 증거금 100%로 자동 지정되어 있으니 증거금 내에서만 증권거래를 하시면 됩니다.

어렵다는 주식투자, 이것만 알아도 된다

자녀의 계좌 개설이 완료됐습니다. 최근에는 대부분 스마트폰의 MTS로 거래하기에 MTS 기준으로 설명하겠습니다. 주식거래를 하면서 꼭 알아야 하는 내용은 캔들차트와 이동평균선입니다. 캔들차트는 일본에서 약 200년 전에 개발된 것으로 전해지고 있습니다. 에도막부 시절 일본의 경제 중심지였던 오사카에는 전국 각지에서 모인 쌀을 거래하는 도지마 곡물 거래소가 있었는데, 이 당시 오사카의 상인 혼마 무네히사(1717~1803년)가 쌀 가격을 판단하기 위해 고심한 끝에 개발한 것이 '캔들차트'입니다. 캔들차트도 모양에 따라 망치형, 도지형, 교수형 등 다양한 형태로 분류하고, 이에 따라 주가 전망이 가능하다고 합니다만 의미 없는 짓입니다. 주식 서적에서는 캔들차트를 통해서 주가지수를 전망할 수 있는 것처럼 나열하고 있지만, 캔들차트로 일, 주, 월, 연단위 주가의 시가, 종가, 저가, 고가를 파악할 정도만으로도 충분합니다.

이동평균선은 주식차트에서 주가의 기간별 평균가격을 표시한 선입니다. 기본적으로 MTS를 켜면 5일, 20일, 60일, 120일 이동평균선이 표시되어 있습니다. 이는 해당 주식의 일별 종가를 기간별로 평균한 값을 선으로 나타낸 것입니다. 차트설정을 통해 기간을 추가하거나 삭제할 수 있고, 이동평균선의 색깔, 두께 등을 개인 취향에 맞게 설정할 수 있습니다. 또한 MTS나 HTS에서는 기본적으로 주식의 종가 기준으로 이동평균선을 나타내는데, 시가·고가·저가·종가를 단순·가중·지수 평균으로 설정을 변경해서 나타낼 수 있습니다.

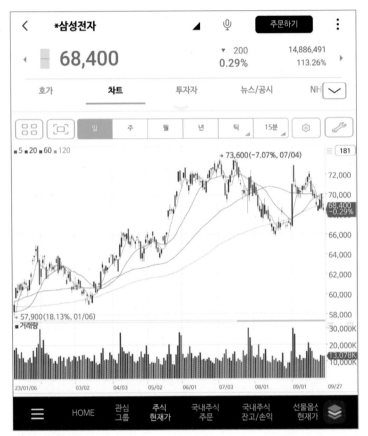

출처 : 나무증권 MTS

우리나라 대표 기업 삼성전자를 MTS에서 실행한 차트입니다. 빨간색 캔들은 주가가 상승한 '양봉', 파란색 캔들은 주가가 하락한 '음봉'이라고 합니다. 차트 상단에 보면 일, 주, 월, 년, 틱, 15분으로 표시되어 있습니다. 이것은 주가의 움직임을 하루, 일주일, 한달, 1년 단위로 캔들차트를 통해 표시하는 것입니다. 이렇게 표시한 캔들차트를 일봉, 주봉, 월봉, 연봉이라고 말합니다. 분은 주가의 움직임을 분 단위로 표시합니다. 1분, 3분, 5분, 10분, 15분, 30

자녀와 함께 짓는 돈나무 농사

분, 60분으로 변경할 수 있습니다. 주식투자에서 단타를 자주 하시는 분들이라면 1분봉, 5분봉, 30분봉이라는 말을 자주 들으셨을 텐데, 분 단위로 캔들차트를 설정하는 것을 칭하는 용어입니다. 틱은 주식 가격의 1호가 단위로 거래되는 것을 그래프로 나타내는 것인데 사용하실 필요는 없습니다. 캔들차트는 장 시작가인 시가, 장 마감 가격인 종가, 장중 가장 낮은 가격인 저가, 장중 가장 높은 가격인 고가를 표시합니다.

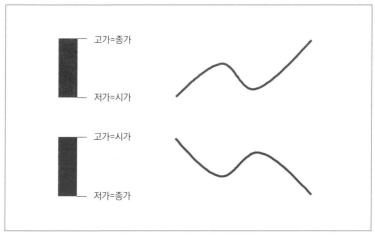

출처 : 저자 제공

위의 그림을 일봉 캔들차트라고 합시다. 빨간색은 양봉인데 아래위가 꽉 찬 양봉은 저가와 시가가 같고, 고가와 종가가 같습니다. 주가의 흐름은 오른쪽 빨간 선처럼 움직일 수 있습니다. 파란색은 음봉인데 아래위가 꽉 찬 음봉은 저가와 종가가 같고, 고가와 시가가 같습니다. 주가의 흐름은 오른쪽 파란 선처럼 움직일 수 있습니다.

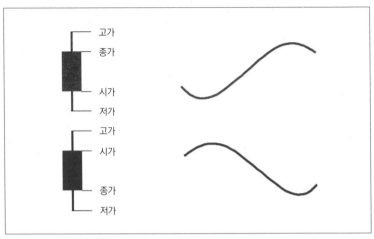

출처 : 저자 제공

　양봉과 음봉을 고가, 저가, 시가, 종가가 다르게 표시해봤습니다. 주가의 흐름이 좀 더 복잡하게 움직일 수 있지만, 이해를 위해서 오른쪽 빨간색과 파란색 선처럼 표시했습니다. 캔들차트를 봄으로써 그날의 주가가 상승, 하락했는지, 고가와 저가가 얼마였는지 바로 파악할 수 있어야 합니다.

　다음은 이동평균선에 관해서 설명하겠습니다. 일주일 중 주식시장이 열리는 날은 5영업일, 한 달은 약 20영업일, 1년은 약 250영업일입니다. MTS의 주가차트에서 왼쪽 위 5, 20, 60, 120은 5일, 20일, 60일, 120일간의 주가의 종가를 평균을 나타낸 선으로 통상 5일 선, 20일 선, 60일 선, 120일 선이라고 칭합니다. 그럼 5일 선은 일주일간 주가의 종가 평균, 20일 선은 한 달간 주가의 종가 평균, 60일 선은 3개월간 주가의 종가 평균, 120일 선은 6개월간 주가의 종가 평균을 나타낸다는 뜻입니다. 그렇다면 1년, 2년의 주가 이동평균선을 보고 싶다면 어떻게 할까요?

　　　　　　　　　　　　　　　자녀와 함께 짓는 돈나무 농사

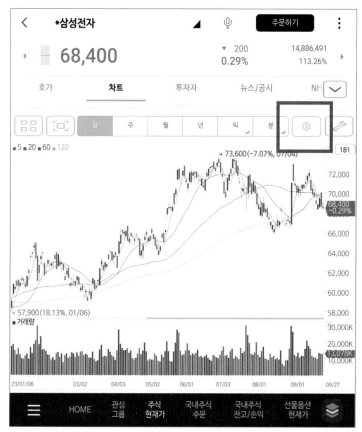

출처 : 나무증권 MTS(이하 동일)

MTS차트를 열어 오른쪽 위 톱니바퀴 모양을 눌러줍니다. 대부분의 차트 설정 변경은 여기서 이루어집니다.

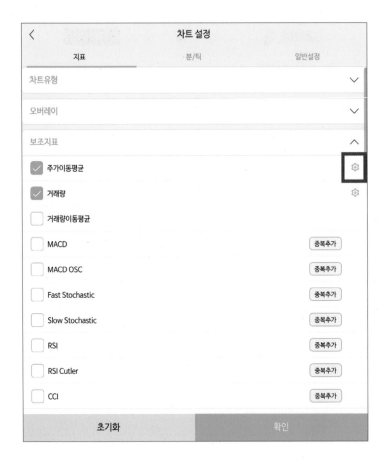

톱니바퀴를 누르면 화면이 전환됩니다. 이 중에서 '주가 이동평
균' 우측의 톱니바퀴 모양을 한 번 더 눌러줍니다.

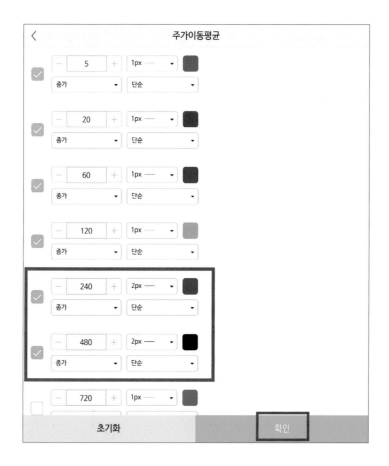

빨간색 테두리 내용을 설정해줍니다. 240일은 1년, 480일은 2년 동안 주가의 종가기준으로 평균가격을 표시한 것입니다. 색깔을 다른 이동평균선과 다르게 취향대로 설정하고, 두께도 다르게 설정해볼 수 있습니다.

설정한 후 하단 확인 버튼을 눌러줍니다.

　설정이 끝난 후 차트를 축소하거나, 왼쪽으로 드래그하게 되면 240일, 480일 이동평균선 설정이 완료됩니다. 왼쪽 위에 240, 480 숫자가 표시된 것을 확인할 수 있습니다. 저도 과거에 책이나 유튜브 방송을 보고 MTS나 HTS상 차트에 각종 보조지표를 설정해놓고 주가를 판단했습니다. 하지만 저만의 투자 기준이 생긴 이후에는 모든 보조지표를 삭제한 후 480일 이동평균선 하나만 설정해서 차트를 살펴보고 있습니다. 주가의 2년간 평균 주가를 나타내는 480

일 이동평균선 하나만으로도 주가가 싼 편인지를 판단해서 분할 매수를 시도할 수 있기 때문입니다. 주식투자의 성공 비결은 우량한 기업에 얼마나 많은 기간 동안 분할 매수, 분할 매도를 할 수 있느냐의 싸움이니 언론이나 투자서적, 유튜브 등에서 복잡하게 설명하는 투자방법은 영원히 멀리하셔도 좋을 듯합니다.

모종 투자법으로 적립식 투자의 한계를 벗어나자!

　자녀를 위한 주식 계좌도 만들었고, MTS의 캔들차트와 이동평균선을 설정하는 방법도 알아봤습니다. 이제 투자 종목을 선정한 후 실제로 돈을 투입해야 할 때입니다. 하지만 과연 어떻게 투자하는 것이 효과적일까요? 주식에 돈을 투자하는 방법은 적립식 투자와 거치식 투자 2가지 방법이 있습니다. 적립식 투자는 매주, 매월 등 일정 주기에 투자금액을 나눠서 주식을 매수해 투자하는 방법이고, 거치식 투자는 특정 시기에 투자금액 전체로 주식을 매수하는 투자방법입니다.

　적립식 투자와 거치식 투자 중 어느 것이 수익률이 높고, 효율적이라고 단정 지을 수는 없습니다. 시장 상황에 따라 수익률 차이가 발생하고, 투자자들의 심리가 변하기 때문입니다.

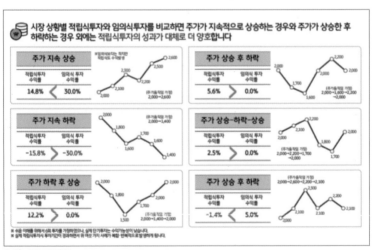

출처 : KB자산운용

자녀와 함께 짓는 돈나무 농사

앞의 그림처럼 주가가 지속해서 상승하는 경우와 주가 상승 후 하락하는 경우는 거치식 투자의 수익률이 우수하고, 주가가 지속해서 하락하거나 횡보할 경우에는 적립식 투자의 수익률이 우수합니다. 즉, 거치식 투자는 투자 타이밍만 잘 맞춘다면 큰 수익률을 얻을 수 있다는 장점이 있고, 적립식 투자는 투자 시기와 상관없이 소액으로 코스트 에버리징 효과(Cost Averaging Effect, 평균 매입 단가 인하 효과)를 누리며 종잣돈을 만들 수 있다는 장점이 있습니다.

저 또한 투자를 시작할 때 2가지 투자방법에 대해서 깊은 고민을 했습니다. 하지만 법으로 정해진 것도 아니니, 하나의 투자방법만 유지할 필요가 없다는 결론에 도달했습니다. 즉, 적립식 투자와 거치식 투자를 같이 함으로써 수익률과 코스트 에버리징 효과라는 두 마리 토끼를 모두 잡을 수 있었습니다. 저는 그 방법을 어머니가 과수원 텃밭에서 고추를 심으시는 장면을 보면서 연상하게 됐습니다.

저희 어머니가 텃밭에 심은 고추의 생존율과 수확률을 높이기 위해 씨앗을 뿌리지 않고 모종을 심으신 것처럼 투자의 안정성과 수익성을 위해 처음에는 투자금 일부를 거치식으로 투자하고, 그 이후는 적립식으로 투자하는 것입니다. 적립식 투자방법은 목돈을 모아가야 하는 자녀들에게 더할 나위 없이 좋은 투자방법이기는 하지만, 투자 초기에 주가가 상승할 경우 수익 금액이 많지 않다는 단점이 있습니다.

저의 경우 투자할 만한 주식 종목이나 ETF를 발견하면, 주기별 적립 투자금의 10~20배 정도 되는 금액을 일시로 매수합니다. 그 후 매주, 매월 등 자신이 정한 주기별로 적립식으로 투자하면 됩니다. 예를 들어, 앞으로 삼성전자에 매달 20만 원씩 투자하겠다고 마음먹으면, 처음 투자 시 200만 원의 삼성전자 주식을 일시에 매수합니다. 그리고 다음부터 돌아오는 투자주기에 삼성전자 주식을 20만 원씩 적립 투자하는 것입니다. 이 방법을 사용한다면 주가가 갑자기 급상승하더라도 초기 거치식 투자금 200만 원으로 수익을 낼 수 있으며, 반대로 주가가 내려가거나 횡보한다면 주기별 적립 투자금 20만 원으로 평균 매입 단가 인하의 효과를 누리면서 주식을 모아 추후 주가 상승 때 수익을 낼 수 있습니다.

2021년 자본시장연구원에서 발간한 〈주식시장 개인투자자의 행태적 편의〉를 살펴보면, 국내 개인투자자는 주가가 급등한 주식, 거래량이 급증한 주식을 매수하고, 주가가 오를 때 서둘러 매도하며, 주가가 내려갈 때 매도를 미루고 보유하는 행태를 보인다고 합니다. 자신이 투자한 주식의 주가가 하락하는 데 반해 시장에서는 급등한 주식이 다수 목격된다면, 본인 선택이 잘못됐다는 조바심에 손실을 보더라도 서둘러 보유하고 있는 주식을 처분하려는 것이 당연한 사람 심리일 것입니다. 하지만 제가 말씀드리고 싶은 것은 자녀와 함께 긴 호흡으로 돈나무 농사를 지으시라는 것입니다. 지금 당장은 큰 수익을 못 내는 것에 조바심이 날 수 있지만, 자녀의 시간을 활용한다면 누구든지 큰돈을 수확할 수 있을 것입니다.

저희 부모님께서 가을에 빨간 고추를 수확할 것을 기대하시면서 봄에 고추 모종을 심으시는 것처럼 부모님이 자녀의 돈나무 농장을 위해 주식 계좌에 모종을 심어보시는 것은 어떨까요?

자녀와 함께 짓는 돈나무 농사

실전!
돈나무 농사

스타벅스 커피 값으로 1억 원 만들기

　우리나라는 전 세계에서 커피를 많이 마시는 나라 중 한 곳입니다. 시장조사기관 유로모니터에 따르면, 2020년 기준으로 한국인의 연간 커피 소비량은 1명당 367잔이며, 성인 기준으로만 따지면 상당수가 1년 365일 중 하루에 한 잔 이상 마시는 셈이라고 합니다. 프랑스의 1인당 연간 커피 소비량 551잔에는 미치지 못하지만, 전 세계 평균이 161잔이라는 것을 고려하면 우리나라 국민의 커피 사랑이 얼마나 대단한지 알 수 있습니다. 우리나라에서 선호하는 커피 프랜차이즈는 어디일까요? 여론조사 전문기관 리얼미터가 2023년 4월 커피전문점 브랜드 선호도를 조사한 결과 '스타벅스'가 25.7%의 비율로 가장 많은 선택을 받아 1위를 이어갔다고 합니다. 선호 브랜드 2위는 '메가커피'로 14.3%, '빽다방'은 8.0%로 3위를 차지했다고 합니다. 그럼 스타벅스에서 가장 인기 있는 메뉴는 무엇일까요? 바로 아메리카노입니다.

요약하자면 우리나라 사람들은 매일 커피를 마시고, 프랜차이즈 커피 중에서는 다수가 스타벅스에서 아메리카노를 마신다고 할 수 있을 것 같습니다. 그럼 이 스타벅스 아메리카노 한 잔 가격이 얼마인지 한번 보겠습니다. 스타벅스는 음료 용량에 따라 톨(Tall, 355mL), 그란데(Grande, 473mL), 벤티(Venti, 591mL)로 나눕니다. 아메리카노도 용량에 따라 가격이 다른데 톨 4,500원, 그란데 5,000원, 벤티 5,500원입니다. 판매 시기와 할인 행사에 따라 가격이 약간 다를 수는 있겠지만, 대략 5,000원을 지급해야 스타벅스에서 아메리카노 한 잔을 마실 수 있습니다.

저 또한 출장을 나가서 근처 커피숍에 들르면 많은 분들이 담소를 나누는 것을 보게 되는데, 낮에는 육아에서 잠시 벗어나 인근 지인들과 즐거운 시간을 보내고 있는 30~40대 여성분들을 유독 많이 목격할 수 있었습니다. 제가 여기서 드리고 싶은 말씀은 낮에 돈나무 농사를 위해 공부하지 않고, 그 시간에 커피 마시는 것이 잘못됐다는 뜻이 아닙니다. 우리가 매일 무심코 마시는 커피 값 5,000원으로 자녀의 시간을 활용해서 투자하게 된다면 성년이 된 자녀에게 1억 원을 만들어 줄 수 있다는 것을 알고 계신지가 궁금할 뿐입니다. 그럼 커피 값을 이용해서 어떻게 1억 원을 만들 수 있는지 알아보도록 하겠습니다.

저는 주변에서 주식에 투자하고 싶다고 하면 개별 종목보다는 국가를 대표하는 주가 지수에 투자하라고 말씀드립니다. 개별 종목의 경우는 현재 사업이 잘 진행되더라도 의도치 않은 상황으로 산업이 어려워지거나, 회사에 횡령사고가 나거나, 갑작스러운 사고가 남에 따라 회사 주식 가치가 폭락하고, 최악의 상황에는 상장폐지되어 내가 보유한 주식이 휴지 조각이 될 수 있기 때문입니다. 어렵게 고른 주식이 이렇게 된다면 허망하기 짝이 없을 것입니다.

자녀와 함께 짓는 돈나무 농사

투자하고 싶지만 어떤 종목에 투자할지 모를 때는 시장 전체에 투자하는 것이 더 바람직할 수 있습니다. 즉, 시장 지수 흐름을 추종하는 인덱스펀드에 투자하는 것이 좋은 대안입니다. 최근에는 인덱스펀드를 주식시장에 상장해서 거래할 수 있는 ETF가 있기에 더더욱 국가 지수에 투자하기가 편리해졌습니다.

지수를 추종하는 ETF에 투자하는 것이 얼마나 효율적인지 알아볼 수 있는 예가 있습니다. 바로 우리가 오마하의 현인이라고 부르는 투자의 귀재 '워런 버핏'의 일화입니다. 그는 평소에도 "주식투자하는 가장 좋은 방법은 곧 인덱스펀드에 투자하는 것이다. 인덱스펀드는 그야말로 투자자에게 유리한 저가 상품이다"라고 말했습니다. 워런 버핏은 2008년 프로티지 파트너스라는 헤지펀드 회사의 대표와 10년 뒤 인덱스펀드와 헤지펀드 중 어느 상품이 더 높은 수익률을 올릴 것이냐는 내용으로 100만 달러를 걸고 내기를 했습니다. 워런 버핏이 한 내기라는 사실 때문에 금융투자업계에서도 주목을 받게 됐습니다. 당시 프로티지 파트너스 헤지펀드 대표는 추후 수익률이 유망한 5개 펀드를 선택했지만, 워런 버핏은 S&P 500 인덱스펀드를 선택했으며, 내기 상금은 승자가 지정한 자선단체에 기부하는 것으로 했습니다. 이 내기는 2017년 뉴욕 증시 마지막 거래일이던 12월 19일 워런 버핏의 승리로 끝나게 됩니다. 워런 버핏이 선택한 S&P 500 인덱스펀드는 연평균 7.1% 수익률을 냈지만, 프로티지 파트너스 헤지펀드는 2.2%의 수익률에 머물렀기 때문입니다. 또한 워런 버핏이 자신이 죽게 되면 남겨진 돈으로 '미국 대표 시장 지수를 추종하는 인덱스펀드를 90% 매입하고, 국채 매입에 10% 투입하라'라고 부인에게 유서를 남긴 것만 봐도 시장 지수 투자가 얼마나 효율적인지 다시 한번 생각하게 됩니다.

자! 그렇다면 어느 나라의 시장 지수에 투자하는 것이 우리에게 유리할까요? 저는 세계 최대의 강대국인 미국 시장 지수에 투자하는 것을 추천합니다. 미국 지수 ETF는 장기적으로 가격이 우상향하는 대표적인 자산입니다. 미국 지수 ETF는 미국 시장 인덱스펀드를 주식시장에 상장시킨 상품으로, 미국 지수 ETF에 투자하면 미국 주식시장의 성장에 참여할 수 있습니다. 여러 국가의 주식시장에 연계된 ETF가 많지만, 미국 지수 ETF에 투자해야 하는 이유는 다음과 같습니다.

미국은 세계 최대의 경제 국가이고, 혁신적인 기업들이 많습니다. 미국은 세계에서 가장 큰 규모의 경제를 보유하고 있으며, GDP(국내총생산)는 약 23.32조 달러입니다. 또한 미국에는 IT, 바이오, 반도체 등의 혁신적인 산업에서 세계를 선도하고 있는 기업들이 많습니다. 예를 들어 애플, 마이크로소프트, 아마존, 구글 등은 미국의 대표적인 IT 기업들입니다. 이러한 기업들은 성장성이 높고, 시장점유율이 높으며, 수익성이 좋습니다. 따라서 미국 지수 ETF에 투자하면 이러한 기업들의 성공에 함께할 수 있습니다.

미국 주식시장을 장기적으로 보면 안정적으로 상승하는 추세를 보여줍니다. 미국의 대표 주식시장 지수인 S&P 500지수는 1985년부터 2023년까지 연평균 약 12.22%의 수익률을 기록했습니다. 또한 미국 주식시장은 전쟁, 금융위기, 코로나19 등의 위기를 극복하며 시간은 소요됐지만 언제나 회복했습니다. 따라서 미국 지수 ETF에 투자하면 장기적으로 안정적인 수익을 얻을 수 있습니다.

미국 지수 ETF는 투자하기 쉽고 편리합니다. 우선 개별 주식을 직접 고르고 분석할 필요가 없습니다. 이미 다양한 종목들을 포함하고 있으므로, 한 번에 다양한 투자가 가능합니다. 또한 운용보수가 낮고 거래량이 많아서 비용 절감과 유동성 확보가 가능합니다. 이와 더불어 미국 시장은 우리나라 시간으로 야간에 본 장이 열리기 때문에 낮에 직장 생활을 하는 직장인에게는 주변 눈치 볼 필요 없이 자유롭게 거래할 수 있습니다. 최근에는 주간에도 거래할 수 있게 바뀌어 24시간 동안 미국 지수 ETF 거래가 가능하다고 봐도 무방할 것입니다.

이처럼 미국 지수 ETF에 투자해야 하는 이유로는 미국의 경제와 기업들의 성장성, 주식시장의 안정성, 투자의 용이성 등이 있습니다. 미국 지수 ETF에 투자하면 미국 주식시장의 성장에 참여할 수 있고, 장기적으로 안정적인 수익을 얻을 수 있으며, 투자하기 쉽고 편리합니다.

그럼 우리가 투자해야 할 대표적인 미국 지수 ETF에는 어떤 것이 있을까요? 미국의 대표적인 주가지수에는 S&P 500, NASDAQ 100, Dow Jones Industrial Average 등이 있습니다. 각 지수를 추종하는 ETF는 운용사와 연간 수수료, 레버리지 비율에 따라 다양한 종류가 있습니다.

추종지수	종목 코드	ETF 내용
S&P 500	VOO	뱅가드 운용사의 상품. 연간 수수료 0.03%. 배당금 재투자 가능
	SPY	SPDR 운용사의 상품. 연간 수수료 0.09%. 배당금 재투자 불가능
	IVV	iShares 운용사의 상품. 연간 수수료 0.03%. 배당금 재투자 가능
	SSO	ProShares 운용사의 상품. 연간 수수료 0.91%, 배당금 재투자 가능. 2배 레버리지 적용
	SPXL	Direxion 운용사의 상품. 연간 수수료 1.01%. 배당금 재투자 가능. 3배 레버리지 적용
	UPRO	ProShares 운용사의 상품. 연간 수수료 0.92%. 배당금 재투자 가능. 3배 레버리지 적용
나스닥 100	QQQ	인베스코 운용사의 상품. 연간 수수료 0.2%. 배당금 재투자 가능
	QLD	프로셰어스 운용사의 상품. 연간 수수료 0.86%, 배당금 재투자 가능. 2배 레버리지 적용
	TQQQ	프로셰어스 운용사의 상품. 연간 수수료 0.95%, 배당금 재투자 가능. 3배 레버리지 적용
Dow Jones	DIA	SPDR 운용사의 상품. 연간 수수료 0.16%. 월별 배당금 지급
	DDM	프로셰어스 운용사의 상품. 연간 수수료 0.95%. 배당금 재투자 가능. 2배 레버리지 적용
	UDOW	프로셰어스 운용사의 상품. 연간 수수료 0.96%. 배당금 재투자 가능. 3배 레버리지 적용

미국 지수를 추종하는 ETF는 지수의 움직임에 따라 1~3배까지 추종하는 상품이 존재합니다. 미국 지수의 2~3배를 추종하는 ETF 상품을 레버리지 ETF라고 칭하기도 하는데, 주가 변동이 크다는 단점이 있지만, 소액투자자에게는 적은 돈으로 큰돈을 벌 수 있다는 장점이 존재합니다.

우리가 스타벅스에서 매일 무심코 사 마시는 아메리카노 값을 일주일에 한 잔만이라도 줄여 자녀의 자산 형성을 위해 투자하자는 것입니다. 자녀를 위해 일주일에 하루만 카누나 맥심 같은 커피믹스를 타서 마시는 것이 궁상떠는 일은 아니지 않습니까?

여기서 한 가지 의문이 생길 수 있습니다. 5,000원으로 미국 시장 지수 ETF를 어떻게 사냐는 것이죠. 아래 표는 이 책을 쓰고 있는 현재 미국 시장 지수 ETF의 1주당 가격을 우리나라 원화로 환산한 가격입니다.

(기준일 : 2023.11.25, 단위 : 원)

S&P 500 지수			나스닥 지수		
VOO	SSO	UPRO	QQQ	QLD	TQQQ
543,337	77,584	62,753	505,857	89,636	57,377

1주당 가격을 보니 제일 싼 가격이 나스닥 지수 3배를 추종하는 TQQQ라는 ETF이며, 현재가는 57,377원입니다. 이렇게 비싸니 커피 한 잔 값으로는 투자할 수 없을 것처럼 보입니다. 하지만 증권사에서는 '해외주식 소수점거래' 서비스를 통해서 해외주식 1주를 소수점 단위로 쪼개어 사고팔 수 있도록 허용하고 있습니다. 비싸서 사기 망설여졌던 해외주식을 1,000원 단위로 살 수 있게 된 것입니다. 5,000원이면 충분히 투자할 수 있습니다. 고맙게도 해외주

자녀와 함께 짓는 돈나무 농사

식 소수점거래 서비스를 등록해놓고 증권사 계좌에 원화를 입금해놓으면 알아서 환전해서 미국 시장 지수 ETF를 매수해줍니다. 매일, 매주, 매달 자동으로 매수할 수 있는 자동매수도 가능하니, 투자금만 증권사 계좌로 자동이체 등록해놓으면 크게 신경 쓸 필요 없이 장기간 투자가 가능합니다. 이처럼 해외주식 소수점거래를 통해 투자했다면 얼마의 목돈을 만들 수 있는지 체크해봐야겠지요? 미래를 알 수는 없으니 과거 데이터를 기반으로 투자 결과를 내보도록 하겠습니다.

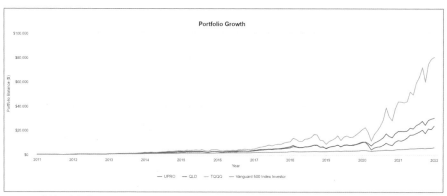

출처 : 저자 제공

투자상품	초기 잔액	최종 잔액	연복리 수익률(CAGR)	최대 손실률(MDD)
VOO	$217	$6,808	36.79%	-19.63%
UPRO	$217	$26,573	54.82%	-60.44%
QLD	$217	$33,638	58.17%	-33.78%
TQQQ	$217	$89,417	72.87%	-49.12%

앞의 자료는 아메리카노 그란데를 매주 한 잔씩 덜 마시고 5,000원을 2011~2021년까지 투자했을 경우를 계산한 것입니다. 1년은 52주고, 최근 10년간 평균 환율은 1달러당 1,200원이므로 5,000원×52주÷1,200원≒$217을 매년 투자한다는 가정입니다. 미국 지수를 추종하는 ETF 중 나스닥 100 지수의 움직임에 3배를 추종하는 ETF인 TQQQ의 경우 최종적으로 $89,417로, 이를 최근 10년간 평균 환율 1,200원으로 계산하면 107,300,400원이 되는 것을 알 수 있습니다.

물론 중간에 2011년 유럽 재정 위기, 2016년 영국 브렉시트, 2018 미·중 간 무역갈등, 2020년 코로나19와 같이 우리가 예상치 못한 시장 급락이 존재해서 큰 주가 변동을 보여주기도 했습니다. 특히, 백테스트 결과 2~3배의 미국 주식시장 ETF의 주가는 고점 대비 -60.44%까지도 하락하는 끔찍한 예도 있었던 것을 볼 수 있었습니다. 하지만 소액이며 자동이체로 알아서 분할 매수를 해주는 미국 시장 ETF 투자는 다른 투자방식에 비해서 상대적으로 주가 변동에서 큰 흔들림이 없었을 것입니다. 왜냐하면 워낙 소액으로 투자했으며, 자녀가 성년이 되면 열어보기로 한 계좌이기 때문에 최대한 무심했을 것이기 때문이죠.

최근에 청년들의 부채 문제가 큰 사회적인 문제로 대두되고 있습니다. 특히, 사회 초년생들이 아무것도 모른 채 빚을 내 투자를 감행하다 큰 손실을 보고, 그 빚을 갚기 위해 투잡, 쓰리잡까지 뛰며 귀중한 시간을 할애한다는 다큐멘터리를 시청했던 기억이 납니다. 물론 기준 없이 투자한 이들의 잘못이기는 하지만, 이들이 이렇게밖에 할 수 없었던 사정을 생각해봐야 할 것입니다. 자고 일어나면 상승하는 집값, 사상 최고치를 경신하는 코스피 지수, 남들은 몇 십 배를 벌었다는 비트코인…. 이런 이야기를 들을수록 자신만

빈곤해질 것이라는 불안감에 물려받은 것도 없는 현실에서 과감한 모험을 할 수밖에 없었을 것입니다. 우리 자녀가 이런 현실에 맞닥뜨리지 않을 것이라는 확신은 없습니다. 우리가 마시는 커피 한 잔의 값을 활용해서 하루라도 빨리 투자해야 하는 이유입니다. 커피값을 아끼자니 남들 시선이 신경 쓰여 꼭 커피 프랜차이즈에서 드셔야 하는 분들이라면, 스타벅스 말고 좀 더 저렴한 메가커피나 빽다방에서 드시고, 그 차액으로 반드시 자녀를 위한 투자를 해주실 것을 당부드립니다.

무심코 사 드신 커피 한 잔의 값이 여러분 자녀의 성공적인 돈나무 농사의 마중물이 될 수 있다는 사실을 꼭 명심하셔야 합니다.

• CAGR

우리 자녀의 자산 배분을 시작하기 전에 CAGR과 MDD라는 2가지 개념에 대해서 익히고 가겠습니다. CAGR은 Compound Annual Growth Rate의 약자로, 연 복리 수익률을 의미합니다. 예를 들어, 100만 원을 투자해서 5년 후에 200만 원이 됐다면, CAGR은 다음과 같이 계산할 수 있습니다.

$$CAGR = (200/100)^{(1/5)} - 1 = 0.1487$$

즉, CAGR은 14.87%입니다. 이는 매년 14.87%의 수익률을 얻었다는 것을 의미합니다. 대다수가 생각한 50%의 수익률을 3년으로 나눈 16.67%는 단리 수익률입니다.

• MDD

MDD는 Maximum Draw Down의 약자로, 최대 낙폭을 의미합니다. 최대 낙폭은 투자 기간 동안 고점에서 저점까지의 가장 큰 손실 폭을 말합니다. 예를 들어, 100만 원을 투자해서 최고점에서 120만 원이 됐다가 다시 80만 원이 됐다면, MDD는 다음과 같이 계산할 수 있습니다.

$$MDD = (80 - 100) / 100 = -0.2$$

즉, MDD는 -20%입니다. 이는 고점에서 저점까지 원금의 20%를 잃었다는 것을 의미합니다.

CAGR과 MDD는 자산 배분의 투자성과를 평가하는 2가지 중요한 지표입니다. CAGR은 투자의 수익성을 나타내고, MDD는 투자의 위험성을 나타냅니다. 일반적으로 CAGR을 높이고 MDD를 낮추는 것이 성공적인 자산 배분이라고 할 수 있습니다. 하지만 CAGR과 MDD 사이에는 상충 관계가 있을 수 있습니다. 즉, CAGR을 높이기 위해서는 MDD를 감수해야 할 수도 있고, 반대로 MDD를 낮추기 위해서는 CAGR을 포기해야 할 수도 있습니다.

어떤 위기도 이겨낼 수 있는 7 대 3 자산 배분 법칙

앞에서도 언급했던 자산 배분은 시장이 변동성을 이겨내고, 안정적인 수익률을 얻기 위해 행하는 투자방법입니다. 저 또한 많은 투자 서적을 읽어보면서 자산 배분을 통해서만이 우리 같은 개인 투자자들이 성공적인 투자를 할 수 있다고 배워왔습니다. 대부분 주식, 채권, 원자재, 금, 은에 관련된 ETF를 통해서 자산 배분을 하고 주기적으로 리밸런싱 해주는 것이 대표적인 자산 배분을 통한 투자방식입니다. 하지만 이 자산 배분 투자를 자세히 살펴보면 고개를 갸우뚱할 때가 있었습니다.

SPY와 TLH 주가 움직임

출처 : 키움증권 HTS

위의 자료는 미국 S&P 500 지수를 추종하는 SPY라는 ETF와 미국 10~20년물 국채 지수를 추종하는 TLH라는 ETF의 가격 변화를 차트로 표시한 것입니다. 예를 들어 2가지 자산을 통해서 자산 배분을 한다면, 한 종류의 자산 가격이 하락하면 다른 자산 가격은 상대적으로 상승해줘야만 투자자가 심리적 안정감을 가지고 장기적으로 투자할 수 있을 것입니다. 그런데 2022년에 전통적인 자산 배분 형태인 주식과 채권을 이용한 60:40의 자산 배분을 실시했다면, 1년 내내 두 자산 가격이 동시에 흘러내려 과연 자산 배분 효과가 있었을까 하는 의구심이 듭니다. 최근에서야 주가지수가 상승해주니 채권 가격의 지속적인 하락에도 불구하고 어느 정도 자산 배분 효과가 나타나겠지만, 자산 배분을 한 종목 모두 가격이 하락하게 된다면 과연 초보 투자자들은 이 자산 배분이 확실한 것인지 의심하면서 장기 투자를 할 수 없을 것입니다.

자산 배분의 원리는 생각보다 간단합니다. 가격의 움직임이 서로 다른 자산을 동시에 보유하고, 일정 주기별로 상승한 자산을 팔고, 하락한 자산을 사는 리밸런싱 과정을 해주기만 하면 됩니다. 다만, 여기에는 한 가지 전제되는 대원칙이 있어야 합니다. 서로 가격의 움직임이 다른 자산이라는 말은 단기적으로는 가격의 움직임이 서로 다른 자산이어야 하지만, 장기적으로는 해당 자산들의 가치가 우상향해야 한다는 점입니다. 하지만 매번 투자할 때 자신이 보유한 자금을 어떤 자산에 투입해야 하는지 갈팡질팡하는 개인투자자들에게는 가격의 움직임이 서로 다른 자산을 고르는 것 또한 굉장한 고역입니다.

저 또한 자산 배분을 통한 장기 투자에 갈증을 느끼고 있던 터라, 어떤 자산에 투자해야 하는지 고민해왔습니다. 주식에 투자하자니 한 기업의 주가가 지속해서 상승할 수 있을지도 미지수였고, 금, 은, 채권 같은 자산들도 꾸준히 우상향하는 모습을 보여주지는 못하고 있었기 때문입니다. 그러던 중 저는 미국 뱅가드그룹의 창업자이자 1975년 세계 최초로 인덱스펀드인 '뱅가드 500 인덱스펀드'를 개발한 존 보글(John Bogle)이 쓴 《모든 주식을 소유하라》라는 책을 읽고 영감을 얻게 됩니다. 존 보글은 이 책에서 시장 전체에 투자하는 인덱스펀드에 투자한다면 개별 주식 종목을 고르는 데 따른 위험, 특정 부문을 표적으로 삼는 데 따른 위험, 펀드매니저 선택에 따른 위험 등 투자와 관련한 다양한 위험에서 벗어날 수 있고, 이러한 위험이 제거되고 나면 관리해야 할 위험은 '시장위험'만 남는다고 주장하고 있습니다. 즉, 개인투자자들이 투자할 때 어떠한 행위도 하지 말고 시장 지수를 추종하는 펀드에 투자하면 어떤 펀드보다 위험 관리를 훨씬 덜 하면서 수익률을 극대화할 수 있다는 것입니다. 그래서 저는 자산 배분을 구성하는 하나의 자산으로 국가 주가지수를 추종하는 ETF, 이 중에서도 미국 주가지수를 추종하는 ETF를 선택하게 됐습니다(미국 ETF에 투자해야 하는 이유는 앞에서 언급했습니다).

그리고 주가지수를 추종하는 ETF라도 주식시장이 폭락하는 시장위험은 반드시 존재하기 때문에 어떤 자산을 매입하지 않은 채 일정 비율의 현금을 포트폴리오에 보유하고 있습니다. 이 현금을 통해 2008년 금융위기, 2020년 코로나19 시기 같이 주식시장 폭락이 발생하면, 싼 가격에 미국 ETF를 추가로 매입할 기회를 얻게 됩니다. 이 현금 또한 그냥 보유한다면 이자를 받을 수 없어 가치가 하락하는 '기회비용 상실' 효과가 발생하기 때문에 은행에서 운영하는 파킹통장이나 증권사에서 발행하는 '원화 RP 또는 외화 RP'를 활용한다면 지속적으로 자산 가치가 증가하는 효과를 누릴 수 있습니다.

이 두 자산을 가지고 자산 배분을 통한 포트폴리오를 구성한다면 어떠한 시장 위험이 닥치더라도 적절하게 대응하면서 장기적으로 훌륭한 수익률을 얻으며 투자할 수 있습니다. 그렇다면 두 자산의 비중은 어떻게 구성해야 할까요? 대부분 은행권에서 자산관리 또는 포트폴리오 구성 시 7 대 3 법칙을 따를 것을 고객들에게 조언하고 있습니다. 그래서 저 또한 미국 지수 ETF와 현금의 자산 배분 비중을 7 대 3으로 운영하는 것을 추천해드립니다. 하지만 이 비중은 자신의 성향에 따라 얼마든지 변동할 수 있습니다. 자신이 시장 위험에 좀 더 보수적인 투자자라면 5 대 5로 운영해도 되고, 시장 위험에 공격적인 투자자라면 8 대 2로 운영해도 됩니다.

미국 지수 ETF 70%	현금 30%

이 두 자산을 통한 7 대 3 자산 배분은 목돈을 투자하는 거치식 투자, 매월 일정액을 내는 적립식 투자에도 얼마든지 활용할 수 있습니다. 다만, 일정 주기별로 각 자산의 가격 변동에 따른 리밸런싱을 어떻게 해야 하는지 계산의 어려움이 따르기 마련인데 저와 같이 엑셀을 활용해서 표를 만들어 놓는다면 아주 쉽게 리밸런싱을 할 수 있습니다.

RB계산기

주식평가금	
현금	
합계	
RB주식	
RB현금	
RB주식매입액	
RB매입단가	
RB매입주수	

여기서 잠깐!

저자의 블로그에서 리밸런싱 계산기 엑셀 파일과 구글 시트를 공유하니 필요하신 분들은 QR코드를 통해 접속하시기 바랍니다.

자녀와 함께 짓는 돈나무 농사

이 7 대 3 자산 배분이 얼마나 위력적인지 백테스트를 통해서 확인해보도록 하겠습니다. 저는 미국 지수 중 나스닥 100에 3배를 추종하는 TQQQ에 투자하고 있는데, 큰아들이 태어난 2011년 9월의 다음 달인 10월부터 1,000만 원을 ETF에 7 대 3의 자산 배분을 통해 2023년 11월까지 투자하는 조건으로 백테스트해봤습니다.

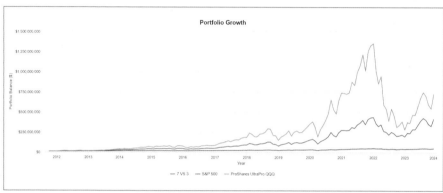

출처 : 저자 제공

자산 배분	초기 잔액	최종 잔액	연복리 수익률(CAGR)	최대 손실률(MDD)
TQQQ 70%/ 현금 30%	1,000만원	4억 1,680만 원	35.88%	-54.81%
TQQQ 100%	1,000만원	7억 2,642만 원	42.22%	-79.08%

TQQQ와 현금을 7 대 3으로 자산 배분한 결과 4억 1,680만 원의 투자금을 회수할 수 있었습니다. TQQQ에 100% 투자하는 것이 7억 2,642만 원을 얻을 수 있으니 투자 결과가 더 좋은 것이 아니냐고 반문할 수 있습니다. 만약 주식을 100% 보유했다면 투자 과정 중 2015년 그리스 구제금융과 메르스 확산, 2018년 무역 전쟁, 2020년 코로나19, 2021~2022년 러우전쟁과 미국의 금리 인상

으로 인한 시장 급락을 견뎌냈을지 의문입니다. 7 대 3 자산 배분의 경우 최대 손실률(MDD)은 -54.81%로 내 자산의 약 55%가 하락했지만, TQQQ만 100% 보유하면 최대 손실률(MDD) -79.08%로 내 자산이 약 80% 하락하게 됩니다. TQQQ만 100% 보유하면 중간중간 우리에게 충격으로 다가오는 시장 급락 때 내가 투자한 자산이 순식간에 사라질지 모른다는 불안감에 대부분의 투자자는 조금이라도 건지기 위해 손실을 확정한 채 매도할 것입니다. 하지만 단순히 현금을 보유함으로써 자산 가격의 변동성을 획기적으로 줄이고, 시장이 폭락할 때 현금으로 유연하게 대처함으로써 장기 투자가 가능한 7 대 3 전략이야말로 우리 같은 개인투자자가 지향해야 할 투자 방향이라고 생각됩니다.

현금을 보유하고 있으면 내 자산의 손실을 확정 짓지 않고 어떤 방향으로든 투자할 수 있습니다. 자산 배분이라는 명목 아래 여러 자산군을 분산해서 투자했을 경우, 장기적으로 자산 가치가 우상향해준다면 더할 나위 없이 행복한 가정이겠으나, 투자 주체는 한 치 앞도 내다볼 수 없는 우리 같은 사람들입니다. 단기적인 관점에서는 자산 배분해놨던 자산군들의 가치가 동반 하락하는 시기가 반드시 발생하기 마련입니다. 자산 배분을 해보겠다고 투자를 감행했지만 모든 자산이 하락하고 있는 자신의 계좌 상태를 바라본다면, 그 투자를 장기적으로 수행할 수 있는 사람이 과연 몇이나 될까요?

7 대 3 자산 배분에 있어 7에 해당하는 자산은 어떤 것이든 상관없습니다. 삼성전자, SK하이닉스, LG 에너지솔루션과 같은 개별 주식, 코스피 지수를 추종하는 KODEX 200과 같은 국내 ETF도 가능합니다. 자신의 투자 성향에 맞춰 조금 더 과감한 가격 변동을 보이는 자산군으로 포트폴리오를 구성할 수 있습니다.

우리 자녀들은 성인으로 성장하기까지 많은 시간을 보유하고 있습니다. 그 기간 동안 몇 번의 시장 위험이 발생할지 아무도 예측할 수 없습니다. 일정 부분 현금을 보유함으로써 시장 위험을 유연하게 대처할 수 있는 7 대 3 자산 배분 전략을 구사해서 자녀들의 돈나무 농사 확장에 크게 기여했으면 합니다.

어린이날 선물 대신 사줄 주식 고르기

앞서 언급한 '스타벅스 커피 값으로 1억 원 만들기'는 소액으로 하는 장기 투자방법을, '어떤 시장도 이겨낼 수 있는 7 대 3 자산 배분 법칙'은 자산 배분에 있어 현금을 보유함으로써 장기 투자하는 방법을 설명한 것입니다. 두 방법의 공통점은 주식시장 지수를 추종하는 ETF에 투자함으로써 돈나무 농사를 확장하는 방법이라는 것입니다. 하지만 주변 분들과 투자와 관련해서 의견을 나누다 보면 지수를 추종하는 ETF 투자에 대해 부정적인 분들이 예상외로 많았습니다. 이유는 지수 추종 ETF는 주가의 변동성이 낮아 큰돈을 벌 수 없다는 것이었습니다. 미국 주식시장을 추종하는 ETF는 3배의 움직임을 추종하는 상품도 있다고 조언해도 개별 주식 종목에 투자하겠다고 주장하는 분들이 대부분이었습니다.

이번 편에서는 이런 인식을 가진 분들에게 자녀의 성공적인 돈나무 농사를 위해 어떤 주식에 투자해야 하는지 조언해드리고자 합니다. 시중의 자녀 경제 공부 관련 서적을 읽어보면 대다수가 주변에서 주식회사를 탐색하고, 가급적 시가총액이 큰 회사의 주식에 소액 투자할 것을 권유하고 있습니다. 물론 좋은 방법입니다. 하지만 자녀가 탐색해온 주식회사가 과연 미래 주가가 상승해도 재무가 안정적인 회사일까요? 또한 그렇다고 하더라도 역사적 고점에서부터 주식을 매수하기 시작해서 10~20년 동안 계속 손실만 보고 있다면 자녀는 주식투자를 권유한 부모를 어떻게 바라볼까요?

그럼 예를 들어보겠습니다. 김투자 씨는 아들인 김펀드에게 금융교육을 한 후 주식투자를 할 것을 권유했습니다. 아들 김펀드는 아빠가 알려준 방식으로 주변의 주식회사를 찾아 나섰습니다. 김펀드의 눈에 띈 것은 우리 집을 항상 밝게 빛을 밝혀주는 전기를 만드는 회사 '한국전력'이었습니다. 한국전력을 검색해보니 우리나라에 전기를 독점적으로 제공하는 공공기관이어서 부도의 위기가 없다는 사실도 알아냈습니다. 그리고 최근 한국전력 토지를 현대자동차에 10조 5,500억 원에 매각해서 기존에 있던 부채를 감축할 수 있다는 호재도 발견했습니다.

김펀드는 아빠에게 자신이 왜 한국전력을 선택했는지 설명했습니다. 아빠 김투자 또한 아들이 직접 우량한 주식회사를 공부하고 선택했다는 사실에 뿌듯해하며 매달 1주씩 매수해주기로 합니다. 이때가 2014년 9월입니다.

한국전력 월봉차트

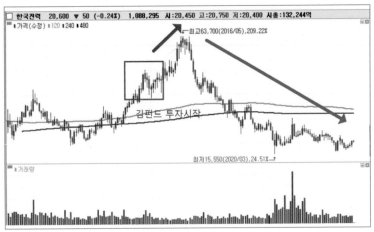

출처 : 삼성증권 HTS

자녀와 함께 짓는 돈나무 농사

이들 부자는 2014년 9월 48,000원에 한국전력 주식 1주를 매입한 이후 매달 꾸준히 1주씩 매입했습니다. 약 2년간은 주가가 상승해 부자는 기분이 매우 좋았습니다. 하지만 2016년 이후 주가가 약 7년간 내림세를 보이더니 2023년 7월 4일에는 20,600원까지 하락했습니다. 최근 한국전력의 영업적자가 사상 최대를 갱신했다는 신문기사를 읽고, 부자는 지금까지 투자한 한국전력 주식을 전량 손절매했습니다. 아빠 김투자는 아들에게 면목이 없어 주식투자에 관련해서 다시는 언급하지 않았고, 아들 김펀드는 아빠가 자신에게 알려준 금융지식과 투자방법이 적절하지 않았다고 생각해서 부자간에 금융 및 경제 관련 대화는 단절됐습니다.

앞의 예시는 극단적인 사례를 들어 본 것입니다. 시중 서적처럼 수박 겉핥기식으로 아이들에게 주식투자를 권유했다가 다시는 금융투자에 관심을 가지지 않을 수도 있습니다. 앞의 사례에서 발견된 주식투자의 문제점은 어떤 회사에 투자해야 할지와 어느 시기에 투자를 감행해야 하는지를 몰랐다는 것입니다.

이렇게 자신의 주변과 밀접하게 연관된 시가총액 상위 종목에 투자하는 전략이 나쁘다는 것은 아닙니다. 하지만 이 또한 정답은 아닙니다. 다음 표에서 2000년~2023년 8월 말까지 KOSPI 시장 시가총액 상위 10개 종목의 순위 변동을 살펴보면, 삼성전자를 제외하고 순위를 유지하는 기업이 몇이나 되나요? 제 눈에는 보이지 않는데 여러분은 발견하셨습니까? 물론 순위는 떨어져도 시가총액 자체가 증가해서 주가가 상승한 기업도 있다고 반론하시겠지만, 예를 들었던 한국전력이나 KT, KT&G 같은 기업에 투자했다면 어떻게 됐을지 끔찍하기만 합니다.

순위	2000년	2010년	2020년	2023년 8월
1	삼성전자	삼성전자	삼성전자	삼성전자
2	SK텔레콤	포스코	SK하이닉스	LG에너지솔루션
3	KT	현대차	삼성전자우	SK하이닉스
4	한국전력	현대중공업	LG화학	삼성바이오로직스
5	포스코	현대모비스	삼성바이오로직스	POSCO홀딩스
6	국민은행	LG화학	셀트리온	삼성전자우
7	KT&G	신한지주	네이버	삼성SDI
8	외환은행	KB금융지주	삼성SDI	LG화학
9	기아차	삼성생명	현대차	현대차
10	주택은행	기아차	카카오	네이버

출처 : 한국거래소

　저 또한 주식투자 초반에는 투자할 주식회사를 고를 능력이 없었습니다. 하지만 제가 여태까지 회사에서 해왔던 일을 통해 우수한 기업을 선택해보자는 생각을 하게 됐습니다. 저는 약 20년간 지역농협에 근무하면서 약 18년간 대출 업무를 담당해왔습니다. 대출 업무를 하면서 비록 비상장 주식회사지만 많은 기업에 대출금을 지급하기 위해 심사해왔습니다(제 근무처는 지역농협이지만, 후술에서는 은행으로 통칭하겠습니다).

　은행에서 기업에 대출을 실행하기 위해서는 담보물의 가치와 상환능력 2가지를 중점적으로 심사하게 됩니다. 담보물의 가치는 외부 감정평가 전문기관에서 감정평가서를 발급받고, 인근 공인중개사 사무실에 방문해서 최근 거래 사례와 시세 등을 수소문하며, 인터넷으로 실거래 가격과 거래 건수 등을 점검하게 됩니다.

　상환능력은 기업의 최근 3개년의 재무제표를 받아서 전기 대비 당기에 급증, 급감한 계정과목 점검 및 사유 파악, 재무상태표와 손

자녀와 함께 짓는 돈나무 농사

익계산서를 비교해서 비정상적인 내용 및 사유 파악, 각종 재무비율의 기준치에 해당하는지를 점검하게 됩니다. 상환능력 심사는 말은 어렵게 느껴지지만, 이 기업이 은행에 담보를 맡기고 이자와 원금을 얼마나 잘 상환할 수 있는지 판단하는 과정입니다. 즉, 해당 기업이 지금은 자금 확보를 위해서 대출을 신청하지만 기존에 돈을 잘 벌고 있었나(영업이익과 당기순이익), 기존 대출이 과다하지 않아 이번 대출금 이자 납부는 원활할까(부채비율), 회사에 위기가 발생했을 때 즉시 처분할 수 있는 자산은 어느 정도나 있는가(당좌비율), 기업이 유지하면서 얼마나 많은 돈을 벌어 놨는가(유보율)를 심사하는 것이 상환능력 심사입니다.

은행이 대출을 하는 주요 목적은 얼마나 장기간 동안 기업에게서 이자를 받을 수 있느냐입니다. 그러기 위해 해당 기업은 아주 안정적으로 돈을 버는 기업이어야 합니다. 그래서 담보 평가는 물론 상환능력 심사를 병행하는 것입니다. 그렇다면 우리가 주식투자를 함에 있어 종목 선정 시 은행들의 상환능력 심사 방법을 적용해보는 것은 어떨까 하는 생각을 해보게 됐습니다. 안정적인 이익을 내면서 현금까지 풍부한 기업은 늘 위기에도 잘 대비할 수 있고, 성장 동력도 크니까요. 그렇다면 제가 대출 심사할 때 주로 살펴보는 주요 재무비율의 개념에 관해서 설명하고, 해당 비율을 기업 선정에 어떻게 적용하는지 살펴보도록 하겠습니다. 회계 용어라고 너무 두려워하지 않으셨으면 합니다. 반복적으로 보다 보면 누구나 쉽게 익힐 수 있는 개념입니다.

• 영업이익과 당기순이익

주식회사는 회계연도(통상 1~12월)에 활발한 기업활동을 통해 이익을 벌어들이게 됩니다. 제가 근무하는 은행의 예를 들어보겠습니다. 고객에게 대출해주고 대출이자를 받기 위해서는(매출액) 불특정 다수를 대상으로 예금을 모집합니다. 이 예금은 고객에게 예금이자(매출원가)를 지급해서 모집하게 되지요. 이때 대출이자(매출액)에서 예금이자(매출원가)를 뺀 금액을 매출총이익이라고 칭합니다.

매출액(대출이자)-매출원가(예금이자)=매출총이익

그리고 은행은 대출금과 예금을 모집하고 관리하기 위해 직원을 고용하며, 건물 임대료를 지급해서 지점을 운영합니다. 또한 대출해준 고객이 돈을 갚지 않을 것에 대비해서 대손상각비를 들여 미리 대손충당금을 적립합니다. 이렇게 상품을 판매하고 고객과 회사의 자산을 관리하기 위한 비용들을 '판매비와 관리비'라고 합니다. 매출총이익에서 판매비와 관리비를 차감한 것이 영업이익입니다. 매출이익보다 판매비와 관리비가 더 크다면 영업손실이라고 칭합니다.

매출총이익-판매비와 관리비=영업이익(또는 영업손실)

은행이 예금을 과도하게 모집했으나 이를 대출금으로 운영하지 못해서 자금이 남으면 외부기관에 투자하게 됩니다. 자금을 외부 금융기관의 정기예치금에 투자하니 이자 수입을 받았습니다(영업

자녀와 함께 짓는 돈나무 농사

외 수익). 또는 외부 펀드에 자금을 운용했는데 세계적인 불경기로 손실을 보게 됐습니다(영업 외 손실). 1년 동안 벌어들인 영업이익을 잘 계산해서 법인세를 냅니다. 영업이익에서 영업 외 수익과 영업 외 손실, 법인세를 가감한 것이 당기순이익이 됩니다.

영업이익(또는 영업손실)+영업 외 수익−영업 외 손실−법인세
=당기순이익

통상적인 기업은 매출액 > 매출총이익 > 영업이익 > 당기순이익 순의 규모를 가집니다. 주식회사의 재무제표를 살펴봤을 때 영업이익을 통해 꾸준한 영업활동으로 이익이 나는 기업인지 파악하고, 당기순이익을 통해 기업이 비용을 다 쓰고 별도로 돈을 적립할 수 있는지 판단합니다. 쉽게 말해 투자해야 할 주식회사의 재무제표에 영업손실과 당기손실이 있다면 쳐다보지도 않아야 합니다.

• 부채비율
부채비율은 기업의 부채총액을 자기자본으로 나눈 값을 백분율로 표시한 재무비율입니다. 쉽게 말해 6억 원짜리 집을 살 때 3억 원은 내 돈, 3억 원은 은행 돈으로 산다면 부채비율이 100%가 됩니다. 하지만 1억 원은 내 돈, 5억 원은 은행 돈으로 산다면 부채비율은 500%가 됩니다.

부채비율=부채총액/자기자본

은행에서 재무비율 심사를 할 때 부채비율은 150%를 적정비율로 판단하고 있습니다. 하지만 우리의 귀한 돈이 투자되는 만큼 안정적인 기업을 고르기 위해서 부채비율 100% 미만인 기업에 투자하도록 합니다. 남의 돈을 많이 빌린 기업은 경기 불황이 됐을 때 이자 부담이 커지거나 빚 독촉을 받기 십상이기 때문입니다.

• 당좌비율

당좌비율은 당좌자산을 유동부채로 나눈 재무비율입니다. 당좌자산은 즉시 현금화 가능한 자산을 뜻하며, 유동부채는 1년 이내로 단기간에 갚아야 할 부채를 의미합니다. 당좌비율은 즉시 현금화할 수 있는 자산을 얼마나 보유하고 있는지를 판단하는 재무비율입니다. 즉, 기업에 위기가 와도 자산을 처분해서 빚을 갚고도 돈이 남아도는 수준의 기업이어야 위기를 극복할 수 있다고 판단하므로 무조건 이 수치가 100% 이상인 기업에 투자합니다.

당좌비율=당좌자산/유동부채

• 유보율

유보율은 잉여금을 자본금으로 나눈 비율을 뜻하는 재무비율입니다. 잉여금은 기업활동을 한 후 주주에게 다 배당하고도 남은 돈입니다. 이 돈은 자본잉여금과 이익잉여금이 대표적입니다. 남은 돈이 순수하게 투자한 자본금보다 많으니, 얼마나 영업을 잘해왔는지 알려주는 재무비율입니다. 이 수치는 많으면 많을수록 좋습니다. 200% 이상인 기업에 투자합니다.

자녀와 함께 짓는 돈나무 농사

유보율=잉여금/자본금

• PER

PER은 주식투자에 관심 있는 분들이라면 한 번쯤은 들어봤을 재무지표입니다. PER을 구하기 위해서는 시가총액과 당기순이익을 구해야 합니다. PER(Price Earning Ratio, 주가수익비율)은 주가를 EPS(Earning Per Share, 주당순이익)로 나눈 개념입니다. 개념이 상당히 복잡하지만 단순하게 표시하면 아래 표와 같습니다.

$$PER = \cfrac{주가}{EPS = \cfrac{당기순이익}{주식\ 수}} = \cfrac{시가총액(주가 \times 주식\ 수)}{당기순이익}$$

PER이 10이라는 것은 10년간의 당기순이익이 주식회사의 시가총액이라는 것을 의미합니다. 이는 회사를 매입할 경우 시가총액에 해당하는 금액을 10년간 당기순이익으로 투자금을 모두 회수할 수 있다는 의미입니다. 우리나라 KOSPI 지수의 PER은 10을 기준으로 싸고 비싸고를 판단합니다. 하지만 저는 주식투자를 할 때 PER은 참고 지표만으로 사용합니다. 개념 정도만 알고 넘어가셨으면 좋겠습니다.

• 시가 배당률

시가 배당률이란 회사가 주주들에게 지급하는 배당금을 주가로 나눈 비율을 말합니다. 예를 들어, 1주당 1만 원의 시장가격을 가진 주식이 1주당 500원의 배당금을 지급한다면, 시가 배당률은 5%입니다. 시가 배당률은 회사의 수익성과 안정성을 나타내는 지표 중 하나입니다. 일반적으로 시가 배당률이 높은 주식은 안정적인 수익을 기대할 수 있는 주식이고, 낮은 주식은 성장 가능성이 큰 주식이라고 할 수 있습니다. 하지만 시가 배당률만으로 주식을 평가하는 것은 위험합니다. 왜냐하면, 배당금은 회사의 재무상황과 경영전략에 따라 변동될 수 있기 때문입니다. 우리나라 KOSPI에 상장된 종목의 평균 시가 배당률은 2~2.2%입니다. 이보다 시가 배당률이 높은 주식회사에 투자하도록 합니다.

지금까지 자녀에게 주식을 선물하기 위해서 6가지의 재무비율 개념을 알아봤습니다. 하지만 이 재무비율을 알게 된 후에도 걱정이 앞섭니다. 이 지표를 일일이 어디서 찾아봐야 하는지 한숨부터 나올 것입니다. 하지만 감사하게도 우리나라 대표 인터넷 포털 네이버에서 이 6가지 재무비율을 확인할 수 있는 요약 재무제표를 제공하고 있습니다.

출처 : 네이버(이하 동일)

네이버 메인화면에서 증권을 클릭합니다.

검색창에 종목명을 검색하면 앞의 표와 같이 종합적인 종목 정보를 제공하고 있습니다. 이 중 하단의 '종합정보'를 클릭한 후 하단으로 스크롤을 내리면 아래와 같이 '기업실적분석' 표가 나와 있습니다.

기업실적분석 더보기›

주요재무정보	최근 연간 실적				최근 분기 실적					
	2020.12	2021.12	2022.12	2023.12 (E)	2022.03	2022.06	2022.09	2022.12	2023.03	2023.06 (E)
	IFRS 연결	IFRS 연결	IFRS 연결	IFRS 연결	IFRS 연결	IFRS 연결	IFRS 연결	IFRS 연결	IFRS 연결	IFRS 연결
매출액(억원)	24,664	27,925	39,110	38,578	7,664	9,456	11,623	10,367	8,406	9,772
영업이익(억원)	2,597	4,425	8,230	7,422	1,459	2,081	2,759	1,931	1,672	2,000
당기순이익(억원)	1,824	3,343	7,432	5,952	1,114	1,896	2,460	1,962	1,417	1,420
영업이익률(%)	10.53	15.85	21.04	19.24	19.03	22.01	23.74	18.63	19.89	20.46
순이익률(%)	7.40	11.97	19.00	15.43	14.53	20.05	21.16	18.93	16.86	14.53
ROE(%)	8.03	14.71	26.80	17.84	16.71	20.46	22.63	26.80	26.93	
부채비율(%)	52.37	45.74	44.93		51.23	52.78	51.20	44.93	53.06	
당좌비율(%)	199.46	266.69	223.36		219.77	193.40	214.19	223.36	178.73	
유보율(%)	7,976.94	9,223.27	12,069.73		9,471.30	10,243.28	11,265.47	12,069.73	12,568.01	
EPS(원)	3,332	6,727	15,222	12,298	2,230	3,860	5,111	4,021	3,040	3,378
PER(배)	9.51	6.49	3.08	5.18	6.07	3.73	3.48	3.08	2.85	18.86
BPS(원)	41,828	50,585	64,162	75,106	51,686	57,018	64,819	64,162	68,590	
PBR(배)	0.76	0.86	0.73	0.85	0.92	0.67	0.69	0.73	0.67	
주당배당금(원)	500	1,000	1,530	1,535						
시가배당률(%)	1.58	2.29	3.26							
배당성향(%)	14.85	14.72	9.95							

* 분기 실적은 해당 분기까지의 누적 실적에서 직전 분기까지의 누적 실적을 차감하는 방식으로 계산되므로, 기업에서 공시한 분기 실적과 차이가 있을 수 있습니다.
* 컨센서스(E) : 최근 3개월간 증권사에서 발표한 전망치의 평균값입니다.

* 이 책에서 기술한 기업은 6가지 재무비율과 투자 결과를 설명하기 위해 예시를 들은 것입니다. 투자의 책임은 본인에게 있음을 밝힙니다.

해당 기업실적분석표에는 최근 3개년 재무자료와 증권사에서 발표한 최근 년도 전망치 평균이 기재되어 있습니다. 해당 주식회사에 투자하고 싶다면 네이버 증권을 활용해서 앞서 기술한 6가지 재무비율을 점검하는 것을 생활화해야 합니다.

자녀와 함께 짓는 돈나무 농사

앞의 기업을 예를 들면, 영업이익과 당기순이익이 꾸준히 상승 중입니다. 영업이익은 2,597억 원 → 4,425억 원 → 8,230억 원으로 증가세이고, 당기순이익 또한 1,824억 원 → 3,343억 원 → 7,432억 원으로 꾸준히 증가 중입니다. 부채비율은 44.93%로 기준치인 100% 미만이며, 당좌비율은 223.36%로 기준치인 100% 이상입니다. 유보율은 12,069.73%로 200% 이상에 해당됩니다. 참고치인 PER은 시장 평균인 10배보다 아래인 3.08배고, 시가 배당률은 KOSPI 평균인 2~2.2%보다 높은 3.26%로 양호한 수준입니다.

이런 식으로 탐색한 주식회사의 6가지 재무비율이 우수하다면 자녀를 위해 선물해줄 만한 주식에 해당할 것입니다. 어떤 기업에 투자해야 할지 알았으니 이제 투자를 시작할 시기를 고민해봐야겠지요?

김투자와 김펀드 부자의 예시에서 알 수 있듯이 아무리 좋은 기업을 선정했다고 하더라도 해당 기업의 주가가 역사적 고점일 때부터 주식투자를 시작한다면 좋은 결과를 얻을 수 없습니다. 설령 주가가 회복한다고 해도 아주 많은 시간을 들여야 할 것 입니다.

많은 금융전문가와 증권 애널리스트들도 주가의 저점을 맞추기 위해 경제지표, 재무비율, 해당 기업의 모멘텀을 분석하지만 정확한 것은 없습니다. 운 좋게 한번 맞춘 것뿐이지요. 제가 10명을 상대로 가위바위보를 모두 이길 확률은 얼마나 될까요? 수학적으로 표시하면 $(1/2)10=1/1,024$이 됩니다. 가위바위보를 1,024번 해야 딱 한 번 확률적으로 10명을 한 번에 이기는 경우의 수가 발생합니다.

주식투자 성공담 또한 똑같습니다. 우리나라 주식투자자들은 약 550만 명인데, 그중 주식투자에 성공한 사람은 1% 정도의 확률로 나올 수 있습니다. 우리는 이런 사람들의 성공담을 항상 우러르며 그들이 투자하는 방식, 기업을 분석하고 주가를 계산한 것이 정답인 것처럼 따라 하기 바쁩니다. 저 또한 그들처럼 될 것으로 생각하면서 1%의 성공한 자들의 기법을 따라 하기 바빴지만, 저만의 기준이 생기면서 전문가들이라고 칭하는 자들의 말에 휩쓸리지 않게 됐습니다.

은행에서는 예대마진이라는 지표가 있습니다. 대출금 평잔 이율-예수금 평잔 이율을 뜻하는 것인데, 이 예대마진이 높을수록 은행의 수익률이 높은 것을 뜻합니다. 평잔이란 말 그대로 '평균 잔액'을 의미합니다. 예를 들어, 은행에 30일간 돈을 넣을 경우 초기 10일은 50만 원을 넣어두고, 20일은 100만 원을 넣어두었다면, 평잔은 ((500,000×10일)+(1,000,000×20일))/30일=833,333원입니다.

경기가 순환하면서 시중 금리가 오르고 내리지만, 은행은 대출금과 예수금의 각 평잔을 근거로 본인들이 적정한 수익을 낼 수 있는 평균 예대마진을 확보하려고 합니다. 금리가 아무리 널뛰어도 금리 인상기에는 이자를 적게 줄 수 있는 입출식 예금을 늘려서 정기예금 이자 상승분을 상쇄시키고, 금리 하락기에는 고정금리 대출 특판을 통해 이자 확보에 온 힘을 쏟습니다.

금리 등락에도 불구하고 은행이 꾸준하게 평균적인 예대마진을 확보하는 행위는 주식투자에 있어 평균적인 주가 계산과 마찬가지입니다. 주가(=금리)가 아무리 상승과 하락을 반복하더라도 장기간의 평균 주가(=예대마진)가 있을 것이며, 그 평균 주가보다 현재 주가가 낮다면 지속해서 적립식 투자를 감행한 후 시간을 투자하면 안전마진을 확보할 수 있을 것입니다.

다음 그림에서 검은색 선은 제가 평균 주가의 기준으로 사용하고 있는 480일 이동평균선입니다. 즉, 2년간 주가의 평균값입니다.

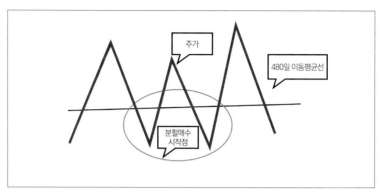

출처 : 저자 제공

앞에서 알아봤듯이 HTS 또는 MTS에서 무료로 제공하는 보조지표입니다(개인 성향에 따라서 이동평균선을 좀 더 장기로 설정해서 사용해도 무방합니다). 앞의 6가지 재무비율을 참고해서 선정한 안정적인 기업의 주가가 480일 이동평균선 아래에 형성되어 있다면, 즉 2년간의 평균 주가보다 낮게 형성되어 있다면, 적립식 투자를 통해 시간에 투자해서 충분한 안전마진을 확보할 수 있습니다. 제가 직접 투자한 종목의 예시를 들어보겠습니다.

출처 : 삼성증권 HTS(이하 동일)

신세계 I&C라는 회사입니다. 네이버 증권을 통해서 보면 6가지 재무비율에 적합한 재무비율을 가진 회사입니다. 해당 기업의 주가가 480일 이동평균선(검은색) 아래로 형성됐습니다. 첫 투자금을 모종 투자법을 활용해서 투입한 후 매주 일정 금액을 매수하기 시작했습니다. 그 후 주가 변동은 아래 차트와 같습니다.

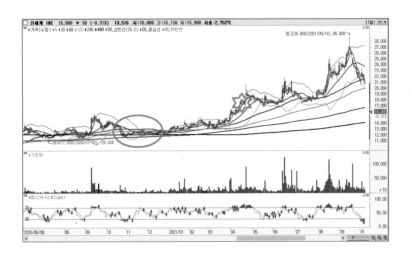

주황색 별표로 표시된 부분인 178,000원에 전량 매도했습니다. 그 후 주가는 추가로 상승해서 288,000원까지 상승했습니다. 고점을 맞출 수는 없었지만, 저는 충분한 수익을 확보할 수 있었습니다 (신세계 I&C는 2022년 2월 23일 10대 1의 액면분할을 했습니다. HTS상 주가의 10배가 제가 투자했을 당시 주가임을 참고하시면 됩니다).

신세계 I&C	589,399	178,000	15
상세	28.41%	138,266	15

또한 제가 2022년 6월 8일 블로그에 당시 투자 중인 종목으로 기재해놓은 KTis라는 주식회사입니다. 영업이익과 당기순이익이 매우 안정적이었고, 재무비율 또한 매우 우수한 회사였습니다. 주가가 480일 이동평균선 아래로 형성되기 시작한 2021년 10월부터 적립식으로 투자를 시작했습니다.

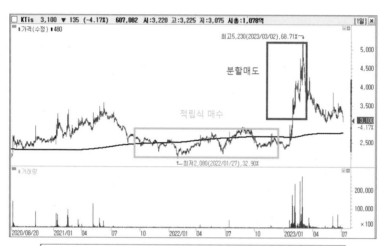

종목별 매매내역

KTis ▼			
손익금액	1,944,266	매도금액	6,422,955
제비용	13,490	매수금액	1,187,165

매매일	실현손익	금액	수수료
매매구분	손익률	수량	세금
2023.01.30	420,385	1,540,625	
현금매도	37.63%	425	3,
2023.02.08	385,233	1,086,610	
현금매도	55.10%	266	2,
2023.02.23	697,035	1,752,000	
현금매도	66.30%	400	3,
2023.03.24	421,608	1,476,000	
현금매도	40.10%	400	2,

해당 KTis 주식에 투자해서 총 43.54%의 수익률, 1,944,266원의 수익금을 챙길 수 있었습니다. 투자 기간은 2021년 10월~2023년 3월이니 투자 기간은 약 1년 6개월 정도 소요됐습니다. 투자 당시 KTis라는 회사의 재무상태에 대해서 주변 동료들에게 말해줬지만 그런 기업은 들어보지도 못했다는 핀잔을 들어야만 했고, 그 종목을 정리하고 자신이 투자하는 기업의 주식을 매수해보라는 말을 듣기 일쑤였습니다. 하지만 저는 그 말을 듣지 않고 해당 기업이 6가지 재무비율에 적합한 기업이며, 주가도 480일 이동평균선 아래에 형성되어 있어 꾸준히 매입하면서 시간에 투자한 결과 43.54%라는 높은 수익률을 얻을 수 있었습니다.

여느 서적에서 기술한 것처럼 개별 주식에 투자하기 위해서는 대기업이라서, 시가총액이 높은 회사라서, 누구든지 알아주는 회사라서 투자하기 시작하면 성공 확률은 극히 드뭅니다. 자녀를 위한 귀한 돈으로 가위바위보 10번을 모두 이기는 확률에 도전하시겠습니까?

장기 투자는 지수를 추종하는 ETF를 통해, 중장기 투자는 6가지 재무비율을 활용해서 주식을 선별해 투자한다면 누구보다 성공적인 금융투자를 완성할 수 있을 것입니다.

2020년 4월~2021년 6월까지 주식시장의 대세 상승을 보고 부모님들이 너도나도 자녀들의 증권계좌를 개설해서 주식을 사주었습니다. 2022년 말쯤 출장 중 음료를 사기 위해 카페에 방문했습니다. 삼성전자의 주가가 9만 원을 돌파한 후 6만 원 아래까지 하락했을 때, 서로 자신들이 산 삼성전자의 주가를 밝히며 자녀가 클 때까지 기다리면 된다며 서로 위로하고 있던 어머님들의 모습이 기억납니다. 자녀를 위해 금융투자를 일찍 시작하는 것은 굉장히 훌륭한 행동입니다. 하지만 기준 없이 금융투자를 하는 것은 불빛에 몰려드는 불나방처럼 굉장히 무모한 행동입니다. 최소한 제가 제시한 방법을 활용해서 자녀의 시간을 활용한 투자를 해주신다면 보다 성공적인 돈나무 농사를 완성할 수 있을 것입니다.

자녀의 돈나무 농사와 연관된 세금은?

얼마까지 증여세가 안 나오나요?

미성년 자녀는 경제적인 수입이 없기에 용돈이나 부모의 돈으로 금융투자를 해야 합니다. 앞서 설명한 금융투자방법을 통해 수익이 생긴다면 나중에 자녀가 그 돈을 사용할 때 세무당국에서 자금출처 조사가 들어올 수 있습니다. 단적인 예를 들어보겠습니다. 김성공 씨는 자녀에게 매월 20만 원씩 이체해서 미국 S&P 500 지수의 3배를 추종하는 UPRO라는 ETF 상품에 투자했습니다. 자녀가 태어나자마자 자녀의 주식 계좌를 만들어 투자를 시작했고, 자녀가 30세가 됐을 때 시장이 좋아서 8억 원의 투자 결과를 만들어 냈습니다. 그때 당시 자녀가 결혼하기로 해 김성공 씨는 UPRO를 전량 처분해서 양도소득세 납부 후 약 7억 원을 자녀가 사용하도록 했습니다. 결혼식도 잘 끝나고 자녀에게 서울에 있는 아파트를 장만해줬다고 뿌듯해하고 있을 때, 세무서에서 자녀의 주택 구입 자금에 대한 자금출처 조사가 들어왔습니다. 하지만 조세 당국은 자

자녀와 함께 짓는 돈나무 농사

녀에게 자동이체한 내역을 인정하지 않고, 7억 원에 대한 증여세를 신고납부할 것을 안내했습니다.

어떻습니까? 극단적인 예이기는 하지만, 자녀에게 자금을 이동시킬 때는 증여세에 대해서 항상 고민해야 합니다. 물론 조세 당국이 모든 국민을 대상으로 자금출처 조사를 하지는 않지만, 미리 대비해서 나쁠 것은 없습니다. 일단 우리나라 증여세 체계를 살펴보겠습니다.

과세표준	1억 원 이하	5억 원 이하	10억 원 이하	30억 원 이하	30억 원 초과
세율	10%	20%	30%	40%	50%
누진공제액	없음	1,000만 원	6,000만 원	1억 6,000만 원	4억 6,000만 원

출처 : 국세청

증여금액이 올라갈수록 세율도 상승합니다. 이런 세율을 누진세율이라고 합니다. 누진 공제액은 각 과세표준 단계별로 세율을 다르게 적용하다 보니 증여세를 간편하게 계산하기 위해 도입된 개념입니다. 예를 들어, 증여받은 재산 가액이 8억 원이라면, 1억 원까지는 10%, 1억 원 초과~5억 원까지는 20%, 5억 원 초과~10억 원까지는 30%의 세율을 적용해서 각각 계산한 후 합계를 내야 합니다. 하지만 누진 공제액을 활용하면 (8억 원×30%)-6,000만 원=1억 8,000만 원으로 빠르게 계산할 수 있습니다.

증여자와의 관계	증여재산공제 한도액 (10년간 합산해 공제할 수 있는 금액)
배우자	6억 원
직계존속(계부, 계모 포함)	5,000만 원(미성년자가 직계존속으로 증여받으면 2,000만 원)
직계비속	5,000만 원
기타 친족 (6촌 이내의 혈족 및 4촌 이내의 인척)	1,000만 원
그 외의 자	0원

출처 : 국세청

증여세를 계산하는 과정에서 공제 한도라는 것이 있습니다. 증여하는 사람을 증여자, 증여받는 사람을 수증자라고 하는데 증여자와 수증자의 관계에 따라 10년간 받은 재산의 어디까지는 증여세를 받지 않겠다고 국가가 약속한 것이죠. 우리는 자녀에게 증여할 것이니 직계비속을 보면 됩니다. 성년인 자녀는 5,000만 원, 미성년자인 자녀는 2,000만 원까지 증여해도 증여세를 내지 않습니다. 30세 자녀에게 최대로 증여세를 내지 않을 수 있는 한도는 0세 2,000만 원, 10세 2,000만 원, 20세 5,000만 원, 30세에 5,000만 원을 증여해 최대 1억 4,000만 원까지입니다.

미성년 자녀의 금융투자를 위해 목돈을 증여하실 분은 2,000만 원까지 증여하고, 홈택스를 이용해서 증여신고를 완료하시면 됩니다. 좀 더 자세하게 언급하자면 2,050만 원 미만까지 증여해도 증여세를 내지 않습니다. 미성년 자녀에게 2,049만 원을 증여했다면 증여세 계산을 위한 과세표준은 2,049만 원-2,000만 원=49만 원인데, 상속증여세법 55조에 의거 과세표준이 50만 원 미만이면 증여세를 부과하지 않습니다.

그럼 매월 적금식으로 자녀에게 이체해 금융투자를 하는 부모는 어떻게 해야 할까요? 이를 '정기금 증여'라고 하며 이는 나눠서 증여하고, 세금은 미리 내는 구조입니다. 부모가 정기적으로 자녀의 계좌에 돈을 입금하기로 약정한 경우, 그 사실을 최초 입금일부터 증여세 과세표준 신고기한 이내(증여일이 속하는 달의 말일부터 3개월)에 납세지 담당세무서장에게 신고한 경우에는 '정기금을 받을 권리의 평가 규정'에 의해 평가한 가액을 최초 입금 시점에 증여한 것으로 봐서 증여세를 계산할 수 있습니다.

그렇다면 매월 20만 원씩(연간 240만 원) 금융투자를 위해 10년간 자녀의 주식 계좌에 이체한 김성공 씨는 증여세를 얼마를 내야 할까요?

$$\frac{2{,}400{,}000}{(1+0.03)^1} + \frac{2{,}400{,}000}{(1+0.03)^2} + \cdots + \frac{2{,}400{,}000}{(1+0.03)^{10}} = 20{,}472{,}487원$$

매년 240만 원씩 10년간 자녀가 받을 금액은 기획재정부령으로 정한 이자율(현재 3%)로 할인한 가액의 합계액이 증여재산이됩니다. 계산하면 20,472,487원으로 과세표준이 50만 원 미만(20,472,487원-20,000,000=472,487원)이 되어 증여세를 내지않아도 됩니다. 그 이상이 되는 금액은 증여세 신고 시 증여세를 내야 하므로, 증여세를 내지 않기 위해서는 매월 20만 원 금액 내에서 자녀의 계좌로 이체해야 할 것입니다.

국내 상장기업 주식투자 시 발생하는 세금은?

우리나라에 상장된 기업에 투자할 경우 세금이 발생하는 경우를 알아보겠습니다. 주식을 살 때, 보유할 때, 팔 때로 나눌 수 있습니다. 우리나라 상장기업을 살 때는 증권거래세를 내면 됩니다. 2023년 기준 코스피·코스닥 시장은 0.2%의 증권거래세를 내면 되며, 별도 납부 절차 없이 주식거래 시 증권사에서 원천징수하게 됩니다. 원천징수란 납세자가 거래 시마다 세금신고를 한다면 세무당국이나 납세자 모두 번거로우므로, 수익을 지급하는 금융회사에서 세금을 떼고 대신 내는 세금징수 체계입니다.

2023년 증권거래세

2023년 현재	증권거래세	농어촌특별세	계
코스피	0.05%	0.15%	0.20%
코스닥	0.20%	-	0.20%
코넥스	0.10%	-	0.10%
K-OTC	0.20%	-	0.20%

상장기업을 매수해서 보유할 경우 배당금을 지급받을 수 있습니다. 이렇게 받은 배당금은 15.4%(배당소득세 14%+지방소득세 1.4%)의 세금을 원천징수하게 됩니다. 다만, 2,000만 원이 초과하면 다른 소득(이자소득, 사업소득, 근로소득, 연금소득, 기타소득)과 합산해서 그다음 해 5월 말까지 종합소득세를 신고·납부해야 합니다.

종합소득세 과세표준 구간

과세표준 구간	세율	누진공제
1,200만 원 이하	6%	-
1,200만 원 초과~4,600만 원 이하	15%	108만 원
4,600만 원 초과~8,800만 원 이하	24%	522만 원
8,800만 원 초과~1억 5,000만 원 이하	35%	1,490만 원
1억 5,000만 원 초과~3억 원 이하	38%	1,940만 원
3억 원 초과~5억 원 이하	40%	2,540만 원
5억 원 초과~10억 원 이하	42%	3,540만 원
10억 원 초과	45%	6,540만 원

소액주주의 경우 우리나라 상장기업 매도 시 매매 차익에 대해서는 비과세입니다. 단, 대주주에게는 양도소득세가 부과됩니다. 대주

자녀와 함께 짓는 돈나무 농사

주의 요건은 특정 주식의 지분을 코스피 기준 1% 이상, 코스닥 기준 2% 이상 보유하거나, 특정 주식을 100억 원 이상 보유한 경우가 해당합니다. 대주주의 양도소득 세율은 다음 표와 같습니다.

대주주 양도소득세율

매매차익	세율
3억 원 이하	20%
3억 원 초과	25%

즉, 자녀 계좌에서 주식거래 시 증권거래세와 양도소득세는 특별히 신경 쓸 필요는 없습니다(자녀 주식 계좌에서 양도소득세를 고려하는 분이라면 이 책을 읽지 않으실 것이라고 확신합니다). 다만, 국내 상장기업 주식의 경우에는 앞서 언급한 서브 자산으로 투자해주실 것을 당부했지만, 장기 투자 시에는 배당금이 2,000만 원을 초과할 수 있으니 이 경우에는 종합소득세 신고·납부를 고려하셔야 할 것입니다.

ETF 투자 시 발생하는 세금은?

ETF(상장지수펀드) 투자 시 발생하는 세금도 살 때, 보유할 때, 팔 때로 나눠보겠습니다. 모든 국내 및 해외 상장 ETF의 경우 비과세입니다. 보유할 때도 국내 상장기업 주식의 경우처럼 배당금과 유사한 분배금을 받게 되고, 이에 대해서도 15.4%(배당소득세 14%+지방소득세 1.4%)를 내게 되는데, 국내 및 해외 상장 ETF 모두 해당합니다. ETF의 경우는 팔 때 세금 차이가 극명하게 나뉩니다.

구분	국내 주식형 ETF	그 외 ETF
투자자산	국내 주식	채권, 파생상품, 원자재, 해외주식 등
예시	TIGER 200, TIGER 퓨처모빌리티액티브 등	TIGER 단기통안채, TIGER 레버리지, TIGER 금은선물, TIGER S&P 500 등
매매차익	비과세	보유기간 과세 15.4%
분배금	배당소득으로 15.4% 과세	

출처 : 미래에셋자산운용

먼저 국내에 상장된 ETF를 팔 때 발생하는 세금입니다. 국내 주식형 ETF의 경우 매매 차익에 대해서는 비과세이고, 그 외 국내에 상장된 ETF의 경우 매매 차익과 과표 기준가 증가분 중 적은 금액에 15.4%의 배당소득세를 내게 됩니다. 이 경우, 연간 2,000만 원이 초과되면 종합소득에 합산해서 다음 연도 5월 말까지 종합소득세로 신고·납부해야 합니다.

7 대 3으로 자산 배분을 추천해드린 QLD나 SPY, VOO 같은 해외 상장 ETF를 팔 때는 세금 납부를 어떻게 해야 할까요? 해외 상장 ETF의 경우는 양도소득세로 분류 과세됩니다. 이때 과세기간 (1월 1일~12월 31일) 동안 수익과 손실을 통합해서 250만 원을 초과한 부분에 대해서만 22%(양도소득세 20%+지방소득세 2%)를 내게 됩니다. 해외 상장 ETF의 양도소득세는 증권사에서 신고·납부 대행을 하고 있으니 추후 양도소득세 납부 대상이라면 고민하지 말고 증권사를 통해 신고·납부하시기 바랍니다.

자녀와 함께 짓는 돈나무 농사

돈나무 수확을
축하드립니다!

    자녀의 밝은 미래를 위해 어렵게 시간을 쪼개어 돈나무 농사법을 완독하신 것을 축하드립니다. 제가 한 직장에서 약 20여 년간 근무하면서 느낀 것은 회사에서 지급하는 근로소득은 딱 그 나이에 맞게, 그만두지 않을 만큼만 지급한다는 사실입니다. 더군다나 근로자들은 급여가 늘어도 저축할 생각은 하지 않고, 그만큼 지출을 늘리게 됩니다. 철저하게 절약에 근거한 저축과 투자를 통해서만 자산을 확장할 수 있습니다. 자산이 확장할 때까지 근로소득으로 시간을 보내며 버티는 것이죠.

    시중에 나온 재테크 서적을 읽어보면 어떻게든 1억 원을 모아보라는 것을 강조합니다. 하지만 그 내용을 뜯어보면 수입과 지출을 확인해서 지출을 통제하고, 통제된 지출을 통해 저축하라는 내용입니다. 맞습니다. 저축만 해도 부자가 될 수 있습니다. 다만, 큰 부자는 될 수 없습니다. 저축을 통해 모아진 목돈으로 투자라는 다음 과정을 밟아야 큰 복리효과를 누릴 수가 있는데, 저축만 했던 사람이 투자라는 위험자산을 취급할 수 있을지 의문입니다. 저축하는 과정에서 비중을 낮춰서라도 투자를 병행해서 자산의 변동성에 대비할 수 있는 투자 근육을 단련하실 것을 당부드립니다.

이 책에서는 부동산 투자에 대해서는 최소한으로 언급했습니다. 아예 언급하지 않으려고 했으나, 최근 언론을 통해 전세사기나 부동산 영끌 등 안타까운 일들을 접한 후 최소한이라도 자녀들에게 부동산과 관련된 지식을 전달하고 싶었습니다. 지역농협에서 대출 업무를 담당하는 제가 부동산 투자에 대한 언급을 최소화한 이유는 부동산 투자는 소액으로 분할·분산투자할 수 없으며, 큰 복리 효과를 누리기 위해서는 대출 없는 목돈이 필요하기 때문입니다. 혹자는 소액으로도 부동산 투자를 할 수 있다고 강조하나, 내용을 뜯어보면 갭투자나 지분투자일 뿐입니다. 어렵게 모은 1억 원으로 아파트 갭투자를 한다고 예를 들겠습니다. 물론 운이 좋아 시세가 상승한다면 큰 레버리지 효과를 누릴 수 있겠지만, 투자 시기 중 부동산 하락기를 맞아 임차인이 보증금을 지급할 것을 요구한다면 어떤 자금으로 충당할 것인가요? 지분투자도 마찬가지입니다. 소액으로 부동산 취득 후 부동산 상승기라면 큰 레버리지 효과를 나타낼 수 있습니다. 하지만 하락기라면 투자자들의 이견이 발생하기 마련입니다. "내려간 가격에라도 팔아야 한다!", "아니다. 시세가 다시 오를 때까지 버텨야 한다!" 등 공동투자자의 의견이 충돌되기 시작하면 부동산의 적정 가격에 도달할 때까지 버티지 못하고 손절할 수밖에 없습니다.

제가 금융투자를 강조한 것은 소액으로 분할·분산투자가 가능한 유일한 투자이기 때문입니다. 여기에 시간을 추가로 투자한다면 엄청난 복리효과를 누릴 수 있을 것입니다. 시작이 반이라고 했습니다. 미국의 유명한 발명가 토머스 에디슨은 "나는 수많은 결과를 얻었다. 대부분 사람은 행동으로 옮기지 않은 수천 가지의 좋은

　　　　　자녀와 함께 짓는 돈나무 농사

생각을 하고 있다"라고 말했습니다. 행동의 중요성을 강조하는 명언입니다. 제가 책에서 언급한 것들 말고도 자녀를 위한 금융공부와 투자방법은 수없이 많을 것입니다. 하지만 이것을 알기만 하고 실행하지 않으면 아무 소용이 없습니다. 시작하십시오. 시작은 미약하나 그 끝은 창대할 것입니다.

자녀와 함께 짓는 돈나무 농사

제1판 1쇄 2024년 5월 27일

지은이 김준태
펴낸이 한성주
펴낸곳 ㈜두드림미디어
책임편집 신슬기, 배성분
디자인 디자인 뜰채 apexmino@hanmail.net

㈜두드림미디어
등 록 2015년 3월 25일(제2022-000009호)
주 소 서울시 강서구 공항대로 219, 620호, 621호
전 화 02)333-3577
팩 스 02)6455-3477
이메일 dodreamedia@naver.com(원고 투고 및 출판 관련 문의)
카 페 https://cafe.naver.com/dodreamedia

ISBN 979-11-93210-69-7 (03320)